本书获“河北经贸大学学术著作出版基金”资助

马克思与海德格尔现代性批判的对比研究

A Comparative Study of Marx and Heidegger's Criticism of Modernity

代砚春 著

中国社会科学出版社

图书在版编目（CIP）数据

马克思与海德格尔现代性批判的对比研究／代砚春著．—北京：中国社会科学出版社，2023.8

ISBN 978－7－5227－2513－0

Ⅰ.①马…　Ⅱ.①代…　Ⅲ.①马克思主义哲学—研究②海德格尔（Heidegger，Martin 1889－1976）—哲学思想—研究　Ⅳ.①B0－0②B516.54

中国国家版本馆 CIP 数据核字（2023）第 167346 号

出 版 人　赵剑英
责任编辑　王　斌　李　立
责任校对　谢　静
责任印制　张雪娇

出　　版　中国社会科学出版社
社　　址　北京鼓楼西大街甲 158 号
邮　　编　100720
网　　址　http://www.csspw.cn
发 行 部　010－84083685
门 市 部　010－84029450
经　　销　新华书店及其他书店

印刷装订　北京市十月印刷有限公司
版　　次　2023 年 8 月第 1 版
印　　次　2023 年 8 月第 1 次印刷

开　　本　710×1000　1/16
印　　张　14.5
插　　页　2
字　　数　201 千字
定　　价　88.00 元

目　　录

导　言 …………………………………………………………（1）
一　选题的意义 …………………………………………………（1）
二　研究历史与现状 ……………………………………………（5）
三　本书的篇章结构 ……………………………………………（10）

第一章　现代性的体验：批判主体性形而上学 ………………（12）
第一节　马克思：现代性批判的建构 ………………………（13）
一　现代性的自我确证问题 ……………………………………（14）
二　走出主体性形而上学的危机 ………………………………（22）
三　作为现代性问题的政治解放 ………………………………（35）
第二节　海德格尔：基础存在论的建构 ……………………（43）
一　世界的再现与人的重塑 ……………………………………（44）
二　此在与事物的现代相遇 ……………………………………（50）
三　“在世存在”的此在生存的现代裂隙 ……………………（59）

第二章　现代性的困境：资本的统治与技术的集置 …………（66）
第一节　马克思：资本的逻辑与现实的历史 ………………（67）
一　破解资本的秘密与资本逻辑的二重性 ……………………（68）
二　资本逻辑的矛盾与瓦解道路 ………………………………（86）
第二节　海德格尔：无效的主体与解体的世界 ……………（103）

一 基础存在论的“失败”与人的“无家可归” …………（103）
二 世界成为图像与技术的集置 ……………………………（114）

第三章 现代性的出路：适当安置与超越 ……………………（130）
第一节 海德格尔：只有一个“上帝”能拯救我们 …………（131）
一 从本有而来与思的任务 ………………………………（134）
二 作为范本的艺术存在论 ………………………………（143）
第二节 马克思：超越现代性的共产主义 ……………………（158）
一 共产主义的人的自由与解放 ……………………………（162）
二 共产主义的社会制度的构想 ……………………………（183）

结 语 ……………………………………………………………（209）

参考文献 …………………………………………………………（214）

后 记 ……………………………………………………………（226）

导　　言

一　选题的意义

应当指出，马克思（Karl Marx）一直以来都很少使用现代性这一概念，但是事实上却并没有人会怀疑他对现代性本身做出了极为精湛的分析和考察。他频繁地使用现代社会、资产阶级时代、资产阶级社会、资本主义这一类特定术语，其实就是他对现代性的一般指称。可以说正是从反抗资本主义的压迫和支配这一特定的意识形态出发，阐发了具有鲜明时代特征的现代性思想，从而把自己放在了现代性的谱系上。从这个意义上来说，马克思所说的哲学是时代精神的精华和文明的活的灵魂，指的就是哲学必须建基于现代性批判之上。但事实上，在当今有关马克思的现代性批判的激烈论争和解读中，马克思的现代性批判并未显示出其本该拥有的深刻内涵和革命力量。主要有以下两个方面的原因：第一，从社会主义的实践层面来说，马克思主义显然已经成为一些国家的主导意识形态，这就有凝固化马克思思想的嫌疑和倾向，结果可能会导致马克思主义的批判性向度出现弱化的现象。而东欧剧变、苏联解体在很大程度上又对社会主义实践产生了重大打击，以致“历史终结论”“资本主义的千年王国”“马克思主义意识形态已经死亡”等口号在现代世界不绝于耳，这在一定程度上也大大地削弱了马克思主义理论在现代性实践中的直接影响力。第二，从学理上来看，马克思主义的研究仍然是以“西方学院哲学”作为其叙事框架，它表现为近年来

“学术凸显，思想淡出”的倾向，以及“让思想家下台，让学问家上台”之类的口号。“学院化”“专业化”马克思的直接结果就是马克思哲学研究逐步衰退为知识分子的才智游戏，更严重的是造成了理论研究与现代性的事实之间的结构性断裂。可以说，正是这种严峻的社会主义现实与西方学院式的解读方式共同导致了马克思在当代的现代性批判话语的一定程度上的缺失。对于问题的第一个方面，事实上，许多现代思想家都给出了直接或间接的反驳，仅以代表性观点来说，哈贝马斯（Jürgen Habermas）就认为，东欧剧变和苏联解体并不意味着社会主义的失败，失败的只是苏联模式，社会主义在21世纪仍然有着广阔的发展前景。德里达（Jacques Derrida）也说，不能没有马克思，没有马克思，没有对马克思的记忆，没有马克思的遗产，也就没有未来。阿尔都塞（Louis Pierre Althusser）也有如下看法，马克思的问题也就是我们的问题，而且在长时期内是我们的问题，这一问题支配着我们的未来。伊格尔顿（Terry Eagleton）同样揭示了马克思主义实际上并不会在现代性未死的情况下就“死亡”。其实，对于生活在全球性时代的人们来说，只需要张开眼去看看马克思主义是怎样在社会主义的中国开花结果就够了，这算是最有力且最直接的回击了。而且，在全球资本主义猛烈扩张的背景下，马克思学说重新成为国际学界关注的焦点，成为当代思想界中的强势话语，最近的例子就发生在2008年，华尔街金融危机使得自由资本主义遭遇了前所未有的困境，经此一事，马克思批判资本主义的鸿篇巨制《资本论》重新受到了读者们的狂热追捧，一时之间，马克思成为一种社会“时尚”，人们希望在马克思的指点下克服当下的生活困境。关于问题的第二个方面，我们应该把对马克思哲学的研究放在现代性问题这个叙事框架中进行解读，即将马克思哲学理论的重要意义同马克思对资本主义制度的批判立场，特别是同现代性问题的批判高度结合起来。本书正是在现代性叙事框架下对马克思主义进行解读的一次尝试。

事实上，我们可以将现代性的总问题归结为，如何看待在资本主义制度宰制之下的现代世界。因为，虽然关于现代性的争论众说纷纭，但是人们基本能够达致这样一个共识，即现代性就是16世纪以来形成的资本主义世界秩序取代传统社会秩序的漫长而复杂的历史动态过程，它主要表现为一种不同于传统世界的总体特征和基本性质。不难看出，所谓现代性包含两个层面，一是其现实的物质生活层面，二是其价值和精神的层面。从第一个层面来说，现代性指的是启蒙之后世界的现代化进程中所构筑的工业体系、市场经济、法治社会等社会配套体系和配套模式。从第二个方面来说，现代性指的是启蒙运动塑造的科学、理性、自由等意识形态对人们生活观念的主流构型。因此，现代性批判就拥有了两个维度，从构成维度的角度来说，现代性批判首先承认现代性对现代社会的整体建构，从反思的维度来说，现代性批判则发起对资本现代性的时代精神和时代观念的整体反省。可以说，现代性已经成为当今学术界所共享的一个特定问题背景，这让我们切中马克思与海德格尔（Martin Heidegger）进行“现代性批判”的对话有了可能。现代性是一个与人们的现实生活息息相关的具有普遍性的问题，这对于马克思和海德格尔来说，都是成立的。可以肯定的是，批判现代性是海德格尔哲学的一个重要主题，现代性所具有的全部特征中最为重要的一个方面即技术宰制现代世界，一切存在者都被不断地表象化、对象化。存在论哲学反对现代性造成的“存在”的僵化以及虚无化，特别是其有可能导致的灾难性后果：人类没有未来。据此，海德格尔对现代性展开了解构性批判。同样地，如果马克思哲学是一种批判哲学，其革命的真意只能是对资本主义现代性的批判反思与建构，即必须抓住“现代性问题”重返我们所在的生活世界进行存在的批判，而不是陷入学院化哲学的术语类比和体系模仿。由此，马克思的哲学革命的真正问题即在于实行现代性批判，或是准确地说，破解现代性世界的运作秘密，回答现代人的生活之惑，寻求人类的解放之路。按照这种对马克思的理解的逻辑，马克思哲学的本质向度将是一个“存在论问题”。在对现代性的辨认上，马克思与海德格尔都因其反现代性的立场，特别是他们都保持着对现代性强有力的反思性批判，因而他们始终影响着当代社会的现代性批判的理论构想，影响着当代人对未来社会秩序的实践与想象。在这个意义上，马克思与海德格尔的现代性批判思想仍具有强大的旺盛的生命力。也正因为如此，马克思与海德格尔的哲学都是一种“现代性的哲学话语”。由此，马克思与海德格尔能够展开一种现代性批判的“争执”，并且通过这种争执，更好地帮助我们穿透我们的现代性，展开我们自己的现代性批判。在这个意义上，马克思与海德格尔共同构成了我们这个时代的现代性批判的强大底蕴。

另外，哲学界一般都认为马克思与海德格尔都实现了哲学的“革命”。其中，马克思所实现的哲学革命被指认为一种“实践转向”和“生存论转向”。而后者正是马克思与海德格尔进行“直接对话”的结果。正是在海德格尔的生存论的存在论的学院式叙事中，马克思的哲学被认作突破了传统的实体本体论架构，生成一种关于人的实际生存的哲学。由此，马克思的所有核心哲学范畴诸如社会、历史、实践等，都表征着人的具体生存样式。在这个意义上，马克思哲学革命的实质就是一种生存论转向。但问题是，这种对马克思的哲学革命的理解由于基本上不触及现代性的问题从而存在抽象化、单一化马克思的危险，而这是马克思所不能接受和坚决反对的。除此之外，海德格尔自己也曾在其著作中多次提及马克思，如《关于人道主义的书信》《四个讨论班》《哲学的终结与思的任务》等，在1966年接受电视采访时，他也对马克思的《关于费尔巴哈的提纲》表达过反对看法。可见，马克思作为一股强劲的哲学力量不能不引起海德格尔的注意，可惜的是，海德格尔虽然看到了马克思思想对形而上学的终结，但他对马克思主体形而上学以及虚无主义的指认则是失之偏颇的。如果我们跳出学院式的解读方式，转换问题的背景，进入现代性批判的场域，海德格尔或许对马克思会有另一种不同的评论和见解。而马克思也能够更好地“回应”海德格尔的“指责”。所以，返回到马克思与海德格尔的思想的原点，开启现代性批判的对话，更有助于我们认清两者的思想实质。

马克思与海德格尔的思想都扎根在现代性的土壤中，两人都对他们所体验到的现代世界做出了明确反应，而且两人都拒绝使用那些被我们视作理所当然的范畴来进行分析和思考。马克思在《资本论》中实现了术语革命，他并未“生产”出传统意义上的哲学文本，也并未采用体系写作，其问题设计有时候还缺乏完整性和严谨性，其文字表述甚至是片断化的和不规范的。海德格尔虽然仍在学院式的框架内写作，但是他的概念带有一种强烈的生活世界的气息，有时候人们甚至不知道他是在谈论哲学还是在谈论人生，是在进行哲学写作还是在进行文学创作。可以说，他们的每一个哲学行为都成为晚近思想家们讨论的焦点和争论的话题。仅就其自身而言，没有人会否认这两位德国思想家各自的思想都是非常深邃和引人入胜的。事实上，在进行现代性批判时，他们采用的总体策略以及研究逻辑都表现出了相似的结构，但是得出的结论却是截然不同的。通过对马克思与海德格尔现代性批判思想的考察和分析，我们可以更好地了解他们讨论现代性的实质性内容以及方法所蕴含的巨大价值与深刻内涵。困难的是，除了对现实世界保持新鲜的生活感觉，我们必须同时进入海德格尔与马克思那复杂而又庞大的“文本库”展开“跨越性批判”，实际上，任何一个对比研究都会遭遇这样的困境，更何况是像马克思与海德格尔这样的“时代思想家”，因此，本书并不打算采取这样费力不讨好的策略，即并不完全沉入思想家的文本，而是以现代性这一核心问题为切入点，阐释马克思与海德格尔的现代性批判的“争执”的意义，从而更好地推进我们关于当今世界的思考。

二　研究历史与现状

马克思、海德格尔与现代性批判的研究是近年来学术界一直关注和讨论的焦点问题。可以说，马克思与海德格尔之间的现代性批判的“争执”对于理解我们的现代性处境具有重大的启示意义，同时，他们也一起构成了更为晚近出场的思想家们的深刻的理论场域。学术界对马克思现代性思想的阐发可谓蔚为大观，例如，马歇尔·伯曼（Marshall Berman）将问题的焦点集中在马克思的经典文本《共产党宣言》上，他从“现代性体验”的视角来解读马克思，其代表作是《一切坚固的东西都烟消云散了——现代性体验》；社会学家安东尼·吉登斯（Anthony Giddens）在《现代性的后果》中从“现代性的制度维度”的资本主义角度与马克思展开激烈对话；西方马克思主义者卢卡奇（György Lukács）在《历史与阶级意识》中从“物化”的角度推进资本主义的现代化批判；法兰克福学派从工具理性以及权力支配、技术理性等方面拓展了资本主义现代性批判，其影响较大的代表性著作有《启蒙辩证法：哲学断片》《单向度的人》以及《工具理性批判》等；阿尔都塞将结构主义与马克思结合起来，发展了资本主义的意识形态批判，其主要文本是《保卫马克思》《阅读〈资本论〉》；沃勒斯坦（Immanuel Maurice Wallerstein）从世界体系的角度深化了马克思的世界历史和殖民主义理论；詹明信（Fredric R. Jameson）从资本逻辑与文化逻辑的互动关系的视角构建了资本主义现代性的文化理论；弗洛姆（Erich Fromm）从弗洛伊德（Sigmund Freud）的角度阐释马克思，他将研究的重点放在了现代人的人性问题上，其代表作是《逃避自由》与《健全的社会》；列斐伏尔（Henri Lefebvre）从日常生活的视角极大地推进了马克思的异化理论；戴维·哈维（David Harvey）撰写了《后现代的状况——对文化变迁之缘起的探究》一书，他主要是从资本与空间生产、地理发展的角度开辟了资本主义现代性的空间维度；布洛赫（Ernst Bloch）则以皇皇巨著《希望的原理》深入阐发了共产主义思想的合理性。而海德格尔身后也有一串响亮的名字，马尔库塞（Herbert Marcuse）在技术观上与海德格尔进行了现代性的深度对话；阿多诺（Theodor Wiesengrund Adorno）从艺术的角度切入了海德格尔的现代性；德勒兹（Gilles Louis Réné Deleuze）与海德格尔一道讨论了“尼采的现代性问题”；德里达试图解构海德格尔；伽达默尔（Hans-

Georg Gadamer）努力与海德格尔实现“视域融合”；卡西尔（Ernst Cassirer）与海德格尔展开了“康德争论”。甚至被海德格尔称作“写给自己”的秘密文献《哲学论稿》都成为现代性的公开议论主题。而在科西克（Karel Kosík）的“具体辩证法”那里，我们则能够看到海德格尔与马克思的直接对话。

国内学术界同样围绕着马克思与海德格尔的现代性批判思想展开了激烈的讨论，发表了若干专著以及论文、博硕士学位论文。从总体上来看，这些关于马克思与海德格尔的现代性批判思想的阐述大致可以分为以下两种主要路向：第一，从文本出发，纵深地理解哲学家的现代性批判理论。这是一种以哲学家的立场和理论观点为中心的阐释路径，可称为“诠释”路径。第二，将马克思与海德格尔各自的现代性批判理论置于更为广阔的对话平台上，横向地阐释二者的现代性批判。这种阐释方式因以各种现代性问题为中心，可称为“激活”路径[①]。其中，对于马克思的现代性批判的思考又可以分为以下几个方面。第一，探讨马克思与现代性的关系。如贺来在《“现代性”的反省与马克思哲学研究纵深推进的生长点》（2005）中认为，马克思是一种多元一体的现代性批判的辩证立场，即马克思是现代性的继承者、现代性的批判者、现代性的重建者的有机结合。罗骞在《辩证历史的辩证批判——论马克思的现代性批判范式及其辩证立场》（2005）中认为，马克思具有辩证的现代性立场，表现为辩证历史的辩证批判。第二，探讨马克思现代性批判思想的基本特征和方法。如俞吾金在《马克思对现代性的诊断及其启示》（2005）中提出，马克思把现代性批判深化到现代生产的层面上；丰子义在《马克思现代性思想的当代解读》（2005）中指出，应该从资本逻辑、历史观点、矛盾学说以及全球眼光多方位、立体性地看待马克思的现代性批判；吴晓明在《论马克思对现代性的双

① 关于“诠释”与“激活”的路径的说法，可参见郗戈的《超越资本主义现代性：马克思现代性思想与当代社会发展》，中国人民大学出版社 2013 年版，第 25 页。

重批判》（2006）、周丹在其博士学位论文《现代性的资本批判》（2012）、白刚在《瓦解资本的逻辑——马克思辩证法的批判本质》（2006）中指认，马克思的现代性批判展现为资本逻辑的批判与形而上学批判的双重维度。现代性的两个支柱为资本与形而上学，二者之间有着本质性的“共谋”关系，资本逻辑是形而上学的现实运作，形而上学是资本逻辑的同一性逻辑规定，现代性批判就同时是资本逻辑的形而下的和理性形而上学的双重批判。罗骞在其博士学位论文《论马克思的现代性批判及其当代意义》（2005）以及著作《“现代性”批判的两种不同定向——论马克思资本批判与现代性哲学话语的基本差异》（2005）中提出，马克思开辟了构建于资本范式之上的对现代性的“存在论批判”，从而拓展了现代性批判的理论深度和内涵，实现了批判范式的革新。第三，探讨马克思现代性批判思想的主要内容与具体问题。如贺来在《马克思哲学与“现代性”课题》（2000）中提出，马克思的现代性批判的主要内容可以归结为“发生学—病理学—未来学”三部曲；邹广文在《马克思的现代性视野及其当代启示》（2004）中认为，马克思对现代性思想的阐发立足于理性与价值的统一，综合着对“世界历史”的论述和对资本主义的文明的历史分析；张有奎在其著作《现代性的哲学批判——从马克思生存论角度的分析》及相关论文中提出，马克思对现代性批判就其实质而言是对意识哲学的批判和超越。他认为在生存论视域中，马克思通过国民经济学的批判颠覆了意识哲学的思维方式，击穿了其内在性，实现了哲学范式的变革；张盾在其博士学位论文《现代性问题图景中的马克思哲学革命》（2004）中，从伦理学角度切入马克思的现代性批判的思想，认为马克思的现代性批判实现了从形式伦理学到实质伦理学的转向，其实质内容乃是论证一种合乎人性的生存方式以及一种全新的社会政制。在《马克思的六个经典问题》以及论文《反现代性：马克思哲学革命的真实意义》（2004）中，张盾提出必须以现代性作为马克思研究的问题背景，从马克思批判资本主义以及承诺人类解放的主旨出发更好地理解黑格尔与马克思的理论分歧以及问题传承。第四，探讨马克思现代性批判的现实意义与当代价值。郗戈在其著作《超越资本主义现代性：马克思现代性思想与当代社会发展》中提出在中国现实境遇中把握马克思的现代性批判的思想当代价值，扎根中国特色社会主义建设，扎根当代中国国情，通过自觉回应“反现代化论”把握住中国现代性建构的特殊性，推进马克思现代性批判理论与中国特色社会主义理论的不断创新与发展；李淑梅在《马克思现代性批判的视野》（2005）中提出，应当把对现代性的反思与对资本主义制度的批判结合起来，而不是按照西方现代性研究的主流观点回避对政治经济制度弊端的解剖，才是马克思现代性思想的当代价值所在。同样，关于海德格尔的现代性批判的著述也是数量繁多，但基本上集中在以下两个方面：第一，从基础存在论出发进行现代性批判。第二，从艺术、技术、诗与思等有别于基础存在论的主题出发进行现代性批判。代表性论文有俞吾金的《海德格尔的现代性批判及其启示》（2008），漆思、于翔的《海德格尔现代性批判的辨析》（2016），赵卫国的《海德格尔视野中现代性的时间根源》（2008），吴晓明的《现代形而上学的本体论批判：马克思与海德格尔》（2016）等。另外，需要指出的是，由周宪和许钧主编的商务印书馆出版的“现代性研究译丛”较为集中和丰富地介绍了现代性研究的“西方世界状况”，成为国内现代性研究以及中西现代性对话的“先锋”。其中影响较大的有马泰·卡林内斯库（Matei Călinescu）的《现代性的五副面孔》、齐格蒙特·鲍曼（Zygmunt Bauman）的《现代性与矛盾性》、戴维·弗里斯比（David Frisby）的《现代性的碎片》、大卫·库尔珀（David Kolb）的《纯粹现代性批判》、阿格尼丝·赫勒（Agnes Heller）的《现代性理论》、罗伯特·皮平（Robert B. Pippin）的《作为哲学问题的现代主义——论对欧洲高雅文化的不满》、杰拉德·德兰蒂（Gerard Delanty）的《现代性与后现代性：知识、权力与自我》等。在这些著作中也有对马克思与海德格尔精彩的现代性批判思想的分析和判断，而它们都在某种程度上构成了本书进行马克思与海德格尔现代性批判对比研究的理论原料。

三 本书的篇章结构

马克思与海德格尔的现代性批判都显示出了一种复杂的双重逻辑，其中显性逻辑是二者的现代性批判，都显示为“现代性体验—现代性的困境分析—现代性的克服与超越”这样一种思想外观。而隐性逻辑则表现为，在马克思与海德格尔的现代性批判中都内在演绎着一种双重批判。按照思想中渗透着隐性逻辑的显性逻辑，本书相应地划分为以下三章。

首先，马克思与海德格尔都将现代性的真实体验落实为对主体性形而上学的批判。马克思认为“从主体性内部击穿主体性”的黑格尔虽然重建了失落的主客体同一性，把哲学从认识论问题巧妙地改造为存在论问题。但是，由于他囿于思辨领域，在绝对理念的自我运动中抽象地表达现代性问题，所以他不懂得现代性问题的实质乃是在批判旧世界中发现新世界，即在现代世界中真正实现“理性与现实的和解”。海德格尔则认为主体性哲学试图通过构造意识世界以解释存在的意义的做法因其不能触及生活世界的未来从而根本上是失败的。海德格尔给出的具体的现代性改造方案是，通过此在的存在论换位，向生活世界还原，通过基础存在论的建构揭示世界与人的“存在真相”。

其次，马克思与海德格尔都对现代性的困境做出了明确判断和具体指认。在马克思看来，现代性最大的现实即在于它同时受制于资本与理性形而上学的同一性逻辑的统治，结果造成人在“非神圣形象”中的自我异化。他通过辩证法洞悉了资本逻辑的内在矛盾，进而发现了资本主义社会自身无法缝合的裂隙。马克思认为，通过在社会实践历史领域的批判我们就能够瓦解资本的逻辑同时终结形而上学的操作，实现对资本主义的超越。海德格尔则认为人在现代处于一种“无家可归”的状态，而现代性最大的现象是世界成为图像，其本质乃是技术的集置。技术的集置消解了主体性的优先地位，使得人与事物都处在一种被支配和被统治的状态之中，技术的集置是形而上学的“完成”，它已经在现实上统治了现代世界，这是现代性的最大困境和难题。

最后，海德格尔与马克思都认为现代性是可以克服和超越的。海德格尔认为，技术的集置消除了终极存在者，由此，人们才能够有机会经验到“本有”。在海德格尔看来，“本有”是使得技术的集置可能的东西，它是更大的境域，克服现代性只能从“本有”而来，其具象就是“林中空地”，它是一种“光明—黑暗”，“解蔽—遮蔽”的一体操作。正是因为能够经验“本有”，人才有机会在技术集置的现代世界实现超越，获得全新的可能性。同时，海德格尔也给出了拯救现代性的范本：艺术。由此，艺术存在论提供了一种“现代性之后”的可能生活。而超越现代性的任务对于马克思来说，就是从存在论反思的层面来论证共产主义中人的自由和解放以及构想共产主义的社会制度。马克思从人的异化现实出发，通过对“劳动与财产”与“异化劳动和私有财产”的对立考察，通过对“商品—货币—资本”所表征的“现实的历史”的具体考察，从更广阔的实践历史领域中寻求对人的自由和解放的全面理解。通过存在论的反思，马克思以理论穿透资本主义现代性，建构了“无产阶级”这一中介性的概念，从而确证了资本主义是必将被超越的人类历史形态。同时，马克思并未详尽地描述一种具体的社会政治操作，而是同样于存在论的反思性的界面提出了“自由人的联合体”，从而论证了不同于资本主义的“世界”。

第一章

现代性的体验：批判主体性形而上学

现代性的一个最典型的特征就是“神圣形象”的破灭，人们的生活不再像中世纪那样完全被信仰所覆盖和笼罩，而是从超验的神圣领域转向此岸的世界。“上帝”死后，人因为失去了存在的根据变得焦虑无比，为了摆脱这种现代性焦虑，人就必须尝试依靠自己的力量来解释世界以及证明自己的存在。但问题是，人所能出示的解释效力只能来自自我意识，或是说，人能够自主支配的只有理性，所以想要确证世界以及人自身存在必须首先研究意识。笛卡尔（René Descartes）发动了现代的哲学的第一个行动，“我思故我在”指明了哲学构建“我”的道路。但笛卡尔只是问题的开端，因为仅仅证明“我在”并不能保证自我的绝对地位，正是康德（Immanuel Kant）哲学首先通过“理性批判”真正地完善了现代主体。康德首先试图证明理性有能力建立普遍必然有效的知识，即证明一个知识主体；其次，理性能够确保人获得普遍有效的价值判断，即证明一个道德主体。通过以上这两步证明，康德把笛卡尔的“我思”从一个“空无”的“自我”变成一个真正的“主体”（subjectivity），由此，理性成为世间的最高法庭，在理性的最高法庭面前，任何存在者都必须为自己的合法性辩解。这样，理性就为人类存在的意义提交了答案，同时确证了世界之为世界。这就是哈贝马斯所指认的现代性要求的自我确证的问题，即“现代不能或不愿再从其他时代样本那里借用其发展趋向的准则，而必须自力更生，自己替自己制定规范"[①]。但是，我们必须看到，作为一种反思的力量，理性追求的是"反思必须到此为止"，即必须反思到一种确定性，结果就是，它思到了一种终结，化为一种确定知识充当对人类生活世界的终极解释。其实质是，理性重新把自身确定为此岸世界的最高信仰，即主体性重新成为现代的"神圣形象"。由于理性的这种疯狂仍然追求对人的全面统治，仍然试图充当解释世界的角色，所以马克思与海德格尔的现代性批判就首先落实为对这种现代性的理性形而上学的体验，而这种体验就是反对这种主体性形而上学。

第一节 马克思：现代性批判的建构

马克思生活的19世纪正是黑格尔（G. W. F. Hegel）哲学由盛转衰的时期，马克思目睹了如日中天的黑格尔是如何沦为"死狗"被时人贬斥的。而马克思则严肃对待黑格尔思想。学界一般认为马克思的思想直接受惠于黑格尔，直至马克思历史唯物主义的形成，黑格尔都是马克思对话和批判的主要对手。卢卡奇明确指出马克思传承了黑格尔哲学的理论精神，他将黑格尔的辩证法指认为马克思革命理论的真实来源。《历史与阶级意识》阐释了马克思的理论建构，认为其发扬着黑格尔的总体化、历史、主客体同一性等概念线索，由此深度介入了市民社会，激发了无产阶级的阶级意识。当然，卢卡奇将马克思"黑格尔化"的阐释带有特定的时代背景，但是，我们无论如何不能否认的是马克思确实现成地接受了黑格尔哲学的某些观点和术语，也认同黑格尔所开辟的现代社会的问题域，而更为重要的是，马克思对黑格尔的接受又同时体现为他对黑格尔哲学的否定和批判。

---

① ［德］丁尔根·哈贝马斯：《现代性的哲学话语》，曹卫东译，译林出版社2011年版，第8页。

一 现代性的自我确证问题

黑格尔敏锐地看到，所谓现代性的自我确证的问题指的就是从思维的角度把握这个时代，其突出症候是“主体性乃是现代的原则”①。传统哲学离开人们的意识直接去断言世界的本质，它在为世界增添美感的同时也使世界变得更加神秘，思想的可信度问题伴随本体论而生。正是康德的“理性主体”的建构使得现代性意识到只能在自身之内寻找合理的规范，而主体性原则就是这一合理规范的唯一来源。但问题是，康德理论成立的前提是“现象—物自体”二分学说，物自体不可知，我们只能认识我们理性所承认的东西。这就导致了主体与客体陷入绝对的对立，进而导致了生活世界与精神的绝对分裂，由此发展下去，结果就是，康德的主体性原则因为达不到经验本身从而不能为这个时代奠定基础，主体性就此成为康德的缺陷所在。在这个意义上，康德并未真正意识到“批判哲学”与现代性之间存在的深刻关联。从现代性的问题意识来考虑，黑格尔如此评价康德：一方面，他夸奖康德提出我们只能认识我们的现象是哲学的巨大进步，它“唤醒了理性的意识，或思想的绝对内在性……绝对拒绝接受或容许任何具有外在性的东西……有重大的意义，自此以后，理性独立的原则，理性的绝对自主性，便成为哲学上的普遍原则，也成为当时共信的见解”②。这就是说，康德本身其实是支持现代性的主体性原则的。另一方面，黑格尔也洞悉到了康德的问题所在，即它实质上造成了理性与现实二者的分裂。这提示黑格尔，只要超越康德，修正康德的错误，那么现代性的自我确证仍然是有机会实现和达成的。

既然“现象—物自体”的二分是导致康德失败的关键，那么，如果我们要想达到理性与现实的重新和解就必须废除这种划分。在

① ［德］丁尔根·哈贝马斯：《现代性的哲学话语》，曹卫东译，译林出版社2011年版，第19页。

② ［德］黑格尔：《小逻辑》，贺麟译，商务印书馆1980年版，第150页。

康德的理性原则那里，思维和存在、先验统觉的自我意识与事物本身始终都处在一种对立的关系之中，因为主体性的操作原则是，只有自我的反思意识才是客体获得自身的恰当方式，也只有在现代主体的反思中，事物本身才能充满意义地被彻底揭示和到达意识世界。这就是说，物自体是那个真正先验的东西，是真正的超越的存在，它是那个不在场者，是被设定为在一切认识活动开始之前就现实存在的东西。黑格尔敏锐地洞见康德的矛盾乃是因为在前反思状态中就已经独断地设定了自我与物自体的对立，然后在认识的活动过程中，又将这种所谓对立“美化”，揭示为反思性批判的被给予物。就是说，在思想的设定中，自我与物自体同时作为“超越者”存在于经验之外，但是理性批判按照主体性原则的反思程序运作，结果就是“自我—物自体”二分在反思性批判中立刻得到瓦解。一方面，自我作为先验统觉（自我意识的统一）是一种完全抽象的纯粹形式，它没有任何的规定性可言，只是从一切现实的内容中蒸馏出来的空洞统一性，它将一切内容都视为“他者”，视为“自我化”了的思维存在物，而唯独让自身作为纯形式留在主体里。另一方面，“从一个对象抽出它对意识的一切联系、一切感觉印象，以及一切特定的思想”[①] 之后得到的就是所谓物自体概念，它并不包含任何具体的存在规定性，但同时又作为一个空洞的基础，“很容易看出，这里所剩余的只是一个极端抽象，完全空虚的东西，只可以认作否定了表象、感觉、特定思维等等的彼岸世界。而且同样简单地可以看到，这剩余的渣滓或僵尸，仍不过只是思维的产物，只是空虚的自我或不断趋向纯粹抽象思维的产物。这个空虚自我把它自己本身的空虚的同一性当作对象，因而形成物自体的观念”[②]。总而言之，对于黑格尔来说，康德自鸣得意的“自我—物自体”的划分必须被彻底摧毁，因为在这种理论的支配和统治下，不可能真正完成思维的普遍规定

① ［德］黑格尔：《小逻辑》，贺麟译，商务印书馆 1980 年版，第 125 页。

② ［德］黑格尔：《小逻辑》，贺麟译，商务印书馆 1980 年版，第 125—126 页。

与思维内容的固有逻辑的统一，更加不可能达到思维与物自体的同一。这样，先验逻辑所表达的思维规律无非就是思维把握对象的主观逻辑方式，而且物自体的预设所造成的后果已经不再单纯地是一个理论问题，它更触动了现代性的自我确证和自我理解的问题，从而关涉哲学在现代的存在状况以及未来走向。因为当时哲学的另一股强劲力量——经验论认为，经验事实乃是人的思想和生活的界限，由于经验事实不能被思想所穿透，结果就是人成为矛盾的牺牲品。德国观念论则与其相反，它们反对这种看法，尝试在经验世界中挽救失落的理性主体，认为只有人的主体性才能够创造出具有普遍性和必然性的真理（如康德所见，主观性乃是真正的客观性，而客观性就是那普遍性和必然性的东西），这样，理性便能够塑造和支撑现实，从而支持现代性的主体性原则。但是，物自体学说在我们的思想与现实之间造成了一个无法逾越的鸿沟，由于思想囿于现象界永远不能达到事物本身，理性就匮乏成一种纯粹的主体性原则，完全丧失了干预现实的能力。黑格尔明确指出，康德设定物自体超出理性的局限，实则是他害怕“内容”，这种恐惧弥漫在当时的哲学世界中，例如逻辑学就认为内容并不重要，重要的是“纯形式”，以形式压制内容成为逻辑学的基本教条。黑格尔则坚决反对这种“内容—形式”的绝对划分，他认为形式思维以脱离内容为自由，并以超出具体的实际的内容而感到无比的骄傲，必须反对这种在非现实的思想里推论过来推论过去的“逻辑学”，逻辑学必须得到改造，它并不是一种只有形式而缺乏内容的科学，它绝不是形式的，反倒是唯有它的内容才是绝对真的东西，它必须沉入内容之中，并让内容按照它自己的本性，即按照它自身而自行运动，因为“逻辑的理性本身就是那个客体性的或实在性的东西，它在自身中结合了一切抽象的规定，并且就是这些规定的坚实的、抽象具体的统一”①。当然，康德或许会反驳黑格尔的这种批判，因为所谓内容乃是现象世界，但

① ［德］黑格尔：《逻辑学》上卷，杨一之译，商务印书馆1966年版，第29页。

归结起来，黑格尔认为康德的现象仍然是一个形式的说法，是纯主观形式的一个别名，因为在物自体的设定下，思想是一种空无，没有任何具体的内容规定性可言，不可能真正容许任何具有外在性的内容规定，它扫空了一切内容却不能添加任何新的内容，“在康德哲学里，思维作为自身规定的原则，只是形式地建立起来的，至于思维如何自身规定，自身规定到什么程度，康德并无详细指示”①。所以，从这个意义上来说，康德仍然是一种形式主义，在这种理论的范式内，哲学只能埋头皓首穷经，几乎不可能真正地关注现实世界，只能进行这种“纯粹形式批判”。

康德的物自体学说使得“主体—客体”处于一种绝对的分离对抗当中，用主观性压制客观性，用形式去压制内容，结果使得哲学完全封闭于内省领域而无法介入现实，此举可谓与当时的时代精神背道而驰。在黑格尔看来，“世界精神太忙碌于现实，太驰骛于外界，而不遑回到内心，转向自身”②。这就是说，一方面，人们被抛入日常生活的琐事，另一方面，人们又无时无刻不在关注着国家政治的形势，这导致人们精神上的内心生活不能得到宁静，而“现在现实潮流的重负已渐减轻”，“时间已经到来”，哲学必须明确自己的立场和态度，同内省的倾向决裂，重新恢复起干预现实的能力和力量，为此，当务之急是重建在康德哲学中被绝对搁置的“主体—客体”统一性。按照黑格尔的看法，康德之所以不能意识到批判哲学的深刻矛盾就在于，他并未把握住辩证理性的真正内涵和深刻意蕴。这样，批判哲学并未进入“思想范畴的内容和彼此相互间的关系，而只是按照主观性与客观性一般的对立的关系去考察它们”，而“除了物自体以外，更没有别的与主观性相对立的客观性了”。③ 黑格尔赞扬康德是最早明确提出知性与理性的区别的人，并且认为知性以有限的和有条件的事物为对象，理性则以无限的和无条件的事

① ［德］黑格尔：《小逻辑》，贺麟译，商务印书馆 1980 年版，第 151 页。
② ［德］黑格尔：《小逻辑》，贺麟译，商务印书馆 1980 年版，第 31 页。
③ ［德］黑格尔：《小逻辑》，贺麟译，商务印书馆 1980 年版，第 117 页。

物为对象。康德理论的重大成果之一就是发现了理性的辩证矛盾，按照康德的说法，当思维想要去认识无限时，思维自身的本性便陷入了“二律背反”，批判哲学认为单纯地建立在必然性之上的证明因其陷入辩证境地而无法真正确立生活的真理。但是康德并未真正理解自己的这一发现而是选择看护理性的界限，正是这样的做法引起了黑格尔的不满，因此，他评论道，康德的理性矛盾学说就其破除了知性形而上学的僵化独断，指引了思维的辩证运动来说是哲学的一个重要推进，但康德仅仅停留在物自体不可知的消极后果里，“没有进一步达到对于理性矛盾有真正积极的意义的知识”[①]。这就是说，康德把矛盾理解为对物自体的知性规定，它是由于对理性的非法使用所导致的一种“必然”错误，它仅属于认识对象的理性，而没有看到矛盾乃是一切存在内容的构成要素以及本质。一句话，在康德那里，矛盾就是主观的逻辑的矛盾，而无关乎对象本身所具有的客观矛盾，所以他不能懂得理性矛盾的真正积极的意义在于“认识一切现实之物都包含有相反的规定于自身，因此认识甚或把握一个对象，正在于意识到这个对象作为相反的规定之具体的统一”[②]。结果就是，康德的理性有限性隐含着取消“真理世界”的危险和可能，理性辩证法的“假象”可能将人们抛入“意见世界”。在这个意义上来说，批判哲学仍然是知性形而上学，它依旧陷入抽象性和片面性，而这无异于承认：即使真理是存在的，也是达不到的；即使理性是存在的，也是实际无效的，这简直是对理性的一种极大的讽刺。因此，黑格尔坚决反对理性在亚里士多德的逻辑之路上“工作了两千年”以后选择“自暴自弃”。

以理性辩证法为动力，黑格尔重提哲学的时代目标，乃是让理性与现实重新达致和解。他的做法是，不预设任何无规定的第一实体作为基础和前提，把客观性置于理性的概念形式当中。这是因为，

---

① ［德］黑格尔：《小逻辑》，贺麟译，商务印书馆1980年版，第133页。

② ［德］黑格尔：《小逻辑》，贺麟译，商务印书馆1980年版，第133页。

事物本身只有被概念所把握才能具有现实性，事物本身只有在概念的规定性当中才是其所是，所谓规定有以下两个基本特点：其一，任何规定都是否定和肯定的统一；其二，任何规定都要设立界限，并严守界限。这就是说，概念的规定无论所肯定的还是所否定的都只能是有限之物，概念只能达至有限物的世界。黑格尔提出，为了规避康德的知性概念的缺陷和不足，我们必须将知性概念提升为理性概念。做法就是，将没有任何规定性的抽象的同一性认定为无，不把范畴应用于某种异质性的实体，而是从“无规定性”开始概念运动。与此同时，需要注意到，思辨的理性概念也是一些规定，但是它所要达到的真理和无限却无法被知性所规定，原因很简单，任何规定都要设定界限从而取消无限，如果仅仅停留在这样的认识上，那么黑格尔只是重复了康德，他得到的也仅仅是规定有限事物的知性概念，为了超越康德，达到理性与现实的和解，黑格尔的做法是加入一个绝对的否定性。其基本意思是说，绝对对于任何概念的规定性来说，都只能是一种无规定性，或者直接说就是无。这样黑格尔的理性概念就成为一种内在地包含着“有—无”对立的概念争执，并且这种争执表现为一种原初的“矛—盾”，概念于是拥有了一种全新的形态：它是一系列的概念的规定性，同时又是这些规定性的消解。概念就在“建构—消解”的“矛盾”一体中运动起来，其中每一个规定都既是显现着的同时又是消逝着的。概念的建构是要达到规定性和必然性从而获得真理的外观，而概念的消解则是达到无规定性从而展现绝对。从这个意义上来说，黑格尔正是在思辨概念的巨大张力中突破了康德哲学，在知性概念止步的地方，思辨撑开了真理的出场空间。在有限的、必然性的规定逗留的地方乃是达到无限的可能。于是，我们看到，在黑格尔的概念体系中，没有任何一个要素是第一性的，存在的只有相互中介的概念的自身运动，世界和自我统统都被囊括其中，不存在内在意识如何切中外部实在的问题，对黑格尔来说，这是超越康德的一个重要的步骤，概念的运动的“自身分化”的绝对形式在自身内部为所有必须做出的概念的过渡和运用提供了必要的属于它自身的空间。正是在这样的意义上，黑格尔认为，理性是世界的本质和核心，构成了世界的内在的、固有的、深邃的本性，思想的真正客观性乃是“思想不仅是我们的思想，同时又是事物的自身，或对象性的东西的本质”①，而事物与对事物的思想是同一的，“自在自为之有者就是被意识到的概念，而这样的概念也就是自在自为之有者”②。这就是黑格尔的“理性与现实的同一”原则。这里需要指出的是，我们不能简单地将这种“理性与现实的同一”理解为是认识论的，因为它并不单是想说明，只有概念反思才能认识到事物的普遍的本质必然性，就是说，黑格尔的概念绝不是通常所理解的那样是一个思想的范畴形式，而是首先指的是事物本身的存在形式，逻辑学意义上的概念必须先得到存在论意义上的澄清，黑格尔的理性概念实则表达的是被思想所渗透和把握的事物的存在方式。理性乃是真正的现实的意思是说，思想必定是合理现实的表征，或者是使现实趋近于思想，在这个意义上来说，黑格尔的理性概念就是现实生活的逻辑形式，理性中的世界相应地是逻辑学形式的现实内容。同时需要解释的是，这并不是哲学史上著名的命题“思维与存在同一”的变形，就是说，黑格尔并不是化了妆地表达思维与存在之间关系的神秘同一性，而是为了摧毁康德的“思想—物自体”之间的僵硬界限，跨越这道人为设置的鸿沟。在这里，吊诡的情况出现了，被认作绝对唯心主义的黑格尔哲学反而具有最大的现实感。

可以说，如果我们想要真正理解黑格尔的“理性与现实的同一”就必须理解黑格尔对传统哲学概念的全新理解和赋意。在另一个著名的命题中，黑格尔的主体概念不再是康德意义上的主观性的作为先验统觉的自我，而是事物存在的一种方式，这是存在论的而非认识论的，实则指的是事物在辩证运作中自我展开生长的一个实际过

---

① ［德］黑格尔：《小逻辑》，贺麟译，商务印书馆 1980 年版，第 120 页。

② ［德］黑格尔：《逻辑学》上卷，杨一之译，商务印书馆 1966 年版，第 31 页。

程，事物在此意义上其实是作为一种主体而存在的，这就是黑格尔所说的，“一切问题的关键在于不仅把真实的东西或真理理解和表述为实体，而且同样理解和表述为主体”[①]。“真理在本质上乃是主体，作为主体，真理只不过是辩证运动，只不过是这个产生其自身、发展其自身并返回于其自身的进程。”[②] 除此之外，在哲学的思辨领域之外，黑格尔的“理性与现实同一”的思想同样具有深厚的历史渊源，其哲学思考带有一种深厚的世界历史感。在他第一个思想体系中，黑格尔就选中了世界的现实性，并由此出发，毫不妥协地反对自己和世界的分裂，同时，作为法国大革命的启示就是“思想应当统治现实”，正是在此著名革命事件的助力和推动下，黑格尔幸运地发现了这一深刻思想。这样，黑格尔的理性的现实化身就是法国的大革命，也正是在这个意义上，黑格尔声称废除了唯心主义。但是，黑格尔也确实构建了一种不同于康德式的全新的唯心主义哲学，那就是“哲学的最高目的就在于确定思想与经验的一致，并达到自觉的理性与存在于事物中的理性的和解，亦即达到理性与现实的和解”[③]。黑格尔的高明之处在于他把认识论同存在论结合起来，并将之化为概念自我生成、自我运动的逻辑学。这样，历史就被他的理念所包裹，他就能够自觉地在世界历史的进程中去发现现代性的谜底。更为重要的是，黑格尔深入现代性的基础去发现现代性并试图重新为其奠基，这就决定了他必须通过市民社会的批判来重构现代性。黑格尔不仅要证明现代社会主体性原则的形成机理和表现通道，还要证明恰恰因为主体性现代社会才得以形成和确证。

总的来说，在破解康德知性形而上学的过程中，黑格尔获得了这样一种现代信念，那就是只有推翻原本既定的存在才能达至最后

---

① ［德］黑格尔:《精神现象学》上卷，贺麟、王玖兴译，商务印书馆 1979 年版，第 10 页。

② ［德］黑格尔:《精神现象学》上卷，贺麟、王玖兴译，商务印书馆 1979 年版，第 44 页。

③ ［德］黑格尔:《小逻辑》，贺麟译，商务印书馆 1980 年版，第 43 页。

的真理，力量正是来自辩证法的否定性。作为“内在超越”的否定，辩证法乃是事物发展的原则，它坚持联系的必然性与差别的内在发生。它始终意识到凡是有限的事物终将因为无法克制内在的矛盾而走向对自身的否定，没有什么能够抵抗矛盾的力量，在矛盾面前，没有什么是持久而坚固的，一切终将烟消云散，同时，否定亦是肯定，“因为就其为结果而言，否定乃是从这种运动里产生出来的东西：规定了的否定，所以同样也是一种肯定的内容”①。可以说，正是辩证法的否定性的中介力量决定着理性与现实的和解的运动形式和内容。而这种否定的辩证法在马克思的实践革命那里被继承和发扬下去。

二 走出主体性形而上学的危机

黑格尔之后（after Hegel），形而上学遭遇了新的命运。通常的理解认为，马克思完成了对形而上学（黑格尔哲学）的颠倒，使得哲学达到了最极端的可能性，开出了全新的境地。但是问题并没有看上去那么简单，黑格尔哲学本身具有复杂的双关性。一方面，它是西方形而上学的完成，实现了对形而上学的本体论的驯服，即把绝对理念看作绝对的精神性本体和实体。另一方面，它又达成了“形而上学的摧毁”，即用普遍中介化的方法解构了一切概念的实体性。正是因为无法准确辨认出黑格尔哲学的这一复杂特征，研究者们夸大或偏重其中一个方面形成了不同的，甚至是截然相反的观点和看法。事实上，马克思本人也明确指出“在德国知识界……对待黑格尔，即把他当作一条‘死狗’……我公开承认我是这位大思想家的学生，并且在关于价值理论的一章中，有些地方我甚至卖弄起黑格尔特有的表达方式。辩证法在黑格尔手中神秘化了，但这绝没有妨碍他第一个全面地有意识地叙述了辩证法的一般运动形式。在

① ［德］黑格尔：《精神现象学》上卷，贺麟、王玖兴译，商务印书馆1979年版，第41页。

他那里，辩证法是倒立着的。必须把它倒过来，以便发现神秘外壳中的合理内核”[①]。那么，在何种意义上，黑格尔哲学是马克思的思想的源头和起点，又是在何种意义上，马克思批判和颠倒了黑格尔哲学，这成为理解马克思思想的关键所在。由于如何看待黑格尔哲学关系到如何理解马克思的哲学革命，那么，在黑格尔与马克思之间的理论渊源上，如果黑格尔的哲学性质得不到廓清，马克思的哲学革命必然容易遭到某种误解和误读，重温著名的“卢卡奇—科耶夫（Alexandre Kojève）解读”[②] 有助于我们揭开问题的答案，现在我们沿着这条思路进行探讨。

在卢卡奇看来，马克思取自黑格尔最重要的哲学遗产之一便是“总体范畴”，即认为存在是“历史过程中的自我实现的同一性主客体”。在卢卡奇的指认中，黑格尔把整个哲学理解为人们试图证明“思维—存在”的统一的连续努力，德国唯心主义的哲学行为就是围绕着康德的“物自体”之谜打转，这个物自体之谜就是认识现存的社会现实的问题。卢卡奇认为，德国的唯心主义在黑格尔哲学绝对主体的神话般的概念中达至顶峰，但是历史之谜并未解决，只有马克思在黑格尔的“指导”下，发现了作为主客体统一的无产阶级之后，问题才能够得以真正解决。简单来说，与通常思想认为的马克思拒斥整个德国唯心主义（黑格尔）不同，卢卡奇则重新将马克思“还原”到德国古典哲学的“语境”中，将之置于哲学的高峰，并且他反对那种认为马克思抛弃了传统哲学在哲学之外解决了哲学问题的看法。从这个意义上来说，卢卡奇的“马克思”是哲学的，马克思是属于德国古典哲学谱系的。由此，马克思的哲学革命是一种内部革命。

对卢卡奇“黑格尔式的马克思”解读的责难主要集中在以下两点。第一，认为他过于强调在黑格尔的界限内来理解马克思，导致

① 《马克思恩格斯全集》第 44 卷，人民出版社 2001 年版，第 22 页。

② 张盾、田冠浩：《黑格尔与马克思政治哲学六论》，学习出版社 2014 年版，第 38 页。

他被困在黑格尔的思想“牢笼”里，不能超出黑格尔的思想限度，从而抓不住马克思哲学的本质。第二，卢卡奇强化了马克思与以黑格尔为代表的德国唯心主义的联系，他将康德开出的知识论问题与特定的历史时期即工业时代结合在一起，提出无产阶级作为主客体的同一性，能够解决“康德之问”的做法具有不合理性。因为，从历史中诞生的“无产阶级”并不必然作为解决“物自体”问题的普遍方案。总之，卢卡奇的方案中，马克思与黑格尔建立了一种虚假关联，卢卡奇实际上看到了现代性形成的资产阶级社会的客观现象，却给它披上了一件人本主义的主观外衣。这自然是无法解答真正的历史之谜。但是即便如此，我们也不能否认卢卡奇揭示的同一性主客体的历史的辩证法是不无启发的。

在科耶夫的具体解读中，黑格尔的哲学本质乃是一种存在论，或者更加精确地说，黑格尔的哲学乃是“逻辑学—存在论—认识论”三者一致的存在论问题，因此它终结了传统形而上学，重塑了哲学的时代面貌，并将之确定为哲学的现代性的自我表征方式。由于康德的“物自体”问题支配了德国哲学的发展方向和进程，如果真的像克朗纳所说的那样，理解康德就意味着超越康德，那么，按照康德的知识论的提示，超越康德就意味着必须超越知识论逻辑，黑格尔的哲学就必须是对知识论问题的有效澄清，或是说，知识论问题必须在黑格尔（马克思）的存在论问题上得到澄清。那么，将黑格尔的问题定位为存在论问题而不是认识论问题就是至关重要的一步。

从超越康德知识论的意义上理解黑格尔存在论思路的关键之处是，黑格尔的精神现象学要求对人的现实存在进行一种现象学的描述，它要研究的是作为现象的人在历史中的实际存在（Dasein）。黑格尔的“概念”是一种逻辑的和真实的东西，是一种被“逻各斯”（logos）中介过的现实事物，从根本上已经不再是康德式的所谓知识论范畴。简单来说，概念就是那被理解的现实事物，意识就是人的代名词。由此，认识不过是存在的自我认识，辩证法所试图解释和达到的就是理解意识的行动，就是有意识的和“自由意志”的人的行动的现象。可以这样理解，人具有存在的二重性：它既作为被给定的静态意义上的存在，有自身的空间和自然性，又作为发展的动态意义上的存在，有自己的时间和历史。“换句话说，它不仅仅是定在和必然性。而且也是行动和自由。”①

意识要在辩证运动中实现自我认识，被黑格尔规定为真理，意识回到它自身，并被动地遵循着它的内容，这样来看，黑格尔的认识概念就完全不再是认识论的，而纯然是存在论意义上的范畴，理解这一点的关键就在于：“不仅把真实的东西或真理理解和表述为实体，而且同样理解和表述为主体。”② 实体被表述为主体，实际上就是将实体理解为一个自身沉入自身、建立自身并且生长自身的辩证运动过程。基于这种考虑，黑格尔拒绝承认把那种简单空洞的自身同一性（如“A = A”）当作“真理”和真实的东西，而唯有通过中介化（扬弃过程）重建自身的同一性才是真理。所谓真理，不外乎就是它自己的自我完成和完善的过程，它是一个呈现为螺旋上升的圆圈，“预悬它的终点为目的并以它的终点为起点，而且只当它实现了并达到了它的终点它才是现实的”③，而“说真理只作为体系才是现实的，或者说实体在本质上即是主体，这乃是绝对即精神这句话所要表达的观念”④。在黑格尔看来，绝对是表示存在的概念，而精神就是存在运动中的自我否定性“劳作”，之所以说绝对是精神，乃是因为唯有精神才是中介性的否定性的力量，正是这种成了“身外别无中介而自身就是中介”的精神的东西才是黑格尔眼中“现实的东西”。科耶夫指明，黑格尔所看重的“精神”在“现象学”的存

① ［法］亚历山大·科耶夫：《黑格尔导读》，姜志辉译，译林出版社 2005 年版，第 565 页。

② ［德］黑格尔：《精神现象学》上卷，贺麟、王玖兴译，商务印书馆 1979 年版，第 12 页。

③ ［德］黑格尔：《精神现象学》上卷，贺麟、王玖兴译，商务印书馆 1979 年版，第 13 页。

④ ［德］黑格尔：《精神现象学》上卷，贺麟、王玖兴译，商务印书馆 1979 年版，第 17 页。

在论的意义上，就是在世存在的人以及被人所揭示和把握的存在，因为人的现实并不是一种永恒地与自身同一的给定物，而是一种在时间中生长自身的进行自我创造的活动。人的这种创造活动是通过对“自在”意义上的存在的否定来完成的。这就不难理解，黑格尔“把绝对设想为主体，就是把绝对设想为包含否定性，不仅仅作为自然，而且也作为自我或人，即作为创造的或历史的发展过程的实现”[①]。我们看到，黑格尔完全不同于康德，他强调我们的理论要与鲜活的现实经验保持着亲密的距离。在黑格尔看来，现代性的自我确证表明，我们在日常的生活世界中是通过理解世界和理解自己来进行自我认知的，这就意味着我们实际上并不像康德声称的那样必须确定一个绝对的基础，原因无他，这种绝对确定的点是不存于我们的现代世界中的。于是，问题就转变为如何在实际的处境中（Dasein）达成真正的知识，这与古希腊人的处境类似，即如何在有限的条件下获得真知。辩证法给了我们信心，它告诉我们现代性塑造的事物并不存在绝对的可靠性，任何最终落入经验的理论都要服从经验的反驳，人们就是在努力建构知识体系和价值规范的过程中书写自己的历史的。正是在这个过程中，知识理论不断地被人们创作出来，而后又不断地在历史的变动中得到更新。正是这个原因，真理只有在它的发展中并且只有通过它的发展才能成为真理。

通过把实体理解为主体，把绝对理解为精神，黑格尔点亮了存在论的地平。从这个意义上来说，绝对哲学（思辨哲学）并没有外在于它的对象，或者更加确切地说，它本身就是自己的唯一主题。按照这种理解，认识不再是“康德式”的纯主观形式的认知作用，而是存在内容的实际的自我认识，存在也不再是意识界之外的隐秘对象和神秘客体，而是能够进行自我中介化理解的主客体同一的存在整体。结论就是，黑格尔从主体性哲学内部出发解构了认识论的

---

① ［法］亚历山大·科耶夫：《黑格尔导读》，姜志辉译，译林出版社2005年版，第633页。

主体性的知性概念，将之改造为“主客体同一”的“思辨”概念，从而击穿了主体性哲学，实现了对形而上学的超越。

当黑格尔哲学被定位为存在论问题而不是认识论问题时，辩证法就需要得到重估。按照科耶夫的解释，理解黑格尔的存在论的辩证法的关键在于把握住所谓意识乃是一种存在的“自相关”，同时，存在是在自我中介化过程中建立自身的同一性主客体。在这个前提之下，哲学的任务就是必须保证思维和存在的一致，就是说，思维必须去适应存在，适应实在事物，但又不能自行建构和添加任何东西。科耶夫不同意在“康德路线”下理解黑格尔的辩证法。在他看来，如果能有一种存在论的辩证法，那只能是实在的辩证法。因为实在事物（存在）本身有一种具体的辩证运动结构。从来都是实在事物的自我反映，所谓主观的辩证法仅仅是因为它们忠实地反映了实在事物的辩证运动。惯常的理解里，是古希腊人，准确说是苏格拉底（Socrates）和柏拉图（Plato）带给了辩证法一种“对话或讨论”的外观，从而辩证运动就成为纯粹的思想的运动。黑格尔是有意识地抛弃作为哲学方法的辩证法的第一人，他“仅限于观察和描述在历史过程中完成的辩证法，而不是把它当作一种方法”[①]。科耶夫认为，作为哲学对话的那种带有博弈性质的观念的辩证法之所以能够产生和被推广，是因为它是关于存在的实在辩证法的一种反映。一种哲学之所以为真，并不在于哲学家的沉思和独白，不管这种沉思和独白多么深刻具体，而在于哲学自身正确地揭示和描述了实在事物辩证法和“存在着的存在”在运动中的每一个停顿和停留，这让人想起了“飞矢不动”的辩证法的著名命题。所以，黑格尔的哲学并没有什么辩证的东西，黑格尔不再进行讨论，因为讨论已经在他之前的历史过程中通过斗争和劳动的否定活动完成了，而黑格尔的任务就是把这种辩证活动的结果记录并保存下来。

---

① ［法］亚历山大·科耶夫：《黑格尔导读》，姜志辉译，译林出版社 2005 年版，第 547 页。

在这种观点的支持下，我们再次看到了“存在论的黑格尔”：存在大于意识，意识并不能完全收拢住存在，存在总有幽暗之地是意识无法到达的。这打破了意识哲学的内在性逻辑，将哲学拉入具体的现实的世界之中。由此可见，黑格尔的辩证法是一个指向现实世界的存在论问题，在某种意义上，它是从历史经验中去窥测我们自己呈现于理念中的自我知识的一种卓绝努力。黑格尔的方法的要义在“呈现”“显现”，而不需要“主观性——主体”的干涉和介入。由此，黑格尔眼中的世界是一个被人的存在所揭示的世界，是完全能够进行自我认识的存在内容，尽管这个世界被现实的多种因素所缠绕。按照这种思路，现实存在之所以能够是辩证的和运动的，乃是因为它包含着一种否定的因素，“即对给定物的主动否定，基于一切流血斗争和一切体力劳动的否定”[①]。这就是说，这种否定性只能是通过人来实现的，因为人的存在具有二重性：作为自然存在的现实存在（给定的存在、自在的存在）和创造行动（行动的存在、自为的存在），只有人在行动的时候，他才会表现出否定性，人通过创造行动“超越”给定的存在，使存在从自在存在提升为辩证的自为存在，存在由此经历了自身的不断分裂，这就是作为“否定存在”的人。同时，又恰恰是因为人作为否定性的存在，他通过语言来揭示这种存在，并追求着与存在的一致，由此存在这个“逻各斯”（logos）实现了肉身化，即成为被语言和思维揭示的存在。这才是存在论意义上的“思维与存在的同一”命题的真实内涵。

人作为否定性存在，作为一种创造性的行动，同时就是一种历史性的存在，因为历史就是人的自主创造的活动改变“自然”存在（自在存在）的面貌的过程。现在我们明白了，对于黑格尔的辩证法来说，其真意便在于记录人的历史（实在的历史）的内在的固有的辩证运动。实在（存在）本身的辩证法并不是由“哲学家”的思辨

---

① ［法］亚历山大·科耶夫：《黑格尔导读》，姜志辉译，译林出版社 2005 年版，第 549 页。

完成的，而是由历史本身来完成的，推动历史辩证运动的正是某种在历史中实际存在的否定性力量，即劳动和斗争。在这里，科耶夫认为当黑格尔研究“主奴辩证法”时，当他把斗争和劳动作为人的存在的否定性引入历史的辩证法的讨论的时候，就是把现实的人与人之间的关系带入了具体的哲学的论题当中，因为通过斗争和劳动实现的“存在的否定”只能是在现实的人与人之间的关系（辩证法的历史“讨论”）中实现，这就是说，黑格尔实际上超越了主观性哲学，在意识哲学之外，在现实世界的土壤中生长出了作为人的辩证法的存在论。

通过将黑格尔的哲学理论理解为形而上学的终结，通过将黑格尔问题理解为存在论问题，对我们进入马克思的哲学提供了全新的线索和契机，理解马克思哲学由此必须行走在存在论的地平上，如果用黑格尔的存在论的表达方式，就是“体验辩证的存在和实在事物，使它们的运动进入描述它们的语言中”[①]。正是在这一意义上，黑格尔哲学的“理性与现实的同一”原则同样成为马克思哲学的操作原则。现在问题变得清晰而明朗，关键就在于理解马克思是如何改造和解构黑格尔的辩证法的存在论。

如果用一句话来概括马克思的哲学探索，那么最好的表达就是，“哲学家们只是用不同的方式解释世界，问题在于改变世界”[②]。由此出发，我们可以看到的是，在马克思看来，以往哲学的主要行动可以归结为以下命题，“人们言说世界，而世界如其所是”，这就是说，每个哲学家通过言说都获得了一个世界，但是如果哲学不能转向生活之惑，不能根据经验来揭示和改变现存着的社会结构和政治结构，世界就仍然是一个问题，世界中的一切事情就如它们之所是而是，如它们之所发生而发生。一句话，以往的哲学不过是把世界的意义放在了世界之外。于是，对于它们来说，世界存在着，这一

---

① ［法］亚历山大·科耶夫：《黑格尔导读》，姜志辉译，译林出版社 2005 年版，第 539 页。

② 《马克思恩格斯选集》第 1 卷，人民出版社 2012 年版，第 136 页。

点并不神秘，神秘的是世界将被言说成什么模样。而对马克思来说，“全部社会生活在本质上是实践的，凡是把理论引向神秘主义的神秘东西，都能在人的实践中以及对这种实践的理解中得到合理的解决”①。对马克思来说，黑格尔哲学的重要性在于，他实现了主体性哲学的转向，从主客分离的内在性论域中突围，重建了近代哲学中失落的主客体同一性，从而把哲学从认识论问题改造成存在论问题。马克思看到，黑格尔的哲学实质是自然与精神（自由）在“现实的历史的人”身上实现的同一性。正是这种主客体同一性的建立使得时代精神成为哲学的主题，从这个意义上来说，黑格尔的“理性与现实的和解”的真正内涵乃是以抽象的思辨形式建立起来的现代性的完整的问题域，从而第一次为全部历史和现代世界创造了一个全面的结构。这些时代精神的“言说”道出了他的时代的几乎所有的重大主题：法国大革命、市民社会、斗争与劳动、私有财产等，这些在很大程度上都成为马克思哲学理论的最初资源和原材料。但是我们也必须看到，黑格尔对于马克思的积极影响是有限的，因为在马克思眼中，黑格尔试图超越康德达到绝对，方法是把肇始于笛卡尔的“我思”提升为“纯思”，把经验上升为逻辑，把逻辑实现为经验的本质，这在某种意义上来说其实就是取消了经验主体之间的差异性、多样性，从而也就取消了对话的可能性。可以这样说，黑格尔的哲学就是大写的人类自我学，当他把一切都看作精神发展的意识形态环节的时候，经验的个体自我就势必会慢慢“死掉”，个体的理性在被融入普遍理性，虽然看似达至“和解”，但是从本质上来说它也不过是普遍理性实现自身的中间环节和工具，从这个意义上来说，黑格尔认为个体的死亡是对精神的最大贡献，是为社会进行的最高劳动。

按照马克思的要求，黑格尔的历史是抽象的，在其中根本不可能建立起主体与客体的真正同一，理论在一边，实践在另一边，通

① 《马克思恩格斯选集》第1卷，人民出版社2012年版，第135—136页。

过思辨地否定中介结构，理论与实践在概念中达至和解，这是马克思所不能同意的，历史只能是现实的具体的历史，是追求着自己的目的的人的现实活动，黑格尔无法认识到这一点，因为黑格尔认为一切问题如果能够得到回答，唯一的方法就是把现实的问题变为思辨的问题，按照这种逻辑，“人类的历史就变成了抽象的东西的历史，因而对现实的人来说，也就是变成了人类的彼岸的精神的历史”①，从这个意义上来说，号称描述了实在历史辩证法的黑格尔只是给了历史一个抽象的、思辨的表达和陈述而已，换句话说，黑格尔不在真实的历史中而是在绝对精神中重构主体与客体的同一，这样做的结果就是，黑格尔的辩证法的存在论，黑格尔的主客体同一性重新沦为概念的神话。正如克朗纳所说，在黑格尔那里，思想要透过绝对的或神性的自我去建造这个世界，“既然绝对精神只是事后才通过哲学家意识到自身这个具有创造力的世界精神，所以它的捏造历史的行动也只是发生在哲学家的意识中、见解中、观念中，只是发生在思辨的想像中”②。可以说，马克思的这一批判击中了黑格尔的要害，尽管黑格尔从主体性内部击穿主体性哲学把哲学的目光从纯理论问题引向了现实世界，但是，他本人仍然停留在那个抽象的世界，在马克思看来，黑格尔的历史的存在论中重建的同一性主客体，直接说就是一个“新主体”（绝对主体）。卢卡奇对此给出的解释和评价是，黑格尔的时代哲学恰恰就是时代局限，他不能深入历史的真正原因是无产阶级作为全新的“主客体同一性”还晦暗不明，无产阶级的全新崛起使得哲学的问题必须走出哲学的平台进入激进的政治问题的领域。现在问题的关键是，必须在哲学之外解决哲学问题，而不是加入对手的游戏中去，用一种思辨反对另一种思辨，用一种概念神话反对另一种概念神话，显然，概念神话类似于一种内心的独白，在这里没有什么东西被真正证明，更不会遇到相

---

① 《马克思恩格斯全集》第 2 卷，人民出版社 1957 年版，第 108 页。

② 《马克思恩格斯全集》第 2 卷，人民出版社 1957 年版，第 109 页。

反的或是反对的意见。黑格尔哲学的本质乃是一种绝对主体的概念神话，神话拒绝意见，而哲学问题必须回到“意见世界”中来，人们也必须在“意见世界”里按照“意见世界”的运行方式去解决问题。如果把黑格尔哲学理解为是在此间的意见世界与彼岸的世界之间的跨越性的通达（尽管是概念性的通达），现在对于马克思来说，这种跨越性的通达必须被出示真实的证据（evidence），而这个证据又必须是此岸世界的经验证据，一句话，只有世间的证据才是真证据。这样哲学问题就立刻降落为或是转变为对此间世界的批判，哲学的任务和焦点就成为“资本主义坏世界的研究”，研究是为了在此岸完成黑格尔式的概念的经验兑换，这样，哲学就不再是思的哲学（philosophy of mind）而成为做的哲学、行动的哲学（philosophy of change）。可以说，无产阶级作为全新的主客体同一性的出现，并以对抗和消灭资产阶级作为终极目的。正是在这个全新的背景之下，我们才可以清晰地辨认出马克思批判黑格尔的哲学的焦点所在，对于时代的问题，黑格尔把一切时代问题投入概念的自我对置和中介性的运动中，马克思则公开声称必须通过革命的实践来解决，黑格尔的概念运动看似积极，但它的运动有着思辨的内里，所以黑格尔只是在头脑中行动，他仅仅是反对这个世界的词语，而不是反对现实的现存世界。

按照研究，马克思与黑格尔关注同样的时代问题，但是二者是以全然不同的方式和视角，是在思想中，还是在现实中解决时代问题成为两个人分道扬镳的地方，结果就是黑格尔的问题成为纯思辨问题，马克思的问题则超出思辨问题成为激进的政治革命问题。在这个理解下，马克思批判黑格尔的问题所在才最终浮现，在反对近代哲学主客体分裂，瓦解意识哲学内在性的方面，马克思跟随黑格尔的脚步，认同黑格尔的哲学努力和积极方向，但是真正的较量在于争论现代性问题的解决场域。很明显，黑格尔找到了思想，马克思抓住了现实。这才是马克思哲学的“隐微教诲”。所谓按图索骥，我们就可以之理解，自 19 世纪 40 代以来，马克思批判黑格尔的一系列文本的中心所在，无一不是关乎现代性问题，所有的批判如果用一句简单的话表达就是：指责黑格尔把现实问题化装成思辨问题，而现实问题其实就是一个政治革命的问题。马克思对自己的哲学问题的成熟而明确的表达是"全部问题都在于使现存世界革命化，实际地反对并改变现存的事物"①，从这里我们可以分析出，在马克思的语境里，就是作为解放的共产主义的实现和作为"非神圣形象"的资本主义的灭亡。如此来看，马克思的新哲学所要达到的目的就是一种对资本主义现存世界的破坏，如果模仿黑格尔的语调（理性与现实的和解）来表达就是：实现哲学与现实政治的目标的和解。

由此，哲学的任务就不再是使用词语去反对词语，而是使用现实的手段反对现实的世界。哲学成为对现实世界的描述，从这个意义上来说，哲学拥有了"马克思式"的全新的理解，而这种理解同样是纯直观的和描述的，是经验的，是"实证主义"的。"在思辨终止的地方，在现实生活面前，正是描述人们实践活动和实际发展过程的真正的实证科学开始的地方。关于意识的空话将终止，它们一定会被真正的知识所代替，对现实的描述会使独立的哲学失去生存环境，能够取而代之的充其量不过是从对人类历史发展的考察中抽象出来的最一般的结果的概括，这些抽象本身离开了现实的历史就没有任何价值，它们只能对整理历史资料提供某些方便，指出历史资料的各个层次的顺序。"② 由此观之，在马克思那里，意识的优先地位必须让位于存在，他就以自己的方式颠倒了黑格尔的观念论，使人们深刻而清晰地认识到，这种颠倒不仅仅表现为对内在性的击穿，而且这种击穿不是黑格尔式的囿于主体性，而是把哲学从抽象的思辨哲学带回了对历史的全面的叙述，使哲学成为现实的叙事，而不是主体性的表白。在这种洞见之下，马克思对黑格尔的概念进行了彻底的解构，将之认作对资本主义的具体世界的表象。这样，

① 马克思、恩格斯：《德意志意识形态（节选本）》，人民出版社 2003 年版，第 19 页。

② 马克思、恩格斯：《德意志意识形态（节选本）》，人民出版社 2003 年版，第 18 页。

思辨想象被现实填充，作为自我意识的人成为现实的个人，他们不断地进行一系列的生产活动和社会活动，发生一定的社会关系和政治关系，关于实体和自我意识构成的黑格尔的同一性主客体被改造为伴随着工业社会发展起来的人与自然的统一。在马克思看来，黑格尔的局限就在于他把市民社会的一切产物都融进自我意识，成为意识的幽灵和怪想。结果就是，纯粹的思想而不是现实的利益、政治的利益成为哲学问题的中心和焦点。在《德意志意识形态》中，马克思系统地论述了现代社会的阶级结构的起源，无产阶级崛起之后的历史使命和历史任务，以及作为革命运动目的的共产主义。可以说，这些就是马克思本人与黑格尔哲学的一次清算和了断，也是马克思的哲学基于现代性问题背景而进行的第一次完整表达。

哈贝马斯曾经这样评价黑格尔哲学，他认为黑格尔哲学满足了现代性证明的要求，但也付出了沉重的代价。思辨哲学在理性原则的指导下，在辩证运动中达到了真理，但是同时贬低了哲学的现实意义，结果就是哲学干预现实的能力也被压缩到极限，批判哲学变得不再那么批判，“最终，哲学失去了其对于当前时代的重要意义，毁灭了自己对时代的兴趣，拒绝了自我批判和自我更新的天职，时代问题没有了挑战性，因为站在时代高度的哲学已经丧失了意义”①。从这里我们可以看出，这些评价准确地抓住了黑格尔哲学的特质，马克思则要求走出思辨哲学的危机，开出生活世界之根，这就等于说一切思想的反思和批判都必须在特定的社会制度和意识形态中得到恰当的说明。正是在黑格尔之后出场的马克思改变了黑格尔哲学的路向，将哲学的讨论拉到了现代性的具体的问题领域当中，他将现代世界看作一个完整的社会历史图景，并用历史唯物主义的光辉力量和独创性照亮了现代生活。

---

① ［德］丁尔根·哈贝马斯：《现代性的哲学话语》，曹卫东译，译林出版社 2004 年版，第 49 页。

三　作为现代性问题的政治解放

从马克思的写作历程和思想形成史方面来说，马克思并不是自始就保持着对黑格尔的批判意识，或是说，现代性批判意识，事实上，马克思从博士论文到《莱茵报》时期的一系列写作都贯彻着启蒙的现代性立场，以理性、自由、人权等启蒙精神为原则批评普鲁士的书报检查制度、等级代表制，以此捍卫人民的言论自由和民主权利。但是，正是现实问题从马克思早期的启蒙现代性思想中激发了他的批判向度。马克思说："1842—1843 年间，我作为《莱茵报》的编辑，第一次遇到要对所谓物质利益发表意见的难事。莱茵省议会关于林木盗窃和地产析分的讨论，当时的莱茵省总督冯·沙培尔先生就摩泽尔农民状况同《莱茵报》展开的官方论战，最后，关于自由贸易和保护关税的辩论，是促使我去研究经济问题的最初动因……为了解决使我苦恼的疑问，我写的第一部著作是对黑格尔法哲学的批判性的分析。"[①] 这把我们直接引向了马克思对黑格尔的具体批判。实际上，在上文的分析中，黑格尔主体性哲学落在现实世界中就结出了"法哲学"的果子，这是他体系哲学的重要一环。黑格尔始终坚持的是理性的探究应该由真实考察构成。绝对理性的生长就是要把握到底什么是理性的事物以及为什么它们是理性的。他要在真实的事物中去把握永恒价值。黑格尔的法哲学涉及的是关于国家的科学，换言之，他尝试将国家理解为理性之物。对此，他的理论参照点乃是启蒙现代性的国家学说以及法国大革命的暴力现实。

黑格尔批评了卢梭式的社会契约论，认为"契约乃是以单个人的任性、意见和随心表达的同意为基础……产生其他的纯粹理智的结果，这些结果破坏了绝对的神物及其绝对的权威和尊严"[②]。结果就是，"在一个现实的大国中，随着一切存在着的现成的东西被推翻

---

① 《马克思恩格斯全集》第 31 卷，人民出版社 1998 年版，第 411—412 页。

② ［德］黑格尔：《法哲学原理》，范扬、张企泰译，商务印书馆 1961 年版，第 255 页。

之后，人们根据抽象思想，从头开始建立国家制度，并希求仅仅给它以想象的理性东西为基础。又因为这都是缺乏理念的一些抽象的东西，所以它们把这一场尝试终于搞成最可怕和最残酷的事变”①。在黑格尔看来，法国大革命的现实教诲是必须确立国家的理念和精神，进而去认识和把握国家的合理性。正如他指出的那样，“国家是伦理理念的现实”②，“是绝对自在自为的理性东西，因为它是实体性意志的现实，它在被提升到普遍性的特殊自我意识中具有这种现实性”③，“国家是在地上的精神，这种精神在世界上有意识地使自己成为实在”④，“神自身在地上的行进，这就是国家。国家的根据就是作为意志而实现自己的理性的力量”⑤。黑格尔将国家理解为自由的现实化，国家是一个生命有机体的整体的存在，其中，国家对单个人来说具有最高的权力，同样，“成为国家成员是单个人的最高义务”⑥。黑格尔反对契约论的“想象的理性”，他认为，个人是一种社会性的存在，即个人总是作为特定的社会共同体的具体一员而存在。契约论只看到了个人存在必须进入社会关系，而不知道个人作为社会活动的参与者本身就是一种历史的“定在”，它认为现实存在的个人是可以超越其社群和历史的，从而可以随心所欲地行事。黑格尔用“绝对理性”来克服“想象的理性”确立国家的权威和尊严。但是，《莱茵报》时期的马克思却在市民社会的实际利益冲突中看到了理性的国家和理性的法的体系的脆弱性，而黑格尔一直强调的是市民社会“必须以国家为前提，而为了巩固地存在，它也必须有一个国家作为独立的东西在它面前”⑦。这是一种能够被直接感受的矛盾，黑格尔赋予国家的绝对地位很快就被马克思的批判所揭穿。

① ［德］黑格尔：《法哲学原理》，范扬、张企泰译，商务印书馆 1961 年版，第 255 页。
② ［德］黑格尔：《法哲学原理》，范扬、张企泰译，商务印书馆 1961 年版，第 253 页。
③ ［德］黑格尔：《法哲学原理》，范扬、张企泰译，商务印书馆 1961 年版，第 253 页。
④ ［德］黑格尔：《法哲学原理》，范扬、张企泰译，商务印书馆 1961 年版，第 258 页。
⑤ ［德］黑格尔：《法哲学原理》，范扬、张企泰译，商务印书馆 1961 年版，第 259 页。
⑥ ［德］黑格尔：《法哲学原理》，范扬、张企泰译，商务印书馆 1961 年版，第 253 页。
⑦ ［德］黑格尔：《法哲学原理》，范扬、张企泰译，商务印书馆 1961 年版，第 197 页。

马克思批评黑格尔“用现存的东西来冒充国家的本质，合乎理性的是现实的，这一点正好通过不合乎理性的现实性的矛盾得到证明，这种不合乎理性的现实性处处都同它关于自己的说明相反，而它关于自己的说明又同它的实际情况相反”[①]。马克思明确指出，在黑格尔的绝对理性面前“观念变成了主体，而家庭和市民社会对国家的现实的关系被理解为观念的内在想像活动。家庭和市民社会都是国家的前提，它们才是真正活动着的，而在思辨的思维中这一切却是颠倒的”[②]。也就是说，与黑格尔的判断相反，市民社会才是政治国家成立的必要条件。正因为黑格尔执着地追求绝对真理的体系的完整性，所以，在黑格尔那里，“不是用逻辑来论证国家，而是用国家来论证逻辑”[③]。结果必然是，“现实的主体作为结果出现……神秘的实体成了现实的主体，而实在的主体则成了某种其他的东西，成了神秘的实体的一个环节”[④]。在进入政治经济学的研究后，马克思又将黑格尔的问题总结为这样一个认识，即“法的关系正像国家的形式一样，既不能从它们本身来理解，也不能从所谓人类精神的一般发展来理解，相反，它们根源于物质的生活关系，这种物质的生活关系的总和，黑格尔按照18世纪的英国人和法国人的先例，概括为‘市民社会’，而对市民社会的解剖应该到政治经济学中去寻求”[⑤]。不难看出，马克思清晰地看到了，黑格尔建构起来的理性的国家理念在现实面前禁不住挑战和质疑，国家反而成为维护现实利益的工具。可见，马克思是把市民社会与政治国家的关系作为突破黑格尔哲学的切入点，马克思虽然已经意识到问题的真正解决应该在市民社会的经济学中，但此时他并未进入这一实质性的领域。

马克思看到，黑格尔对现代性理解是以市民社会和政治国家的

① 《马克思恩格斯全集》第3卷，人民出版社2002年版，第80—81页。
② 《马克思恩格斯全集》第3卷，人民出版社2002年版，第10页。
③ 《马克思恩格斯全集》第3卷，人民出版社2002年版，第22页。
④ 《马克思恩格斯全集》第3卷，人民出版社2002年版，第32页。
⑤ 《马克思恩格斯选集》第2卷，人民出版社2012年版，第2页。

分离为前提的，其方法是从存在论的视角“把这种现代状况阐释为观念的必然环节、理性的绝对真理。他表述的是具有现代形式——各种权力分离——的政治国家……他到处都在表述市民社会和国家的冲突”[①]。就是说，黑格尔已经精准地把握了现代性的基本特征，但问题是，黑格尔对现代性的把握是一种颠倒的把握，原因无他，市民社会与国家的分离乃是现代性的结果，而黑格尔却人为制造了现实的分裂，更是希望在国家内部以君主制的行政权和立法权来解决这一矛盾。马克思明确指出，“黑格尔在市民社会和国家之间所构思的同一，是两支敌对军队的同一，这两支军队中的每一个士兵都有因‘开小差’而成为‘敌’军的一员的‘可能性’”[②]。在马克思看来，黑格尔并未真正触动现代性问题本身，而是给现代性的问题一个观念的表述，所以，对现实问题的解决仍然无从谈起。黑格尔从绝对理念生成的视角将现代性造成的市民社会与国家的分离把握为“同一”的消解。在他看来，“中世纪的精神可以表述如下，市民社会的等级和政治意义上的等级是同一的，因为市民社会就是政治社会，因为市民社会的有机原则就是国家的原则……在现代国家中这种分离实际上是存在的。市民等级和政治等级同一就是市民社会和政治社会同一的表现。这种同一已经消失了……只有市民等级和政治等级的分离才表现出现代的市民社会和政治社会的真正的相互关系”[③]。就是说，黑格尔看到了现代性的后果，却找到了错误的原因。在马克思看来，“国家本身的抽象只是现代才有，因为私人生活的抽象也只是现代才有。政治国家的抽象是现代的产物”[④]。这也是马克思肯定法国大革命的原因，后者指示了这样一种现代性建构，即“政治市民即国家公民脱离市民社会，脱离自己固有的、真正的、经验的现实性，因为国家公民作为国家的理想主义者，是完全另外

---

① 《马克思恩格斯全集》第3卷，人民出版社2002年版，第92页。
② 《马克思恩格斯全集》第3卷，人民出版社2002年版，第65页。
③ 《马克思恩格斯全集》第3卷，人民出版社2002年版，第90—91页。
④ 《马克思恩格斯全集》第3卷，人民出版社2002年版，第42页。

一种存在物，一种与他的现实性不同的、有差别的、相对立的存在物”①。但是，所谓这个国家公民启示这是一个抽象的人格而非现实经验的人，而国家观念表现为“市民社会脱离自身、脱离自己的现实状况的抽象”，所以，马克思看到了现代性问题的真正所在，黑格尔基于绝对理性的法哲学并不能真正地解决阶级现代性的实质问题，在某种意义上，他更像是为他眼中的理性国家做了辩护，而这个理性国家在他那里竟然是现存的。马克思在《黑格尔法哲学》批判中得到的重要启示可以归结如下，将黑格尔关于现代性的存在论结论进行颠倒，发现了市民社会的基础性地位，初步勘定了现代性的问题域，从市民社会的现实关系中理解现代性的问题，从而确立了从拥抱现代性到批判现代性的思想转向。在紧接着《黑格尔法哲学批判》发表的两篇文章《论犹太人问题》和《〈黑格尔法哲学批判〉导言》中，马克思做了现代性批判的初步探索。

在《论犹太人问题》中，马克思的基本观点是“政治解放本身并不就是人的解放”②。针对黑格尔的传人的观点，马克思指出，人没有从宗教获得解放之前，现代国家就可以从宗教中获得解放，“国家从宗教中解放出来并不是现实的人从宗教中解放出来”③，同样，人可以获得政治上的解放并不意味着他已经从私有财产制度中获得解放。在马克思看来，“只有对政治解放本身的批判……才能使这个问题真正变成‘当代的普遍问题’”④。换言之，将政治解放本身作为现代性塑造的普遍问题去认识，已经预示着一种现代性批判，它可能将问题的方向导引到人类的真实解放问题上。马克思通过将现代解放的本质归结为政治解放这一思想已经明确了现代性批判的基本立场和态度。政治解放带给人的变化是，“人不仅在思想中，在意识中，而且在现实中，在生活中，都过着双重的生活——天国的生

① 《马克思恩格斯全集》第3卷，人民出版社2002年版，第97页。
② 《马克思恩格斯全集》第3卷，人民出版社2002年版，第180页。
③ 《马克思恩格斯全集》第3卷，人民出版社2002年版，第180页。
④ 《马克思恩格斯全集》第3卷，人民出版社2002年版，第167页。

活和尘世的生活。前一种是政治共同体中的生活，在这个共同体中，人把自己看作社会存在物；后一种是市民社会中的生活，在这个社会中，人作为私人进行活动，把他人看作工具，把自己也降为工具，并成为异己力量的万物”①。更加准确的说法是，政治解放“一方面把人归结为市民社会的成员，归结为利己的、独立的个体，另一方面把人归结为公民，归结为法人”②。我们可以清晰地看到，正是这个市民社会的成员、利己的独立的个体构成了现代政治国家的主体性前提，而政治国家则将私有财产等放置到市民社会的私人领域。在这个意义上，马克思认为真正的政治解放“必然要以宗教、私人财产和市民社会一切要素的恢复而告终”③，“市民社会从政治中得到解放”④。马克思就此抓住了启蒙现代性的重要问题，他以黑格尔发现的市民社会与政治国家的分裂这一现代性的事实出发，展开了对现代性的原则即主体性的批判，具体来说即批判人权理论。马克思认为，“所谓的人权，不同于公民权的人权，无非是市民社会的成员的权利，就是说，无非是利己的人的权利、同其他人并同共同体分离开来的人的权利”⑤。从这个意义来说，启蒙现代性所宣扬的最动人的口号，即自由“所说的是人作为孤立的、退居于自身的单子的自由……自由这一人权不是建立在人与人相结合的基础上，而是相反，建立在人与人相分割的基础上”⑥，并且“自由这一人权的实际应用就是私有财产这一人权……私有财产这一人权是任意地、同他人无关地、不受社会影响地享用和处理自己的财产的权利；这一权利是自私自利的权利”⑦。进一步地，马克思说“实际需要、利己主义是市民社会的原则；只要市民社会完全从自身产生出政治国家，

---

① 《马克思恩格斯全集》第3卷，人民出版社2002年版，第172—173页。

② 《马克思恩格斯全集》第3卷，人民出版社2002年版，第189页。

③ 《马克思恩格斯全集》第3卷，人民出版社2002年版，第175页。

④ 《马克思恩格斯全集》第3卷，人民出版社2002年版，第187页。

⑤ 《马克思恩格斯全集》第3卷，人民出版社2002年版，第182—183页。

⑥ 《马克思恩格斯全集》第3卷，人民出版社2002年版，第183页。

⑦ 《马克思恩格斯全集》第3卷，人民出版社2002年版，第183—184页。

这个原则就赤裸裸地显现出来。实际需要和自私自利的神就是金钱”①。这就是说，马克思从政治解放的视角来定位现代社会，政治解放并没有将人们从市民社会中解放出来，而是被确立为市民社会的基本原则。因其囿于政治解放的视角，他对私有财产制度的批判也并未从经济学的前提出发从而缺乏深度。无论怎样，马克思已经抓住了市民社会这一根本领域，现代性批判的思想建构已经露出峥嵘。

如果说马克思的《论犹太人问题》只是揭示出现代性的政治解放问题，那么，《〈黑格尔法哲学批判〉导言》则标志着马克思对黑格尔思想的“反叛”，即他放弃了启蒙现代性的思路，走上了现代性批判之路。在这篇论文中，马克思直接向人们宣告了现代性的批判任务，点明了执行现代性批判的历史主体，尽管相对于他之后的论述显得粗糙和精简。马克思对德国的现实状况和思想状况有着清晰而深刻的体认，他认为，现代的任务已经转变为对现代的政治社会现实的批判，即现代的政治经济制度的批判，“工业以至于整个财富领域对政治领域的关系，是现代主要问题之一”②。马克思指出，“德国的法哲学和国家哲学是惟一与正式的当代现实保持在同等水平上的德国历史”③，显然，马克思所谓这种当代现实状况指的是英国和法国，在后者那里“问题是政治经济学或社会对财富的统治，在德国，问题却是国民经济学，或私有财产对国民的统治”④。显然，在马克思看来，现代性批判分析的样本具有很大的差异性，相对于进行了大革命的法国，开启工业化进程的英国，德国的现状较为落后，尽管如此，德国却在理论上已经完成了其他国家的现代化路程，其集中的表现就是黑格尔哲学系统地表述了德国的国家哲学和法哲学。由此，对黑格尔哲学的批判就“既是对现代国家和对同它相联

① 《马克思恩格斯全集》第 3 卷，人民出版社 2002 年版，第 194 页。

② 《马克思恩格斯全集》第 3 卷，人民出版社 2002 年版，第 204 页。

③ 《马克思恩格斯全集》第 3 卷，人民出版社 2002 年版，第 205 页。

④ 《马克思恩格斯全集》第 3 卷，人民出版社 2002 年版，第 204 页。

系的现实所作的批判性分析，又是对迄今为止的德国政治意识和法意识的整个形式的坚决否定”①。从这些论断不难看出，马克思将对黑格尔哲学的批判指向了对现代性的批判，在这个意义上，这个“导言”就是马克思的一部典型的“现代性批判”的作品。正是在这里，马克思的现代性批判展现出了突破黑格尔理论哲学走向现实革命的路向。也就是说，现代性的批判必须将德国的“部分的纯政治的革命”② 上升为彻底的革命、全人类的解放。现在的问题是，对于落后的德国来说，它的实际可能性在哪里？答案难道不是应该从更为发达和现代的英国和法国那里去寻找吗？就是说，德国能否作为一个现代性批判的分析样本？答案是肯定的，盖因其能够形成无产阶级，而无产阶级发动的革命能够引领社会走向彻底的解放，“德国人的解放就是人的解放，这个解放的头脑是哲学，它的心脏是无产阶级”③。可以说，马克思在这里已经表述了发动现代性批判的主体，并对其做了基本的界定，尽管这种对于无产阶级的阐释带有一种人本主义的道德呼唤。总而言之，是黑格尔在哲学上发现了现代性的自我确证问题，并用其绝对精神的生长逻辑完整地将之表述出来。这一过程已然消化了启蒙现代性的基本诉求和基本原则，这激发了马克思的探讨，可以说，马克思是从赞赏黑格尔的地方开启他的现代性认知和现代性批判的。从根本上来说，正是基于对黑格尔“存在论”哲学体系的批判，马克思才从一个现代性的拥护者转变为现代性的反叛者。在他对政治解放的思考中，其超越现代性的人类解放的理论已经呼之欲出，而他对无产阶级的界定更是较早地就预示了现代性批判的全新主体。我们完全可以说，马克思已经形成了他的现代性批判的基本原则和想法，其时，马克思还并未深度进入政治经济学的研究，他更多的是在黑格尔的术语体系中，对自己的国家进行观察和反思。只有当马克思辗转了欧洲大陆，亲身体验了

① 《马克思恩格斯全集》第 3 卷，人民出版社 2002 年版，第 207 页。
② 《马克思恩格斯全集》第 3 卷，人民出版社 2002 年版，第 210 页。
③ 《马克思恩格斯全集》第 3 卷，人民出版社 2002 年版，第 214 页。

现代世界的巨大变迁，亲自领导工人的革命并从其失败中得出教训时，他才真正地对现代性批判有了更加明确的方向和更为清晰的判断，当马克思再次“退回”书房的时候，他已经能够熟练运用政治经济学的批判武器开启了他对“现实的历史”的审阅，进行他更加深刻的现代性批判了。

第二节　海德格尔：基础存在论的建构

现代性的原则乃是主体性，正如前面的论述，笛卡尔为现代性首先确立了一个“阿基米德点”，“我思”这个支点如此坚挺，以至于它能够真正地引领现代哲学的前进道路和发展方向。但是，确定的“我思”并不必然包含确定的知识，“我思”的不可怀疑不能保证不可怀疑的“知识”，而如果不能获得足够可信的知识，人的存在的真理就仍然难以建立起来，世界就不能得到确证。但是，“我思”给出了一个重要的提示，那就是，意识的秘密对意识自身来说是保持开放的（being-open），并不存在不可克服的所谓超越性（transcendental），意识有什么世界就是什么。康德继承了笛卡尔的主体性，他的任务是证明意识能够构造有效知识以及拥有指导人的正当行为的能力，康德的结论是，真正的主体作为一个“知识主体”必须同样被理解为一个“道德主体”，由此，主体性才能够真正确证人的存在的意义，以及世界之为世界。与马克思的时代不同，在海德格尔的时代，主体性哲学完成了它最后的一步论证，即证明意识能够建立一个属于自己的现实在场的世界（world on hand），这得益于胡塞尔（E. Edmund · Husserl）的出色的现象学的工作。在胡塞尔看来，康德之所以解错了题就在于，他的意识根本上不够“纯”，笛卡尔证明了“我思”的第一性和绝对性，但是“我思 X”即“我思的‘所思’”始终还未登场，即使是登场了，也并不像康德所理解的那样就是普遍必然的处在“我思”的管辖之下，原因无非是，康德给外部世界保留了足够的空间和位置使得它能够进入观念世界中，康德虽然声称实现了“主体的立法”，但是这种立法仍然是受制于一个超越者，主体性不是自足的，这是康德哲学最大的隐患。胡塞尔通过把纯粹意识建构成“我思——作为所思的所思”使得意识成为世界现实性的根据，也正是通过胡塞尔的工作，理性耗尽了它最后的一丝力量，它也最终真正实现了透过自我建立一个世界。

一 世界的再现与人的重塑

海德格尔发现了主体性形而上学在20世纪的最后的秘密，通过“笛卡尔—康德—胡塞尔”的不断努力，意识最终证实了“自身何以可能”从而一举将世界拉入了意识界。从这个意义上来说，世界乃是真正的“先验”（a priority）。但是海德格尔看到，意识哲学取得的成就远远达不到他们期望的那样为人类的“知—行”奠基，即它并不能为现代世界的合法性出示真正的证据。原因就在于，他们对主体性（理性）“我思—所思”的解释并未真正地深入人类的生活世界，除了证明了“所思”和“我思”同样拥有不可怀疑性，坚定了我们对意识的信心和信念之外，并没有拿出任何建设性的知识生产原理和理论。换句话说，真正的知识还是难得一见，“我思”的意识界中是充满着理念的，但这些所谓理念的合理性在经验生活世界中显得“无用且荒诞”，由此看来，意识哲学的工作总体上可以归结为“辩护性的”，因此仍然对现实世界无所解释，从这个意义上来说，妄图通过主体性意识确证现代性的通道走向了封闭。

在海德格尔看来，意识哲学已经是很精致化的“世界观”了，它一直都十分努力地想要获得真正的“知识”（episteme），但总是获得一个失望的结果，这值得同情。主体性思路根本上禁不住“苏格拉底怀疑”的攻击，也根本上没有超出希腊知识论哲学的思考范围。可以说，意识哲学所走上的笛卡尔开创的向“我思”的还原思路，并没有真正解决知识问题，而不过是用“知识论承诺”巧妙地替代了“知识问题”，他们所谓“没有认识论的本体论是无效的”其实带给了哲学一种坏的示范，“认识论转向”（认识论反省）采取的"两极化"的叙事策略反而因其辩护性的深刻引起了哲学的更大的不安，问题与思想的材料一样多。在此，我们径直遭遇了乔姆斯基的提问："为什么我们可利用的材料如此之多，而我们的知识却如此的少？"① 意识哲学对此设计了精巧的论证，但是仍然不知道什么是好生活。海德格尔一生都在跟意识哲学的"大师们"对话，既处处怀疑笛卡尔的"第一哲学沉思"的解释效力，又直接展开跟康德的对话（著名的海德格尔的"康德书"即《康德与形而上学疑难》就是最有力的证明之一），更别说他直接取经的老师胡塞尔了。所以，从根本上来说海德格尔也同样遵从了意识哲学的思想态势，尝试重新解释"世界的品相"和"人的全新模样"即尝试完成"现代性"的确证，而他的这种确证却是"反现代性"的。

意识哲学已经提示：将人规定为"主体"，将世界规定为"意识界"只会葬送思想的深意。海德格尔则以更为本源的方式来理解人与世界。对于海德格尔来说，既然世界的存在是个公开的事实，世界是怎样的这一点就并不神秘，神秘的反而是世界存在着，世界远比我们想象的更加朦胧，人们并没有对世界的存在一探究竟的能力，我们不可能真正知道"世界本身"。至于世界的存在是科学式的自然发生还是神学式的上帝所创，对于我们来说没有任何存在论的差别，都可以还原为一种"美学化的形而上学观点"②。在信仰的时代，正是上帝的意愿使得世界显得如其所是，上帝是绝对权威，正是它使得世界的存在合法化了。于是，反思世界存在的主要哲学行动就是揭示现代世界的想象机制，并挖掘出其内在包含的自明的原理，即发现"世界的分裂"，一个裂变为施行合法化的世界，一个裂变为被证明的世界。"家园"的根基就是"天国"。问题是，直接去研究"分裂"的世界以求普遍必然的真理显然是费力不讨好的事情，况

① Chomsky 在"Knowledge of Language：Its Nature，Origin，and Use"中，提出 Orwell's Problem：it is the question how can we know so little given that we have so much evidence.

② 赵汀阳：《天下的当代性——世界秩序的实践与想象》，中信出版社 2016 年版，第 64 页。

且，撞见“休谟问题”[①] 并不是哲学想要的思想局面，而像传统形而上学那样放纵想象力去构造（constitute）出关于世界的一揽子原理更是经不住怀疑论的攻击，所以我们必须舍弃这种对世界的想象。

基础存在论则将世界刻画和展现为此在作为此在“生活”“在其中”的东西。它既是指“公众的”我们的世界，也指“自己的”最切近的周围世界。海德格尔之所以对世界有这样的看法乃是因为他深刻地认识到理解“生存—生活”世界在根本上必须采取一种与认识世界全然不同的甚至是相反的方法。康德几乎令人信服地说明了，我们认识世界的活动就是“为世界立法”，原则上我们达不到对“物自体”的把握，“现象界”就是我们的可能世界，换句话说，为世界立法是先验哲学“知其不可而为之”的选择。康德的“先验哲学”让我们明白，所谓“为世界立法”依赖的是我们的思维设立的一系列解释框架，世界就在这样的解释框架中得到充实。问题是，当我们试图理解我们的“周围世界”的时候，我们显然不能为这样的世界立法，原因就在于不是思想解释我们的周围世界，而是我们的周围世界制造思想，这就是说，当我们进入生存世界的“境域”时，生存世界不能被当作思想解释的对象，恰恰相反，它必须被当作分析和描述的对象。维特根斯坦就“抱怨”过人们总是着急对世界做出各种各样的解释和阐明，以致陷入了与语言的表达方式的战斗中，而从不好好想想该怎样从“粗糙”的世界地平出发。也就是说，我们必须去分析周围世界的事实本身，并从中挖掘出生活的先验意图。当然，这种先验意图的追问方向与康德所代表的意识哲学是相似的，但是也存在着不同，其中最大的不同点就在于，在海德格尔看来，追问生活世界的品相并不是要去发现它背后的“固有”的本质和界限，而是让僵化对立的对象世界流动起来。

与此相应，在对人的理解上，他同样获得了一个全新的视野

① 此处的“休谟问题”指的是，休谟认为由有限的经验知识无望推出关于无限世界的完整知识，包括世界的未来知识和总体知识。

(horizon)，即以“存在的人”取代“知识的人”，海德格尔得到了一个解释学化了的人本身：此在，由此实现了对人的重塑。对于海德格尔来说，“此在”的发现对基础存在论是决定性的，他坚信这是一个绝妙的存在论换位。海德格尔提醒，这个日常的德文词语进入哲学就赋予了“人”一个全新的解释，它指的是“人的生存”，并且此在自身具有一个完整的内部结构：Dasein = Da-sein（此在 = 此—在）。这既清楚地表明了它与存在的密切联系，同时又揭示了“存在”的具体样式。也就是说，把人从存在论上规定为此在，根本上不同于各门具体经验科学，如人类学、生物学等对人的知识规定，它与意识哲学所认定的具有自身意识和自身反思的“我思”一样，都具有“反身性结构”，所不同的是，此在站在了一个敞开的全新的领域，它把抽象的、无生活的“我思”植根于生活的鲜活地带，从而彻底贯穿了意识的内在性。或者更为精确地说，海德格尔把人标识为“此在”是想表明“存在—生存”的问题才是人的根本问题和疑难，意识也是在“此—在”中获得根据的，于是全部的“思的事实”就将全部转化为“生存”的具体选择问题，“思的问题”就会转化为生命的经验问题。

此在就是“我们向来所是的存在者，就是除了其他可能的存在方式以外还能够对存在发问的存在者”[①]。这描述了此在作为一种存在者的与众不同之处，理解如下：此在在它自己的存在中，与存在本身发生交涉。这就是说，其一，此在在它的存在中对存在有一种存在关系；其二，此在在它的存在中总是以某种具体的方式对自身有所领会。这不难理解，此在关心它自己的存在，存在对于它来说是第一等要紧的事务，而且此在在它的存在中始终就有一种对存在的朦胧的、模糊的理解，正是这样，它才去询问它自己的存在，它领会自身以领会存在，它领会存在以领会自身。除此之外，海德格

① ［德］海德格尔：《存在与时间》，陈嘉映、王庆节译，生活·读书·新知三联书店 2012 年版，第 9 页。

尔在对此在分析的课题进行详细阐释的时候，以另一种方式揭示了此在的基本特征，可称之为此在的两个“自然正确”（natural right）：（1）此在的本质即在于它的“去存在”。（2）此在在其存在中与之相关的那个存在，总是我的存在。第一个特征表明，此在的存在是他生存的主要任务。但是，这绝不是萨特的“存在主义”所规定的那样，人可以自由选择成为什么样的人，而是强调了人生在世的存在的未完成性和残缺性，这种“未完成”和“缺陷”不是“存在主义”认为的那样，是暂时的和可以克服的。恰恰相反，它是本质的，即此在的生存对存在的理解是永远可能的，是展示着的开放性，此在的生存即去领会存在就要求此在不断地达到这样的一种存在的自觉：开启自己的存在可能性。第二个特征暗示，我们关心的其实就是此在的“生存—存在”，而不是将它作为一个现成的存在者，这等于是说明了，此在是不同于“物在”的另一种存在，此在生存即自由选择存在方式，此在“去存在”（to be）就是同时拥有无穷的未来可能性，人的存在反对物的存在的“自然而然”，他会在历事的选择决断中追求“不自然”的存在。形而上学依据亚里士多德的种属体系研究“人本身”，将人规定为“理性的动物”，之后的哲学虽有层出不穷的对人的学科定义，但总体上并没有超过亚里士多德的模式，海德格尔反对这种做法，他认为“形而上学从生物性来思考人，而不是把人思考为他的人性”，就是说，那种属种体系下的对人的定义已经从根本上错失了人的完整形象，从而把握不了人的本己之在。

海德格尔对此在的这两种“自然正确”的勾画和描绘，提示出了关于人的存在论研究需要跃出物的世界的视域进入一个全新的现象领域。但是，由于现成的存在者的存在根本不是一个问题，而毋宁说就是既定的事实，所以它不能成为存在论的真正课题。传统哲学就是深陷其中不能自拔，它总是试图通过解决例如本质、终极、普遍、必然等重大问题一揽子解决所有的哲学问题，于是哲学必须去追问和反思眼前的世界，但这同时造成了一个假象，过度的反思和追问形成了似乎深不可测的思想魅力，直到某种东西宣布了思想禁地和原则边界，宗教是一种，意识形态是另一种。海德格尔认为以往哲学包括意识哲学都已经是反思意识，它们都不能从人作为存在者的层面上的“当下即是”的状况出发，而总是一再地跳过这一“现象”。从哪里出发一直是哲学的紧要问题，而“存在论犹豫”则是它的先验结构。可以说，就算是决心“筹划”从这种存在论的犹豫中出发也不可避免地会走入一个存在的“悖论性困境”：既然选择产生反思，而生存又是最大的选择，生存的选择改写着生活世界，存在论理所当然成为对生存的反思。生存意味着自由行动，由此每一具体的生存行动都陷入了“窘迫”之境。可以这样理解，它既是前一行动的结果，又是后一行动的开端，于是，每一个生存行动都既是结束同时又是重新开始，这就等于把人抛入了“创作”的状态。于是，人的存在状态成为“在世界之中创作”，而这种创作状态类似于“知其不可而为之”：它必须选择，又不知道有什么能够选择，它必须行动起来，又不知道究竟该如何行动。从这个意义上来说，任何可能的生存选择都是可以被等距排序的。在海德格尔看来，传统哲学之所以萎缩为无可奈何的知识论选择，就在于它根本不懂得存在论的这一“悖论性困境”，它只想获得对物的世界的肯定性的断言，因此它就必须将物的世界彻底地封闭起来，与之相匹配的思想方式就是逻辑和科学。实际上，在“物化限定”的世界图景中，哲学不过是一股无能的力量，既没有反思的必要也罔论生存的可能。但同时它也给出了重要的提示：尽管我思的知识论结果总是不完美的，但是生存并不是非得需要完美知识，完美知识并不蕴含着完美生活，也就是说，对于生活世界来说，并没有一个完全就绪的概念等着人类去认知，甚至人类自身都是可以选择和塑造的，人必须“在世界之中”创作自身，这种自相关的存在就是此在的“天命”。

对于海德格尔来说，单单阐明此在的两个基本特征对于解释人的模样是远远不够的，还需要明白：第一，所谓“此在的选择”并不是一种主观的任意的选择，由于“此在总是从它所是的一种可能性、从它在其存在中这样那样领会到的一种可能性来规定自身为存在者"[①]，它就把自己的存在方式的选择开启和等同为具体存在者的存在意义，随之此在在现代生活世界中就将首先遭遇事物，并依事物而居，如何去"生存—生活"，就是在与事物照面之际赢得或是失去自己。第二，更为重要的是，此在的基本建构机制是"在世界之中存在"。就是说，此在因其在世界之中存在才成为此在，世界因其是此在的世界才作为世界，无此在即无世界，反之亦然。而这就要求必须从它的结构要素的分解中洞见人与世界的一种统一的"亲密"关系。"在世界之中存在"作为此在的先天建构表明了人与世界的关系绝非传统哲学的主客体关系，也不是现象学声称的"意向性关系"，而是二者共属一体的关系。

二　此在与事物的现代相遇

海德格尔反对传统意义上的实体性的现成物，因为"它们只有通过与最高原理及其'主体'（我）的因果说明关系才能获得它们的物性，所以，它们本质上是作为一个它者处于与'主体'的关系中，作为客体与主体相对待，物本身成为'客体'"[②]。这就是说，传统哲学中物的存在根据就是意识哲学引以为傲的"主体"，这就意味着对物的理解从进入"我思"的世界开始，就错失了生活世界的关系结构，落入了存在的深渊。海德格尔是这样看待"物"的历史的，他认为"自古以来，只要存在者究竟是什么的问题被提了出来，在其物性中的物就总是作为赋予尺度的存在者而一再地突现出来"，"这是一个众所周知的事实"[③]，这就是说，"对物之物性的各种解释在西方思想进程中起着支配作用"[④]，它贯穿了整个西方思想的过程。他举出了三种对物之物性的解释：第一，把物规定为具有诸属

---

① ［德］海德格尔：《存在与时间》，陈嘉映、王庆节译，生活·读书·新知三联书店2012年版，第51页。

② ［德］海德格尔：《海德格尔选集》（下卷），孙周兴选编，生活·读书·新知三联书店1996年版，第882页。

③ ［德］海德格尔：《林中路》，孙周兴译，译文出版社2004年版，第6页。

④ ［德］海德格尔：《林中路》，孙周兴译，译文出版社2004年版，第7页。

性的实体，认为物是其特征的载体。第二，将物理解为感性之物，即“在感性的感官中通过感觉可以感知的东西”是“感官上被给予的多样性之统一体”①。第三，把物理解为具有形式的质料。海德格尔提醒我们，这三种解释在哲学的历史上总是重合在一起的，它们几乎“就是”人们对物的看法了，于是“从中产生出一种思维方式，我们不仅特别地根据这种思维方式去思考物……而且也一般地根据这种思维方式去思考一切存在者，这种久已变得流行的思维方式抢先于一切有关存在者的直接经验，这种先入之见阻碍着对当下存在者之存在的沉思”②。显然，随着“我思—我在”的理论建构的完成，理性明确地将自己设定为一切知识的第一根基和对一般物的所有规定的引线，物的思维的第一原理乃是“自我律”即“我思—我在”，主体性才是世界的最高法庭。只有在存在者整体被如此这般作为表象所把握、作为对象所呈现之际，人才能成为与客体相对并对客体具有绝对统摄力的主体。人在将世界理解并把握为图像的过程中，将自己“狂妄”地设置成那种对世间万物具有支配地位的主体。同时，为了维系自己的地位，人又不断地将存在者整体对象化，并将存在者呈现为表象性的客体，进而实现支配它、占有它的欲望。海德格尔明确反对这种认识论意义上的纯粹的“物”的规定，因为物的世界与人的生活世界本质上来说其实是同一个世界，此在生存首先需要追问的问题是“哪种存在者应当成为我们的先于课题的对象，哪种存在者应当被确定为先于现象的基地”③？显然，答案不能是上文提到的“物”，这个物是静观的认识对象，是与此在的世界无关的一种“理论造物”。海德格尔根据希腊人的生活经验，将物的被掩蔽了的实用性质揭示出来，从存在论上重新将物界定为“用具”。

① ［德］海德格尔：《海德格尔选集》（上卷），孙周兴选编，生活·读书·新知三联书店1996年版，第246页。

② ［德］海德格尔：《林中路》，孙周兴译，译文出版社2004年版，第16页。

③ ［德］海德格尔：《存在与时间》，陈嘉映、王庆节译，生活·读书·新知三联书店2012年版，第79页。

由于人的日常在世的存在就是在世界中与世内的存在者“打交道”，于是，现代性中人与世界的关系，或者说在存在论上对人与物的相遇就从单纯地追求“物之物性”，转变为“打交道的用具之用具性”。当然，用具不仅仅是存在者层面日常意义上的用具，更指在人的操劳中与我们相遇的存在者。“操劳”本来是一个前哲学的日常用语和惯用词语，海德格尔则用它来表示此在与世界之内的存在者打交道的存在方式。应该说，从日常语言而来的“操劳”是此在的基本存在样式，因此，既不能将它理解为意识行为，也不能将它理解为任何一种具体的实践行为，否则“操劳”就仍然是在存在者层面上得到理解。海德格尔的“操劳”需要从“人与物”的存在关系去理解，它是一种“生存论—存在论”概念，是先于科学的认识活动和日常的实践活动的，或者更加准确地说，是二者得以可能的前提条件。可以发现，操劳就是此在的一种特殊的展示方式，存在者在这种展示中向此在显现，由此，存在者才得以真正与此在“照面”，也就是说，此在只是“在世界之中存在”的基础上才能与世内的存在者相遇，即它们才能向它显现自身，任何科学的认识和实践活动相对于这种此在的存在的原始理解来说，都是“后来的解释”，都是“理论反思”的结果，一句话，“此在的向世之存在本质上就是操劳”[①]。此在投入日常生活世界的操劳活动主要表现为与各种用具的交道。用具就是那在操劳中与我们相遇的世界内的存在者，它本质上是一种“为了作……的东西”，而“为了……作”这种用具结构表明了“人—物”的关系摆脱了传统哲学对物的规定，将物在“主体—客体”的纯粹性和独立性放置于更为广阔的领地。这样，一个生活世界的实践功能整体和一个完整的目的系统就展开了，知觉认知退居其次，人对周围世界最为切近的理解就成为操作着和使用着用具的操劳牵念，在这种用具的交道中存在者之存在便来照面。由

---

① ［德］海德格尔：《存在与时间》，陈嘉映、王庆节译，生活·读书·新知三联书店2012年版，第67页。

于用具的存在总是一个庞大的用具整体，所以只有在这个用具整体中用具才能真正成为它所是的东西，亦即，用具整体是单个用具的存在论条件，正是在此用具整体中，用具才是其所是。这样，那个与我们的周围世界无关的物其实就是在我们日常中需要打交道的用具，这个世界就不仅是一个理论的灰色世界，不仅是一个物的世界，而同时是价值世界、实践的世界。海德格尔的卓越洞见就在于，他认为用具世界中的用具携带和分有着整个生活世界的意义，它不是在某种物的属性上加入一种价值，加入一种善，加入一种实践意义，而是它在用具的世界整体中直接就是如此这般的有生活意义的东西。用具无非就是“有用的东西”，就是对什么事情或者为什么事情而有用，用具的整体并不是用具的集合和总体，好像用具的个体之间没有什么关系。实际上，用具的整体就是用具的实践功能的整体，没有一个像“单子”那样的用具，而用具的存在方式有两个重要的要素，即用具特殊的存在状况和用具是如何存在的。传统哲学的做法是用“我思”来综合在先单独呈现的物，以此形成物的世界（存在者整体），或者是，先单独呈现出一物种的种属性，而后“我思”再将这些属性综合为一个完整的物，这相当于胡塞尔的现象学的操作，即将一物首先认成是一系列的视觉经验，而后将这些视觉整合为持续存在的“所思”，流射出其具体意义，即“意向所指的某个东西 X 在如此这般的主观显现方式 m 中显形为‘如此这般的’纯粹意识含义 s（noematic sinn）”[①]。在海德格尔看来，决定物是什么的不是任何“实体”“基底”，而是意义，并且只有在意义整体中，一个意义才有其意义，这个意义整体就是人们的用具世界。这很好理解，同一个对象在不同的人眼里之所以能是不同的东西，就在于他们有不同的生活世界。海德格尔的例子是，如果让一个黑森林深处的农夫来看的话，他不会跟大学生一样，将大学的讲台看成讲台，而是看作“教师的位子”。而如果今天一个中国的哲学学生像熊伟先

① 赵汀阳：《第一哲学的支点》，生活·读书·新知三联书店 2017 年版，第 46 页。

生一样走进海德格尔的课堂，所见和所听肯定就跟“大师”看到和听到的东西一样，而不是其他别的东西，例如古希腊那样。

海德格尔说，我们的日常在世的存在就是使用用具，使用用具就是与存在者打交道，“打交道一向是顺适于用具的，而唯有在打交道之际用具才能依其天然所是显现出来”①。换句话来说，打交道需要用具的在场，没有用具不能打交道，二者浑然一体、不可分离。他给出的事例是，当我们在使用锤子进行锤打时，我们越是对锤子的用具特性了然于胸，我们就越是少地对锤子做理论的凝视和观察，我们越是不知道用具的结构本身，越是起劲儿地使用锤子进行锤打，就越能知道它的用具性。那么，我们在使用锤子不断地进行锤打的过程中，就以一种亲密无间的关系占有了这个锤子，作为锤子的物就被锤子所砸碎，而我们就在锤打的行为中，最亲近地获得了对锤子的“知”，这种“知”不是理论认识那样的一种“反思的意识”，用具的操劳着的“知”完全摒弃了这种“距离”，沉入与用具的亲密的实践关系当中。正是使用用具而不是静观它，我们才能达到与此一用具的原始关系，达到对此一用具的原始理解，这种理解就是此一用具的交道的意义，我们由此发现了该用具的应手，揭示了用具的特殊的存在方式：上手状态。这样，在我们操劳地与存在者打交道的行为活动中与我们相遇的就是用具而不是现成之物，而它也服从着“为了什么”的目的相关系统。简单表述就是：任何一个东西都是别的用具的实践结果，同时又是另一个用具的实践前提。需要说明的是，现成之物是理论处理的主题，但是应手之物在其交道的实践过程中不会引起注意，它绝不能在理论上“观看”，而需要“实践的看”。在海德格尔的例子中，假如锤子成为我们的认识对象的时候，它就不再是用具，而是对象了，人与事物的相遇需要首先抹掉以往哲学所涂上的主观的色彩，剥离现成之物身上的实用性质，

① ［德］海德格尔：《存在与时间》，陈嘉映、王庆节译，生活·读书·新知三联书店2012年版，第81页。

去除人为的添加，使世内存在者作为最初的应手之物与我们相遇。

除此之外，海德格尔还通过分析三种有残缺的与世内存在者打交道的方式，从反面来分析此在与事物在生活世界中的现代相遇，即功能性的体系化的用具向着故障性的、否定性的现成之物的回落，用具跌落为物，用具中隐藏着物之物性。

第一种情况是触目。海德格尔认为，在操劳的打交道之际，与我们相遇的切近的上手用具并不总是适用于它们的特定用途，妨碍来自有时候是材料不合适，或是用具本身的故障，但是不管怎样，用具仍是上手的。假如想戳破这种不适用，我们需要对这个用具的实践活动做一个总体的了解，即使用交往的寻视，正是在寻视中，用具触目了。就是说，触目使得用具变得具有某种亏损和否定性，不合适的东西显示自己成为像用具一样的物，用具的应手性隐退，物的现成性出现。海德格尔的真实用意是，通过辨识这种不合适来恢复用具的应手性。虽然在触目之际用具不能再作为用具而用，但此时它依然作为用具而存在，而不是单纯的现成在手之物。接下来的一种样式是窘迫。窘迫说的是，当我们迫切地需要应手用具时，反而被迫入只能“遇见”现成之物的窘境，用具成为某种操劳活动缺乏的要素，此时，用具就不是上到手头的应手之在，而是成为与当下操劳无关的现成物在，正是缺乏要求跳出这种直面现成物在的窘迫境地，要求应手用具的急迫上手，可以说，如果不是缺乏，应手的用具就不会被需要，而是溺入日常操劳中不被察觉，淹没在日常操劳中不被记得，可见，所谓窘迫就是揭示了现成物在是应手用具的一种残缺样式。最后是腻味，这说的是，当下的操劳无暇顾及的不应手之物时刻在打扰着我们的实践活动，原因无非是与它的交道尚未开始和完成，所以，它只能作为现成物在。换句话说，应手的用具现在不得不作为现成物在的方式而在，这就表明了当下操劳之事的腻味。

在触目、窘迫和腻味这三种有残缺的操劳样式中，此在与事物的相遇发生了蜕变。由一种原始的实践的遇见变成一种理论的静观审视，应手之物不能作为应手之物而存在并发生作用，而是变成现成的物在，它们重新唤醒了用具的现成性（实体性）的特征，用具的应手性扭曲为纯粹物的在手性，这是一种独特的“物化”现象，被海德格尔描述为，应手性“物化”的同时又紧紧地守持着自身，“物化”发生之际，应手性必将反身而来。可以说，操劳的残缺样式逼迫着世界整体的出场，当用具的“目的—用处”的指引结构被扰乱，世界这一用具的意义境域就被物性所遮蔽，用具被去世界化，其“世界结构”隐去，结果就是用具重新被抛入了纯粹的物性之中，作为现成物的存在停留在人们的眼前。

至此，海德格尔比较完整地描述了在生活世界中此在与物的现代相遇，并确定了此在操劳活动中与用具的交道，使人们注意到用具与纯粹现成物之间的滑动和转换。除此之外，海德格尔提醒人们必须注意到此在的“生存论”的基本建制，只有明白此在的存在乃是“在世界之中存在”（being-in-the-world）才能明白，所谓此在与事物的现代遭遇不过是表明了人的原初问题就是这样一种“在世的遭遇”。以往哲学无视生活世界的复杂和真实，将这种人与物的世界相遇乔装为思想问题，最终是用知识问题取代存在问题，导致人的生活世界萎缩为一个科学化的逻辑化的物的世界。问题是，庞大而复杂的“物”并不足以构成一个完整世界，一个完整的可能世界需要至少两个以上的存在形成存在所需要的空间。在海德格尔看来，这是一个简单的事实，那就是说，是此在与另一个（一些）存在的关系组成了一个完整的生活世界，这既是此在的在世的具体证据，又是此在存在的先验结构。也就是说，是关系而不是单独的物定义了完整世界，意识哲学不懂得这个问题。在意识哲学看来，确证了我思以及所思，事情就被解决了，但是对于生活世界中的人来说，事情并没有那么简单。理论中的“他者”的在场几乎成功地证明了独立的主体可以思尽一切事物，这是一种理论的狂妄和自信。现实情况是，在生活世界，“他者”的在场则是异质性的，人在思考和行动时会处处碰到一个异质性他者的“阻挡”和“反对”。这样，在观念世界中，一个吊诡的情形出现了，尽管“我思”声称通过内在的证明把握了丰富的“所思”，但是由于缺乏“异质性”他者的在场，实际上，意识哲学的绝大多数问题走向消失，“我思”如果始终不能与“他者”照面，最终的结局就是它一方面狂妄地自证自身的确定性和一致性，另一方面又陷入了一种失控的状态，结果“我思”就会什么也思不成。本来，在生活世界中，“异质性”的在场的他者就是一个事实而已，无须理论的推导和证明，但是据说哲学号称要“反对事实”，于是得到一个“理论丑闻”就成为意识哲学不得不接受的一个思想局面。可以将“我思”的主体性哲学看作思想的一种自我辩白，辩白的结论就是“必须如此这般的想（思考），不能这般想的就别妄想”，这也就间接承认了如下事实：“他者”的存在是一个无论如何不能被主体内化的存在，它永远保持着自身的外在性和独立性。意识哲学对那些超越的存在没有任何办法，这让我们理解了那个始终在路灯下寻找丢失的钥匙的人，在海德格尔看来，这是哲学的耻辱，哲学家就是那个可怜的人，“我思”就是那唯一的光亮。

海德格尔认为要想遇到事物，人就必须先把握住自己的基本存在结构从而破解生活世界的秘密，找到通往现实世界的钥匙，这就要求落实为对此在的“在世存在”的具体分析，海德格尔是从“在之中”切入这个关系的。一般人们将“在之中”等同于具有广延的存在者存在于一个物理空间中。相反，“‘在之中’意指此在的一种存在建构，它是一种生存论性质”①。“之中”（in）根本上源于一种“居住”“逗留”，意味着“我熟悉”“我照料”，从这里我们不难看出，这些古老的词保持着一种浓浓的生活的气息，只有人们“居住”，人们才有真正的“家园”之感。从这个意义上来说，人通过居住而拥有他自己的世界，他就居住在它周围的世界。进一步来说，

① ［德］海德格尔：《存在与时间》，陈嘉映、王庆节译，生活·读书·新知三联书店2012年版，第63页。

由于“我在”同时又是“依寓”，于是“在之中”的一个完整的表述是：我居于世界，把生活世界作为如此这般熟悉的居所而依寓和逗留。从这个意义上来说，哲学并不是一种冷冰冰的“主体”对客体的寻找，而是“对自身以及世界的照料和看护”。“在之中”就成为此在存在的一种表达，就是先天对存在的照料。“依寓世界而存在”的生存论特征就是“完全地投入世界中”，这表明，此在完全融入了它的意义世界。这当然不是传统哲学理解的此在作为一个存在者（主体）与另一个存在者“世界”（客体）并肩而立，这正是现代科学的意义上的现代人遭遇现实物的基本方式：此在就是那个有意识的存在，即“主体”，而包括“世界”在内的所有非此在的存在者都承受着冷漠的现代主体的客观化的目光审视和手段塑造。这就是说，所谓物的封闭的世界其实是一个空无的世界，被设计的世界，主体拥有的这个世界就是“无世界”，于是，在这个“世界”中，“桌子挨着门”或“凳子触着墙”这样的事情变得难以理解。海德格尔认为，要想使得事物能够充满意义的“照面”，它所要求的方法绝不是向着“范畴”的还原，不是面向某种最高的或是最终的存在者站立，而是必须进入我们已经涉身其中的生活世界，在对世界的照料和看护中与事物的意义相遇。这样，我们的“在世存在”就是一种与事物相遇的前提和境域，“有世界”而且“在之中”，此在才得以消除那种现代意义上的“间距”成功与事物相遇，事物也才能通过这种“照面”和“相遇”向着此在揭示自己。此外，需要说清楚的是，虽然海德格尔首次揭示了人的“在世界之中存在”（being-in-the-world）的生存结构。但是，此在没有能力丢弃它的另一种存在结构，即拥有平凡本质之在的“自一然”结构，这就是说，人既有存在论上的存在方式，同时亦有存在者层次上的日常存在方式，这不应该遭到哲学的抵制和污蔑，这让人想到了“烤火的赫拉克利特”。故事是这样的，一群外来人去拜访大名鼎鼎的赫拉克利特，结果看见他正在烘炉旁边烤火，他们大惊而失措，大概是因为想不到像他这样的大哲学家竟也会像普通人那样生活，而且哲学家还鼓励这些犹豫不前的外来访客，对他们说“因为即使这里诸神也在场”[①]。

三 “在世存在”的此在生存的现代裂隙

在海德格尔看来，现代自我对其他存在物的寻找都是在有序的和可控制的表象中展开的，这是一种典型的现代性操作。在这个基础上，人们形成了一套完整的“概念图式”（概念系统），并利用这些概念工具建立了对人与世界关系的命题。换句话说，哲学的现代性行动就是通过建构概念和命题来认识世界，并将这种方式认作与世界遭遇的唯一的形式。海德格尔不同意这种独断论，他指出，概念系统以及用以整理世界的那些理解工具反而是次要的，将知识等于判断，真理等于客观性的思维方式并不是使事物充满意义地到达我们的合适方法，重要的是我们必须站在更为基本的层面之上，看清楚“概念—命题”不过是对那些“已然以别的方式寄居在别处的意义进行筛选，并使其明确起来”[②]，就是说，“概念—命题”以划界限的方式描绘了人的生活世界，并在种种知性规定中达至对世界的理解。海德格尔的反对意见是，世界并不是一个呈现在我们眼前的事物的集合体，它表现为一个“创作生活意义”以及“生活可能性”的结构，正是世界使得所有有意义的在场者得以可能，“概念—命题”体系虽然可以清晰地表达这个世界（就像语言哲学那样，试图清除一切形而上学的妄想），但是世界没有边界，并不是划分好了之后等待着语言的表述，言下之意，“概念—命题”与真实的生活世界并不完全地重合，相当于承认了以下事实：“命题”所表达之事（观念所思之事）与我在所烦（sorge）之事具有极大的不对称性，特别是“概念—命题”体系的隐性操作原则是“只表达我们所‘立法’之事”。就是说，在“命题”的概念世界与“我在”的生活世

① ［德］海德格尔:《路标》，孙周兴译，商务印书馆2000年版，第418页。

② ［美］大卫·库尔珀:《纯粹现代性批判——黑格尔、海德格尔及其以后》，臧佩洪译，商务印书馆2004年版，第206页。

界之间始终间隔着一条鸿沟，生活的情况大于思想的领域，思维逻辑并不等于生活逻辑，这是一个朴素而令现代哲学痛苦的事实。

"在世界之中存在"的此在主要的行动就是生存，在此在的生存行动中，事物就作为与此在的生存结构相契合的东西而被直接遭遇，继而，它们又引导出其他一些在此在的生存行动中的可能"遇到"的事物。由于世界就是生活可能性的结构，而生存又是此在的最大的可能性选择，所以此在理所当然产生对生存的"反思"。可以这样理解：对于此在来说，生存就是询问"可能生活"，这样此在的生存就可以直接被描述为"可能性之惑"。这很好理解，此在的每一具体生存行动由于都必然陷入窘迫的境地，这成为此在生存的"存在论犹豫"，这种生存的选择问题一般会表现为"如此这般的存在"或是"不如此存在"（to be or to be not）这样两种情况，这是弱化了的"莎士比亚问题"（存在还是毁灭）。可以说，此在生存始终面临着这样的存在论犹豫，"我到底应该选择怎样生存"成为此在生存的最初问题。进一步说，由于基础存在论认为离开此在，存在就不可能，所以只要此在选择生存，此在肯定会陷入犹豫状态。可以说，此在生存的一切选择都是对于可能性的"筹划"和"决断"，但不论是哪一种选择，都必然首先走进这种困境，这就像一个人行走在迷宫之中，又像行走在无尽的荒野之中，由于迟迟找不到出路，他每走一段路程就会重新选择一个全新的方向以再次前进。这真是一个"绝望之境"。还可以想象一种极端状态：此在生存弃绝了这种"存在犹豫"，他每走到一个分岔的路口或是交叉的路口就掷硬币决定继续的方向，这就像是当不知道做什么好的时候，对存在犹豫的一个消极的解决方法，但问题是这种类似于"怎么都行"的生存做法并没有真正意识到生存可能性的价值和意义所在。由此，一个生存的抉择被简化为一个随机事件，这个例子的反面恐怕就是爱因斯坦的"上帝不会掷骰子"。当然，这里可以考虑"布里丹毛驴效应"，对于布里丹之驴来说，由于两堆草料在数量、质量和距离上完全相等，所以困惑不过是选择哪一堆草料。实际上，任何一种选择都是成立的，唯一的问题就是毛驴的不选择，迟疑到底导致了毛驴被饿死的结果。但是，对于生存着的此在来说，既然每个生存可能都是自由的选择，那么每个具体此在的行动就是接着先前的行为做事，同时又是下一个事情的开端和起点，那么，任何一种可能性的选择都蕴含着不同的甚至是完全相反的结果，每一个具体行动的每一步都有可能使得生存变得“从此不同”。在这个意义上，生死存亡（to be or not to be）同样是此在生存的可能性的情境，就是说，任何可能的生存选择都是等距的，这样理解的选择的困惑以及生存的犹豫是此在的存在空间和一切问题的根本。同样，正是这种“间距”的存在，此在才得以形成对生存的选择。相反，将此在“物化”之后的存在的重言式本意没有提供另一种可能性以供参考，它认为任何违背事实的可能性都是思想的多余。假如人的存在也遵循物的“平凡”本质，成为纯粹的存在，那么就会失去它的生活。除此之外，由于人的存在论的可能性选择没有事先可信赖的理由，它就永远处在“无根”的状态，不能再像物的世界的存在论那样袖手旁观，而必须进行当事人的反思，而这直接就是可能性选项之间的抉择和较量，在生活世界里，将生活的秘密等同于“纯在”（to be is to be）的做法是不会得逞的。

此在在世界之中存在就是生存，生存就是面对生活的选择之惑，这是此在无法回避的“命运”，因为生活始终是在此在还未准备好的情况下就已经“先在”和展开了，并且还是在诸多不定的因素中展开，对于生存的此在来说，生活就拥有了永远的“当前性”和“现时性”，而这种现时性同时也意味着未来性，问题在这里出现成为不可避免的，此在与它的生存之间出现了一条不可缝合的深层裂隙。

可以说，对于任何一种可能世界的可能生活来说，未来都是个极大的难题，并且使人百思不得其解。意识哲学曾经通过“我思—所思”的精致探讨已经接近于创造一个完美世界，其原理在于将世界等同于意识，这样便可以宣称“意识是什么世界就是什么”，但是在意识中出场的世界仍然是有残缺的，是不完美的，意向性之光照射不到未来，也描绘不出未来的图景，而意识对象只能是现在完成时的。而且，就算是意识想象一种未来也不能保证一种真实的未来，所谓未来当然就是尚未到来，将来时的未来就不在意识的“国度”里，意识被迫止于那些无法确定的未来，“意识所构造的世界就不是一个贯穿无穷时间的完整世界”①，其构造力的权限仅是现在完成时。意识哲学构造完美世界理论的失败告诉我们，我们目前并没有什么好的方法解释未来。同样，对于此在来说，生存就是把一种“未来”占位为“现时”，这就使得一切相互冲突或矛盾的存在可能性都成为它同等可能的选项，没有事先预设的“先在者”（priority），换句话说，不存在一个固定的可能性的排序，也正是如此，此在对存在的领会就会处于一种未完成和不可能完成的状态，就像意识抓不住未来，对于此在来说，存在也是个谜。

当我们看到此在与它的生存之间存在着一个无法弥合的缝隙的时候，我们便可以理解，海德格尔对“此在”的分析中透着一种典型的现代性的纠结的情绪，这表现为，一方面，他将现代性的个人主体性重新表述为“此在”，并与“形而上学的语言”一道“创作”存在，把“存在的事情”转变为“此在的事情”将存在收缩为此在生存的唯一的最大的责任。另一方面，他又对现代性的大众表示了拒斥和轻蔑的态度。我们可以轻易地在基础存在论对“常人”的分析中找到相关的例证。对于第一个方面，海德格尔证明，人生在世（我在），“我操心”（我烦）相对于“我思”更加根本，此在的存在论地位是相对优先的，此在就是以之“操劳—操心”去理解和看待世界和他人，并且海德格尔认为，人只有处于一种完全自主状态的时候才是“本真的”存在，“非本己的”存在指的是此在用操持代替操心，牵挂和烦忧各种具体事务，而不是自己的存在和存在本身，就是说，此在沉沦于各种事务，将自失于非本己性，当此在并未关心自己的存在，它的唯一性的本己自我就将被遮蔽。对于第二

---

① 赵汀阳：《时间的分叉 作为存在论问题的当代性》，《哲学研究》2014 年第 6 期。

个方面，海德格尔的意思是，本己之我必须要求保持住自主地位，坚决拒绝淹没在匿名的“常人”之中，对“常人”的理解如果是在批判现代性状况的背景下，所谓常人就相当于世俗大众，或是一种固定的现代经济制度或官僚体制下的“政治—社会”形式，本质上就是一种“经验”的事实。海德格尔是在生存论的意义上来理解“常人”的，它是一种普遍的生存论的阐释方式，大概相当于维特根斯坦哲学中强调的“生活形式”，大概相当于哈贝马斯公共领域中的“独裁者”。在这种“常人”的主导和架构之下，人就会失落本己存在而形成一种平均化的扁平化的自我理解，陷入一种“不是自己，而是别人，又谁也不是”的生存状态。不难看出，海德格尔深陷于这种现代性的状况，他更多地关注着社会的负面效应以及公众的平庸，并坚持认为“真理只能掌握在少数人手中”，将“常人”收拢为一种理解真理的历史的、公共的实践语境，这样，“常人”就既是基础同时又是一种生存的可能性限制。此在是谁，在日常的生活世界中，此在就是常人，如果在“投身世界”之际，此在不“是”常人，此在就不能“是”自身，此在必须以“常人”的准则为准则，否则就将被逐出生活，所以，此在必须首先是“常人”，才能有机会赢得自己。

尽管海德格尔有着这样的现代性忧郁，我们还是隐隐能够读出海德格尔的精英主义的立场和态度。实际上，现代性最为主要的作品就是作为相互纠缠着的个人与大众。用海德格尔的哲学语言来说就是，此在的非本己性和本己性存在的区分并不是伦理学意义上的，而是存在论意义上的。这也就是说，同样作为此在的生存样式，前者并不比后者更少存在，相反，在日常存在的意义上，非本己性反而更加的鲜活生动，更加具体而微地规定着此在。引申来说，常人作为此在的生存论结构的常态样式与本己的此在存在并不是截然分开的，它们同属于此在的存在状况，常人更为基本，本己性作为一个生产样态的变式。也就是说，作为现代人不可分割的两副面孔，个人与公众并不是“天使与魔鬼”那样对立不相容，只要人被制作成为“此在”，此在就势必会同时成为“常人”即平均化和均质化的人（无人），这就等于是说，如果“常人”是此在，此在就难免是“常人”，道理很明显，海德格尔把“常人”领会为“公共性”（公共意见），它事关人的存在方式，是此在共同的存在方式，决定了人类存在的基本一致。道理是因为每个人得以成为“此在”的权利空间、物质利益和精神资源都是高度相似的，因此必定形成“常人”，此在正是因为成为“常人”而解除了“存在的负担”，失去了自己的存在，从这个意义上说，此在与“常人”的搭配无可挑选。

海德格尔试图拯救的就是这个落入“常人”之中的被遮蔽着的本真自我，可现在的问题是，这样的要求在现实世界中想要真正做到实在是太过严苛，毕竟从常人那里唤起自己即“把最本己的本身向着它的能在唤起”① 不可能是每一个人的存在的责任和使命，否则“常人”就将不复存在，海德格尔的本真性概念由此大大削弱了其有效性，它并非对任何人都普遍有效的人的一个规定。海德格尔对此在本真存在的要求有取消自身生存的危险，事实上，也确实没有人能够证明那个本真的此在，本真的此在有着类似于常人的存在结构：无此人。关键在于理解“人的存在的形而上学问题只能是一个对所有人都同样有效的普遍问题，而不可能是一个关于特殊人或特殊存在的问题”②，这等于是批判海德格尔对于“本真此在”的追求把形而上学特殊化了，最终是变了形的主体性观点，而不研究普遍生存的存在论显然是无效的。本真的此在已经过度侵蚀和干扰了生活原本的朴素事实和本真面貌，仍然携带着意识哲学的主体性基因，尽管它是以隐蔽的方式出现的，在这个意义上，此在与生存的断裂导致了我们能够看清楚海德格尔对此在主体性的要求实际上也是一个存在论神话。本真的此在存在并不必然通向生活的本质和自由之乡，因为最终它将因为无标准而失去追求的意义，使人陷入存在论的迷

① ［德］海德格尔：《存在与时间》，陈嘉映、王庆节译，生活·读书·新知三联书店 2012 年版，第 320 页。

② 赵汀阳：《第一哲学的支点》，生活·读书·新知三联书店 2017 年版，第 103 页。

茫就仍然是不可避免的下场，尼采的话“成为你自己”对海德格尔的此在来说简直就是一句迷人的“咒语”。

总体来说，海德格尔将初步的现代性体验首先刻画为与事物的一种体验式的现代遭遇，通过克服传统哲学论证性的“主体—客体”的表象思维，将物的世界推入更为深远和广阔的生活世界，同时，将物的存在标识为用具的存在，通过交道操劳重新让事物的丰富意义得到揭示，从而得以通达此在的生存世界。世界的全新品相被海德格尔规定为人存在的一种先天结构和意义整体，人也走出了传统哲学那样的“主体性—主观性”的模样。一句话，基础存在论努力给出了另一种不同的现代性的存在论描述，并通过完整的生存论分析，成功地将人从“我思”的观念世界中拯救出来。但问题是，它又使之站在了“此岸”的“深渊”里，尽管它选中了此在从而贯穿了意识哲学“我思”的内在性领域，消除了观念世界与生活世界之间存在论间隔的虚幻，但是在此岸的生活世界中，此在与生存之间仍然始终间隔着一个无法弥合的裂隙，而这恰恰关乎存在本身。就是说“我在”的生存危机与“我思”的观念危机实质拥有相同的“现代性”结构。结果就是，基础存在论始终携带着意识哲学的“命运”，从某种意义上来说，它并没有更好地处理现代性问题，在一切形式的“我思”与“我在”退场之后，存在论必然陷入对未来的茫然无知之中。一种相对容易的做法就是：拒绝未来，无视“存在”是否能够真正出场，停留在存在者那里，按照存在者去生活。但是，对于思想来说，对存在保持沉默是不可接受的选择，它不得不想方设法地说“存在”，但每一个说出的“存在”又都变成了“胡说”，这种做法导致的后果是存在成为一个可疑的概念，存在论并没有真正地开始。

第二章

现代性的困境：资本的统治与技术的集置

可以说，马克思与海德格尔分别以自己的方式戳破了主体性形而上学的“现代性面孔”，但是这并不意味着就真正地消灭了它，因为它总是在被驱逐之后快速变换妆容以更为隐秘的方式再度归来，它总是寻找“人间附体”。从这个意义上来说，主体性形而上学其实就是一个人想极力摆脱却摆脱不掉的影子，就是在人间游荡的幽灵。对于这两个不同时代的德国人来说，批判现代性的复杂性就在于此。主体性的形而上的问题总是落实为形而下的现实运作，由此为自己在现代世界中找到一种合理性的外观，现代性由此拥有了两副面孔，一个在人间现身，一个在人间隐身，正因为这种隐秘的操作，人们很难抵制住现代性发动的进攻。结果是，现代性患有一种神学后遗症：人们既为形而上的东西感到现代性的焦虑，又在形而下的东西中迷失了方向。具体来说就是，由于资本主义以全新的社会秩序取代了传统的旧秩序，世界由此发生了深刻的变化，它时时强调自己的原创性与先前世界的断裂，它总是用自己选定的“形而上学的具象物”来充当世界的新法官、新裁判，并且隐藏自己存在的真实的秘密。对于它来说，存在的彼岸世界消失之后，任务就成为确立此岸世界的存在，随之而来的是人与世界的关系发生了一种裂变，从一种共属一体的亲密无间的关系恶化为彼此对立相互冲突的现代关系，这就是现代性造成的人的存在的困境。所以对于马克思与海德格尔来说，批判现代性就是同时进行双重批判，既将矛头对准喜欢隐藏自己的“主体性形而上学”揭露它在人间的具体代理人，又把批判的焦点置入人的真实的现实性的困境。

第一节　马克思：资本的逻辑与现实的历史

可以肯定的是，马克思并不是将资本主义看作现代社会的某个侧面或是“现代性的面孔”，而是将资本主义理解为现代社会的基本结构和总体形态，看作现代性问题的场域，是后者得以存在的社会制度和发展形式，这种以资本主义形式为核心所实现的现代性，可称为“资本主义现代性”①。可以说，马克思毕生理论的工作重心就是以存在论的辩证法研究资本主义社会的运行机制，通过对资本主义社会的内在矛盾和发展规律的批判分析，破解资本主义社会的神秘，朗读出现代社会的（历史的）未来，其实质就是追问和批判资本主义现代性。之所以如此，是因为资本主义社会的核心运作机制，即以“劳动—资本”雇佣关系为基础的资本逻辑已经贯穿在民族国家的内部并且超出民族国家拥有了世界范围的统治力和主宰力，形成了一种资本逻辑的普遍性强制，资本逻辑成为现代性的“命运”。正是由于资本关系的这种同化现实世界的巨大力量，全面统摄的总体化逻辑，资本主义才成为整个现代性的总体结构。总之，马克思是从资本的统治逻辑下的现实社会出发来理解资本主义现代性的，于是，理解马克思的现代性批判的着力点以及发力位置就是理解“资本的逻辑与现实的历史”的关系，而这无非就是马克思的存在论批判。

马克思所生活的时代是一个经过了文艺复兴和宗教改革的“理性启蒙”的时代，神圣的上帝通过人本化和自然化已经彻底“祛

---

① 郗戈：《超越资本主义现代性：马克思现代性思想与当代社会发展》，中国人民大学出版社 2013 年版，第 42 页。

魅”，作为非神圣形象的“资本”成为这个时代的定义者和主导者。从这个意义上来说，马克思生活的时代所面对的现代性状况就是理性与资本成为自由资本主义社会的两大支柱。现代社会已经不同以往，它现在主要呈现为这样一种面貌：它不仅受制于资本的显性统治，同时受制于理性的隐性谋划。理性要求宰制一切存在者，资本要求无限制地增殖扩张，资本就这样与理性共谋，对现代社会进行普遍性的强制，结果就是“个人受抽象的统治”的人的生存的“异化”的时代境况。这样，马克思就需要在两个战场上同时作战：“既批判、解构形而上学的思想谱系，又颠覆、瓦解形而上学的现实运作。”在任务的第一个方面，当马克思宣称已经跟黑格尔做了最终的清算之后，任务貌似就基本完成了。在任务的第二个方面，要求马克思分析和揭示“资本逻辑”的内在矛盾，发现其内在的自我否定和自我瓦解的运动机制，从而取消“资本的独立性和个性”归还“人的独立性和个性”，最终实现人向自身、向社会的合乎人性的复归，实现人的自由个性的全面发展。但恰恰是在马克思对资本逻辑与现实的历史的理解中，我们看到了形而上学在被逐之后乔装归来，资本逻辑成为形而上学的现实的“幽灵”与“魅影”，成为形而上学在资本主义时代的现实显现。从这个意义上来说，形而上学化身资本逻辑成为资本主义世界的隐性操作，而马克思的任务就是对这种改头换面的形而上学保持不惑。

一 破解资本的秘密与资本逻辑的二重性

“资本”无疑是马克思理论的核心概念，这从其理论巨著《资本论》的命名就可见一斑，理解马克思的现代性批判理论必须从抓住资本的本质开始。

与古典经济学家将资本理解为为了生产而积蓄起来的物质资产不同，马克思并不是仅仅将资本理解为物（产品、工具、货币等），而是将之进一步理解为关系。马克思指责资产阶级经济学家对资本的规定“只看到了资本的物质，而忽视了使资本成为资本的形式规定”[①]。可以说，这种将资本简单具体化、物质化的做法使得“资本成了某种完全非历史的东西”[②]，与之相伴的就是“资产阶级关系就被乘机当作社会一般的颠扑不破的自然规律偷偷地塞了进来”[③]。马克思则认为这种对资本的规定是不得要领的，除了使经济学家们陷入对资本主义社会的盲从之外，还直接造成了对资本主义意识形态的遮蔽。马克思认为资本绝对不是感性的对象物，所以我们不能从直观的形式去理解它，而是只有通过合理的抽象才能把握社会关系。“资本也是一种社会生产关系，这是资产阶级的生产关系，是资产阶级社会的生产关系。”[④] 马克思给出的形象描述是“黑人就是黑人，只有在一定的关系下，他才成为奴隶，纺纱机是纺棉花的机器，只有在一定的关系下，它才成为资本，脱离了这种关系，它也就不是资本了，就像黄金本身并不是货币，砂糖并不是砂糖的价格一样”[⑤]。此外，在《资本论》中，马克思几乎是重复了这种对资本的规定：“资本不是一种物，而是一种以物为中介的任何人之间的社会关系”[⑥]，“资本不是物，而是一定的、社会的属于一定历史社会形态的生产关系。”[⑦] 此外，马克思还指出，资本是集体的产物，只有通过社会共同体的共同活动才能运动起来。也就是说，资本不是一种个人力量，而是一种社会力量。所有马克思的这些规定都指向了这样一种资本的基本规定，那就是，从形式上来说，资本是作为一种自为的自我运动的社会关系和社会力量，从内容上来说，资本则是对象化劳动，具体劳动积累起来的“死劳动”。也就是说，资本作为一种社会关系（生产关系）既作为具体的劳动对象化的基本前提，

---

① 《马克思恩格斯全集》第 30 卷，人民出版社 1995 年版，第 213 页。
② 《马克思恩格斯全集》第 30 卷，人民出版社 1995 年版，第 213 页。
③ 《马克思恩格斯全集》第 30 卷，人民出版社 1995 年版，第 28 页。
④ 《马克思恩格斯选集》第 1 卷，人民出版社 2012 年版，第 341 页。
⑤ 《马克思恩格斯选集》第 1 卷，人民出版社 2012 年版，第 340 页。
⑥ 马克思：《资本论》第 1 卷，人民出版社 2004 年版，第 877—878 页。
⑦ 《马克思恩格斯全集》第 46 卷，人民出版社 2003 年版，第 922 页。

又作为劳动的对象化的结果，并且只有在“物统治和支配人”的资产阶级的社会关系中，资本才得以真正存在并形成一种席卷整个社会的力量。因此，马克思反复强调“资本的实质并不在于积累起来的劳动是替活劳动充当进行新生产的手段，它的实质在于活劳动是替积累起来的劳动充当保存并增加其交换价值的手段”[①]，“作为剥削雇佣劳动的财产，只有在不断产生出新的雇佣劳动来重新加以剥削的条件下才能增殖”[②]。从这里我们不难看出，马克思实际上是将资本看作一种颠倒的社会关系，资本成为“主人”“主体”，人则被挤到“客体”的位置。于是，我们可以清晰地看到，在资本主义社会中，资本已经成为那个同一性的主客体，而人的主体地位也在被逐渐地消解，不管是作为对立的工人还是资本家，都被无情地推到了客体的地位。结果就是，在资本主义世界，资本成为“绝对”，资本的理性成为这个社会的基本运行原则。

资本成为全新的形而上学的现实操作，即成为那个“黑格尔式”的同一性主客体，它拥有了一种“不断进行自我增殖”的本性，它无限制地追求剩余价值，“是力图超越自己界限的一种无限制的和无止境的欲望”[③]。结果是，资本成为“资产阶级社会的支配一切的经济权力”[④]。可以说，资本存在的根本目的就是获得对剩余价值的掠夺权和支配权，这就是资本得以存在的根本理由，也是它与生俱来的支配力和权力的集中体现。这种权力具有一种强大的同一性逻辑，其主要表现在以下几点。第一，它把资产阶级社会的一切关系都同化为市场经济的交换关系，并遵循等价交换的原则。它修改了工人与资本家（雇佣劳动）的对立的关系，赋予了双方一种形式的平等，即买卖身份的平等。第二，资本以自身的无限增殖为最高的目的“自为运动”，又显现为资本家的贪得无厌的人格和整个资产阶级的

① 《马克思恩格斯选集》第1卷，人民出版社2012年版，第342页。
② 《马克思恩格斯选集》第1卷，人民出版社2012年版，第415页。
③ 《马克思恩格斯全集》第30卷，人民出版社1995年版，第297页。
④ 《马克思恩格斯全集》第30卷，人民出版社1995年版，第49页。

利益，工人与资本家之间的对立进一步拉大，阶级对立成为资本主义社会的主要特征。从这个意义上来说，“在资产阶级社会里，资本作为一种权力，是一种强大的同一性控制力量，它在现实社会起着‘抽象成为统治’的作用”①。

马克思在《资本论》中向我们阐释了资本权力管控劳动时间的具体机制。马克思在《资本论》第一章中就开宗明义地指出，“商品普遍化”是资本主义社会“商品形式”扩张的直接结果。商品普遍化使得资本主义社会中权力形式发生了转型，商品对个人的权力、货币对商品的权力转化为资本的价值体系对人与社会的支配权力，“个人的产品或活动必须先转化为交换价值的形式，转化为货币，并且个人通过这种物的形式才取得和证明自己的社会权力”②。与传统权力形式不同，在前资本主义社会中的政治权力对人的支配是具体可视的，而在资本主义社会中资本的价值体系对个人与社会的支配则是抽象的、隐匿的。这种抽象的权力形式无处不在，将社会生产过程以及生产者之间的关系建构为一个独立于生产者自身的异化系统，并固定为“一种对生产者来说是外在的、不依赖于生产者的权力”③。福柯（Michel Foucault）在他对刑罚体系的考古阐释中发现了资本主义治理术的一个重要转型，即“时间被导入了资本主义权力体系和刑罚体系……权力通过管理时间从而控制时间的全部使用方式”④，而且“监狱—形式和工资—形式在历史上就是孪生的形式”⑤。福柯的研判，一是指明了资本权力管控时间的生命政治事实，二是为资本权力下的现代生产引入了惩罚制度。更为重要的是，福柯明确将资本权力彰显的时代指认为18—19世纪，并将之标识为规训社会，这有助于我们更好地理解马克思政治经济学批判视域中的

① 白刚：《瓦解资本的逻辑：马克思辩证法的批判本质》，中国社会科学出版社2009年版，第107—108页。

② 《马克思恩格斯文集》第8卷，人民出版社2009年版，第52页。

③ 《马克思恩格斯文集》第8卷，人民出版社2009年版，第44页。

④ ［法］福柯：《惩罚的社会》，陈雪杰译，上海人民出版社2018年版，第92页。

⑤ ［法］福柯：《惩罚的社会》，陈雪杰译，上海人民出版社2018年版，第91页。

资本的权力本性。

按照马克思批判的工艺史，从工场手工业进入机器大工业，人们的生产方式发生了巨大改变，从靠天然力进行生产到蒸汽机作为工具机推动机器体系的形成，劳动者的身份也随之发生了变化，资本主义为人们备好了一个“工人”的现代称呼。在传统农业社会，它依寓于土地而在，是真正的“麦田守望者”，人们对于气候和土壤的天然韵律拥有着生命般的内在体认，而进入工业社会，工人彻底丧失了对生活资料的控制权，它进入了资本主义的生产组织，不得不寄居于工厂空间。我们可以将这种劳动模式的迁移理解为“空间的商品化”现象。由此，人们进入了空间化的生存方式。它主要涉及以下几个层面：一是空间的封闭性。即人们进入了现代工厂就意味着身心被自动隔离其中，在它将劳动力时间出卖给资本家的这个时限内，时间被空间所监督和支配，它的整个生命体必须围绕着工场内容而活动，与之相对应的就是工作日的监督体系。二是空间的分隔性。即将工人们分割在不同的工业部门中，减少工人们在不同地区、不同部门之间的流动，以此增强工人们对所从事工种规定的认同。马克思在论述资本对工作日延长的追逐与法律的对抗时，指出了诸如陶器业、火车制造业、壁纸工厂、面包工厂等对于工人生命时间剥削和掠夺的历史细节。三是空间的功能性。马克思在谈到工人与作为固定资本的机器的关系时说道，工人“过去是终身专门使用一种局部工具，现在是终身专门服侍一台局部机器。滥用机器的目的是要使工人自己从小就转化为局部机器的一部分”①。卢卡奇在准确识别出资本主义制定的生产量化和标准化任务时更是指明，“劳动过程越来越被分解为一些抽象合理的局部操作，以至于工人同作为整体的产品的联系被切断，他的工作也被简化为一种机械性重复的专门职能……由于这种合理化，社会必要劳动时间，即合理计算的基础，最初是作为仅仅从经验上可被把握的、平均的劳动时间，

① 《马克思恩格斯全集》第44卷，人民出版社2001年版，第486页。

后来是由于劳动过程的机械化和合理化越来越加强而作为可以按客观计算的劳动定额”①。既然现代工厂基于时间问题建立起了商品化空间，那么，政治经济学批判的核心问题就是时间斗争问题，对时间的控制，特别是对他人时间的控制就成为马克思阶级斗争的焦点。在这个意义上，破解问题的关键就落在了对于“工作日”的理解上。

在马克思看来，工作日是“工人生产他的劳动力的补偿价值的时间和生产剩余价值时间之和，构成他的劳动时间的绝对量”②。其基本特征是，它是一个可变量，并且在一定界限内变动。由于工作日长度的变化与资本的利润正相关，最大范围延长工作日就成为资本活动的主要手段。那么，工作日长短的参照标准是什么呢？芒福德（Lewis Mumford）赋予时钟的发明一种资本主义精神，因为它标示了客观化的时间，从而为工业资本确立了生产规范化和产品标准化的参照物。时钟的发明使得时间表的制定成为可能，福柯考证说，时间表的三个主要方法“规定节奏、安排活动、调节重复周期”③从修道会传播而来，很快出现在工厂中。马克思为我们例示了几份19世纪资本主义工厂制度下的时间表，仅以典型论，在陶器业中，童工被广泛使用，一个名曰威廉·伍德的9岁儿童亲口说道，他从7岁零10个月就开始做工，具体工种是运模子，“他每周天天早晨6点上工，晚上9点下工。‘我每周天天都干到晚上9点钟，例如最近七八个星期都是这样’，就是说，一个7岁的孩子竟劳动15小时”④。而在壁纸工厂中，“粗糙的壁纸用机器印刷，精致的壁纸用手工印刷。生产的旺季是从10月初到第二年4月初。在这段时间内，劳动往往从早晨6时一直持续到晚上10时，甚至到深夜，中间几乎没有

---

① ［匈］卢卡奇：《历史与阶级意识——关于马克思主义辩证法的研究》，杜章智等译，商务印书馆1999年版，第154页。

② 《马克思恩格斯全集》第44卷，人民出版社2001年版，第266页。

③ ［法］福柯：《规训与惩罚》，刘北成、杨远婴译，生活·读书·新知三联书店2012年版，第169页。

④ 《马克思恩格斯全集》第44卷，人民出版社2001年版，第283页。

休息”[①]。不难看出，对于追求价值增殖的资本家来说，“工作日就是一昼夜 24 小时减去几小时休息时间”[②]，它坚持的法则一是，“资本家按照劳动力的日价值购买了劳动力。劳动力在一个工作日内的使用价值归资本家所有……工人劳动的时间就是资本家消费他所购买的劳动力的时间”[③]。二是，“坚持他作为买者的权利，他尽量延长工作日，如果可能，就把一个工作日变成两个工作日”[④]。就是说，基于等价交换原则，资本根本不去考虑劳动者到底能够出让给资本家多少时间，也无暇关心后者是否愿意。这是一种赤裸裸的权力关系。焦点转移到了时间的“剩余”问题。就是说，工作日的极限延长虽然带来了剩余价值的增量，但同时也使劳动力本身未老先衰和过早死亡。起初，资本家发现了“劳动力代偿法”，即他相信，即使无限延长工作日会损害工人的身心健康，但工人作为一个观念群体却是无限的，工人们总会“前仆后继”地出卖劳动力投入生产中，因此，现实工人的群体状况无须担忧。或许这是资本从机器的周转和折旧现象中获得的启示。但是很快资本家们就发现工作日的极限延长导致劳动力发挥作用的时间减少了，更重要的问题是，要想使被消费的成熟劳动力迅速得到补偿会增大劳动力再生产的费用，结果是，资本家们看到，时间的界限问题碰到了工人们作为生物体的身体界限而不得不为工作日确立一个正常的规范。

事实上，马克思也谈论工人们争取正常工作日的斗争的历史，或者说是资本家与工人之间的阶级斗争。它从积极的意义上表现为法的形式的确立，从消极的意义上则表现为作为生物体的工人被规训的进程。从前一个方面来说，“正常工作日的规定，是几个世纪以来资本家和工人之间斗争的结果”[⑤]。它从 14 世纪开始一直贯穿了整

① 《马克思恩格斯全集》第 44 卷，人民出版社 2001 年版，第 286 页。

② 《马克思恩格斯全集》第 44 卷，人民出版社 2001 年版，第 305 页。

③ 《马克思恩格斯全集》第 44 卷，人民出版社 2001 年版，第 269—270 页。

④ 《马克思恩格斯全集》第 44 卷，人民出版社 2001 年版，第 271 页。

⑤ 《马克思恩格斯全集》第 44 卷，人民出版社 2001 年版，第 312 页。

个 19 世纪，直至“十小时工作日法案”的通过，它成为英国经济史的全新的历史分野。从此，工作日的正常长度以工厂法的形式被固定下来。从后一个方面来说，法的形式获得承认，或从工人主体来说，它接受了这种法的形式，在某种意义上它的生命时间就受到了规训，因为，这种法的形式同样加固了以纪律规训为主导的现代工厂制度，而其核心要素乃是将时间纪律的观念内化，使人们在不做任何思考的情况下，都可以按照这种被重新修改过的时间生活。也就是说，在法的形式的掩盖下，人们被灌输了一种资本化的时间纪律观念。法的形式反而成为时间内化的显性的、外在的表征。其最主要的体现即工厂主们发明的换班制度。在早期的资本主义生产中，为了保持固定资本的持续被使用，大量工业部门便采用了一种 24 小时的工作日安排，这就是臭名昭著的换班制度，之后还为之补充了夜班和倒班制。换班制度的滥用使得工人们的日常作息长期处于一种混乱的、颠倒的、不正常的状态，更为恶劣的后果是，它使得工人的生命时间被二分化，它的生命除了劳动时间就是补充劳动力的时间。它没有任何其他“受教育的时间、发展智力的时间，履行社会职能的时间，进行社交活动的时间，自由运用体力和智力的时间，以至于星期日的休息时间”①。即便是 1847 年之后，资本家们仍能通过编制时间计划，像导演舞台剧一样，让工人们在不同的工种之间轮流出场。十小时工作日法令并不能阻挡资本家们支配劳动力 12 小时或是更多，但只支付工人们 10 小时工资。总之，换班制度是在法的形式下以合理分配的名义占有劳动时间实现资本增殖的新技术。为什么这种变了形的换班制度仍然能够存在于法律之下？反过来说，为什么法的形式仍然不能遏制换班制度的隐秘实施？谜底或许在于现代工厂制定了兼具“规训与惩罚”作用的纪律机制。

作为一种规训机制，工厂纪律最为直接的表现即制定一份合理合法的时间表，同时将价值的生产归结为时间性的生产。正如马克

① 《马克思恩格斯全集》第 44 卷，人民出版社 2001 年版，第 306 页。

思所说，“按照军队方式一律用钟声来指挥劳动的期间、界限和休息的细致的规定，决不是议会设想出来的。它们是作为现代生产方式的自然规律从现存的关系中逐渐发展起来的，它们的制定、被正式承认以及由国家予以公布是长期阶级斗争的结果”[①]。资本家使用“时钟—时间表”来规定劳动的具体细节，不允许任何活动游弋于时间表之外。他们坚信，“浪费时间既是一种道德犯罪又是一种经济欺诈。时间表就是用于消除这种危险的。而纪律则安排了一种积极的机制”[②]。它提出了在理论上时间不断被强化榨取的原则，即引导工人们认识到时间表所规定的每一时间细节的无限性，而这种无限性必须用全力付出的劳动所达成。一句话，时间无限性原则禁止游惰行为。这样，在不断的重复性的劳动中，时间表被强化，单位时间的概念和感觉被工人们所接受。不难看出，时间根本上是一种同一性的法则，它是一种秩序化的力量，能够对劳动力进行精准测算和规训。换句话说，“劳动时间的耗费被转化为一种时间规范，它不仅抽象于而且超越并规定个体的行动……时间的耗费也从行动的结果被转化为一种对行动的规范性尺度”[③]。在政治经济学批判中，社会必要劳动时间已经作为一种客观性的时间规范被联系于价值的生产，而工厂的时间纪律使时间成为绝对尺度以测定劳动耗费，言下之意，任何一种劳动都由时间所规训，时间已然失去它的质的、可变的、流动的性质，凝固为一个可测定的抽象时间，这种抽象时间主宰着工作日的实行。

作为一种惩罚机制，工厂纪律最为直接的表现即制定一份只适用于工厂内部的罚金制度，同时将罚金数额的大小归结为其偏离时间规范的多少。在这种意义上，我们可以将罚金制度看作时间规范

---

① 《马克思恩格斯全集》第44卷，人民出版社2001年版，第326页。

② ［法］福柯：《规训与惩罚》，刘北成、杨远婴译，生活·读书·新知三联书店2012年版，第174页。

③ ［加］莫伊舍·普殊同：《时间、劳动与社会统治：马克思的批判理论再阐释》，康凌译，北京大学出版社2019年版，第249页。

的一种弹性补偿机制。马克思指出，工厂制度拥有类似兵营式的纪律。简单来说，即"绝对服从"，从反面来说，则是"不服从，即受罚"。按照这种纪律规定，监督劳动制度被确立起来，工人们被区分为劳工和监工，而"奴隶监督者的鞭子被监工的罚金簿代替了，自然，一切处罚都简化成罚款和扣工资"①。这对工人来说是个更为重要的问题，也是更能直观感受的问题。由时间所支配的工资决定了劳动力的正常代谢，一旦工资部分被剥夺，将造成一种不同于暴力形式的震慑，它意味着生命体的再生产将受到直接破坏。更糟糕的是，若劳动力的补偿出现问题，一方面，它的生命时间将受到侵扰，它必须用更大的强度或是延长工作日的方法来保持工资的平衡；另一方面，即便它已经采用上述方法去补充工资量，但罚金簿已经成为它的黑暗印记，受处罚意味着它有可能再次破坏劳动的时间规范，这可能影响它是否能顺利地再次进入劳动过程。一言以蔽之，罚金制度从一种消极机制的意义上证实，工人受时间所支配意味着它将接受时间纪律的考核，时间经济学将成为工人们规避惩罚的必修课。

马克思所描绘的"资本权力之眼"不仅将其监视的目光锁定在工厂这一封闭空间内，它还溢出工厂之外，贯穿人们的日常社会生活。作为资本主义工作场所的典型空间，资本主义就是通过对工厂空间的塑造和征服来维持和扩展自身的。换言之，资本主义的发展是基于对封闭工厂这一空间的生产和推广迅速实现的，其内在逻辑就是将资本权力的支配感构筑于整个经济社会之上。在这个意义上，空间扩张是资本主义的根本运动。为了尽可能地实现高增殖，资本倾向于超越民族的界限，将其追求的利益从国家层面延伸至国际层面。正像马克思判断的那样，"不断扩大产品销路的需要，驱使资产阶级奔走于全球各地。它必须到处落户，到处开发，到处建立联系。资产阶级，由于开拓了世界市场，使一切国家的生产和消费都成为

① 《马克思恩格斯全集》第44卷，人民出版社2001年版，第488—489页。

世界性的了"[①]。按照这种资本主义扩张节奏，它正在将封闭工厂的模式复制成"世界工厂"，将社会历史图景渲染为工厂图景。如果将资本主义的空间扩张理解为封闭化的过程，这种封闭空间又蕴含着空间的开放性，因为资本主义的狂飙突进在现实的效果上打破了传统民族自给自足和闭关自守的状态，在一定程度上建立了民族之间的相互依赖，从而克服了传统生产生活的片面性和局限性，这本身就是空间流动的最佳证明。它也从反面论证了资本主义市场的建立所构建的空间上的可接受性，否则，等待古老民族工业的将是被消灭和被摧毁。从这个角度来说，工厂封闭空间的建构总是与城市的发展相伴，"城市永远是市场的中心"[②]，"资本主义生产关系是通过城市空间生产而实现再生产的"[③]。城市化的巨型扩张为人们塑造了一种空间观念，即空间同样是一种稀缺商品，资本主义正是通过空间商品化进程来再生产其霸权关系的。

资本主义城市的典型特征就是建立了"中心—外围""凝聚—辐射"的空间形式，空间商品化建基于城市土地的买卖性，人造的空间将自然地理区域进行了商品化的划分，城市内部由此被创造了一种聚居意义上的等级关系，"富人区—贫民窟"直到今天仍然是重要的城市商品景观。由于空间商品化的衡量标准仍然是资本化的货币，因此，人们的聚居环境与其配套资源都随之进行了空间划分，这使得固化的阶层很难发生流动，这就是空间封闭性的极佳体现。人们不用非得在工厂的生产空间中，就能够感受到自身的生活空间被资本权力所支配。特别是现代城市空间塑造了一种基于非物质劳动的交往，人们的交往内容更多地呈现为消费、教育、时尚等观念，这种交往的多样性已经远远不是工厂的单一生产劳动所能塑造的，也就是说，城市空间具有一种分割性，它正逐步消解封闭工厂的同一

---

① 《马克思恩格斯选集》第 1 卷，人民出版社 2012 年版，第 404 页。

② ［英］安东尼·吉登斯：《历史唯物主义的当代批判：权力、财产与国家》，郭忠华译，译文出版社 2010 年版，第 145 页。

③ 刘怀玉：《历史唯物主义的空间化问题》，江苏人民出版社 2022 年版，第 354 页。

化内容。以往工人们在不同的工业部门中较少流动，但现在人们活跃在不同的生活区域，它早已覆盖了生产空间。而流动性的增强同时从反面的意义上证成工人们联合性的削弱，生产空间作为后者的基础正被逐步取代。最终，在城市空间中，人们生产和生活的趋向重叠，人们的日常生活看似自由个性，实则仍然处于资本权力的规划中，人们在城市中生活，认同城市发展的现代理念实质上是增强了资本权力的空间管制。一言以蔽之，资本权力已经全面布展于现代社会的时空中，这形成了一个吊诡的历史现象：人们的时间意识直接联系着他们的空间体验，人们无法逃避工厂空间就像人们无法逃脱商品时间。

理解了资本从“物”到“关系”再到“权力”的“三位一体”的特质还不够，真正的辩证态度乃在于一种包含着肯定的否定，而这就要求在历史的实践中直观地“客观地”描述资本，而这无非就是看到资本所造的伟大的文明的作用。

古典经济学已经发现了一个超越自然经济形态建立于人的劳动分工基础上的经济社会。这种新生的资产阶级社会最显著的特点是，它以现代大工业生产为基础构建了一种事物化的和客观化的生产关系，即资本关系。可以说，资本主义社会的第一和首要的特征乃是“资本”，没有资本就没有资本主义，所以马克思在批判资本主义的同时，对资本创造现代文明的作用有着深刻的洞见和理解，而这同时又成为马克思理解和揭示资本主义矛盾的前提。简单来说，资本创造的文明就是对资本主义社会的塑造，“以资本为基础的生产……创造出一个普遍有用性的体系，甚至科学也同一切物质的和精神的属性一样，表现为这个普遍有用性体系的体现者，而在这个社会生产和交换的范围之外，再也没有什么东西表现为自在的更高的东西，表现为自为的合理的东西。因此，只有资本才创造出资产阶级社会，并创造出社会成员对自然界和社会联系本身的普遍占有，由此产生了资本的伟大的文明作用，它创造了这样一个社会阶段，与这个社会阶段相比，以前的一切社会阶段都只表现为人类的地方性发展和对自然的崇拜，只有在资本主义制度下自然界真正是人的对象，真正是有用物，它不再被认为是自为的力量，而对自然界的独立规律的理论认识本身不过表现为狡猾，其目的是使自然界（不管是作为消费品，还是作为生产资料）服从于人的需要。资本按照自己的这种趋势，既要克服把自然神化的现象，克服流传下来的、在一定界限内闭关自守地满足于现有需要和重复旧生活方式的状况，又要克服民族界限和民族偏见，资本破坏这一切并使之不断革命化，摧毁一切阻碍发展生产力、扩大需要、使生产多样化、利用和交换自然力量和精神力量的限制”[①]。在这段论述中，我们可以看到，马克思对资本伟大文明的作用的揭示意在说明，资本的文明作用推动了生产力的巨大发展，从而把社会从物质性的素朴的传统社会提升为一个普遍性的同一性的现代社会，资本按照自己的面貌创造了一个完全不同的世界，而资本就是这个世界的“上帝”。资本的本质在于无限制地自身增殖，于是，这种自身增殖就必定会打破世界的地域界限，世界成为资本的世界，民族国家的界限因此变得模糊，同一种资本，就是同一个世界，资本成为一种全球性的主宰，而这种放肆的、毫无节制的、没有阻碍的、自由的自我运动和对生产力的推动就成为资本主义社会的前提，因而也就同时是社会再生产的前提。可以说，没有资本就没有资本主义的生产，而没有资本的“再生产”就没有资本主义。对资本推动资本主义社会生产力的最大“赞美”来自《共产党宣言》：“资产阶级在它的不到一百年的阶级统治中所创造的生产力，比过去一切世代创造的全部生产力还要多，还要大。”[②] 资本自其诞生之后很快成为席卷世界的风暴。

资本的统治，造成了资本的拜物教，人在资本中失去人之为人的一切东西，甚至成为资本的一种抽象代表和符号编码，人到底应该如何存在？成为资本主义时代最重要的存在论问题。资本的文明

① 《马克思恩格斯全集》第 30 卷，人民出版社 1995 年版，第 389—390 页。

② 《马克思恩格斯选集》第 1 卷，人民出版社 2012 年版，第 405 页。

作用恰恰隐含着解答密码。我们可以看到的是，在社会的发展进程中，资本不断地推动生产力的发展，不断返回到社会的基地，就为资本主义社会中人的自由而全面的发展创造了必不可少的物质前提与精神前提，尽管这种创造是以不自觉的方式。其可以概括为以下几个方面。第一，资本创造了剩余劳动。在资本主义时代，人们主要从事两种劳动，其一，维持生存的直接需要的劳动即必要劳动。其二，从事超出维持生存的直接需要的劳动，即剩余劳动。剩余劳动是产生剩余价值的关键，资本追逐剩余价值就间接地创造了剩余劳动。资本的特性乃是通过压缩必要劳动来增加剩余劳动，而由于生产力的发展，作为生产要素的“机器”的加入，人能够在必要劳动之外寻求到存在的更多的可能性。就是说“资本作为孜孜不倦地追求财富的一般形式的欲望，驱使劳动超过自己自然需要的界限，来为发展丰富的个性创造出物质要素，这种个性无论在生产上和消费上都是全面的，因而个性的劳动也不再表现为劳动，而表现为活动本身的充分发展”①。第二，资本创造了剩余劳动时间。由于劳动时间被认为是财富的唯一尺度，而劳动时间又具体地划分为必要劳动时间和剩余劳动时间，资本竭力把劳动时间缩减到最低限度，此消彼长，剩余劳动时间就会相应地得到增加，而只有大量剩余劳动时间出现，个人才有可能在艺术、科学等方面得到发展。这也就是说，资本“成了为社会可以自由支配的时间创造条件的工具，使整个社会的劳动时间缩减到不断下降的最低限度，从而为全体（社会成员）本身的发展腾出时间”②。一句话，为个人得到自由而全面的发展创造了“必要”时间。从这种意义上来说，马克思声称，资本的主要使命就是创造这种可以自由支配的时间，只有当资本为了追逐更多的剩余价值进行自身增殖的运动时，它就创造除了剩余劳动，以及剩余劳动时间（自由时间），这就是隐含在资本运动逻辑中资本

---

① 《马克思恩格斯全集》第 30 卷，人民出版社 1995 年版，第 286 页。

② 《马克思恩格斯全集》第 31 卷，人民出版社 1998 年版，第 103 页。

文明的作用。但是，我们知道，按照资本自身的运动逻辑来说，它所创造的最大的文明乃在于，当它肆无忌惮地在这个现实世界显示自己的扩张本性和无限增殖能力的同时，它自身内部的分裂越来越难以弥合，最终导致生产出了自己的掘墓人，并且最终导致资本主义自身出现了难以跨越的鸿沟。无法否认，资本带来了资本主义社会伟大的文明，但是这种文明即将在资本自身的语境中被覆盖和重新填写。

通过对资本本性的阐释，我们知道，马克思把资本理解为一个历史性的范畴，这有助于推动着我们去认识何为“资本逻辑”、资本何以成为逻辑。一般来说，“资本作为占统治地位的现代生产关系，成为了一种主体性的存在，其活动历程具有辩证性的内在联系、运动轨迹和发展规律，这便是资本的逻辑”①。在《资本论》中，马克思向我们演示了“资本逻辑”的形成和作用过程。真正说来，资本成为资本主义的首要原则，有赖于作为中介的货币，资本的运动直接就是竭尽全力地去赢获这种“需求限制之外的利益”②。马克思深信，正是货币自身的运动，货币作为货币能够转化为资本，成为打开资本的秘密钥匙，因此，对货币转化为资本的具体考察也就成为揭示资本的逻辑何以就是现实的历史的逻辑的关键所在。而这就要求马克思首先着力考察“作为货币的货币和作为资本的货币的区别”③。通过这一对比研究，马克思向我们清晰地揭示了资本自身的运动逻辑：“以货币为起点和终点的运动逻辑，以货币为动机和目的的运动的逻辑，以货币增殖为内容的‘没有限度’和‘没有止境’的运动逻辑。”④ 在马克思看来，二者具有不同的流通形式，商品流通的直接形式是“W—G—W”，这说的是在流通过程中一个为买而

① 郗戈：《超越资本主义现代性：马克思现代性思想与当代社会发展》，中国人民大学出版社 2013 年版，第 148 页。

② ［德］马克斯·韦伯：《新教伦理与资本主义精神》，马奇炎、陈婧译，北京大学出版社 2012 年版，第 58 页。

③ 马克思：《资本论》第 1 卷，人民出版社 2004 年版，第 172 页。

④ 孙正聿：《“现实的历史”：〈资本论〉的存在论》，《中国社会科学》2010 年第 2 期。

卖的行为：商品转化为货币，而后货币再转化为商品。而“G—W—G”则是一个为卖而买的行为：货币转化为商品，商品再转化为货币。“在运动中通过这后一种流通的货币转化为资本，成为资本，而且按它的使命来说，已经是资本。”① 可以说，在这二者的区别中，资本的逻辑已经昭然若揭。它表明，在资产阶级社会中，以货币作为起点与终点的资本逻辑把人与人之间的全部关系都改造成纯粹的金钱关系，除了“冷酷的现金交易，就再也没有任何别的联系了”②。除了二者的流通形式不同之外，二者的不同点还在于，就“W—G—W”来说，循环的目的就在于消费，在于使用价值，而“G—W—G”的目的则截然不同，在于交换价值；在前者那里，中介是货币，动机与目的则是商品，在后者那里，商品则成为中介，目的成为货币；对前者来说，消费是整个循环的根据，而在后者那里，根据成了作为等价物的货币。此种区别，在马克思看来，表明货币拜物教已经成为资产阶级社会的显著的意识形态。马克思进一步认为，就在“G—W—G”的流通形式中隐藏着资本的秘密，而这是理解资本逻辑的关键所在，因为“G—W—G”并不是同义反复，“一个货币额和另一个货币额只能有量的区别……从流通中取出的货币，多于起初投入的货币”③。这样，可以很容易地看出，在整个“G—W—G”运动中，动机和目的都是货币本身，货币成为自身的根据，并且“只要是合法赚钱，就可以被看作是一种遵守天职美德和发挥天职能力的表现”④。整个社会的能力以及想象力都被引向了如何实现这种货币的增殖即实现“G—W—G’”，或是简化成为“G→G’”即剩余价值的实现，这是一个现代社会秩序的存在论事实，马克思批评资产阶级经济学家们把这个存在论事实看作资本的

① 马克思：《资本论》第1卷，人民出版社2004年版，第172页。

② 《马克思恩格斯选集》第1卷，人民出版社2012年版，第402页。

③ 马克思：《资本论》第1卷，人民出版社2004年版，第176页。

④ ［德］马克斯·韦伯：《新教伦理与资本主义精神》，马奇炎、陈婧译，北京大学出版社2012年版，第49页。

永恒的和自然的生产形式，然后又竭力为资本的这种看法做各种各样的辩护。实际上，从货币到增殖货币的“没有限度”“没有止境”的运动中，扩大了的是货币的自身数量，消解的则是人与人之间的社会内容。形式统治了内容，以“商品的形式—货币的形式—资本的形式”颠倒地表现出来的“人际”关系，主导着人们的生活方式，其逻辑运动的最终形式就是“商品—货币—资本拜物教”的意识形态。

资本逻辑就是这样一种以“货币”为中心的追求价值增殖的运动逻辑并不就是对资本逻辑的完整阐释，至少还需要明白，资本的逻辑乃是一种“双重逻辑”。它的内涵是：作为生产关系的资本支配下的现代生产劳动是“劳动过程”与“价值增殖过程”的双重进程与双重趋势的内在统一。在《资本论》中，马克思是从劳动的二重性出发来阐释资本主义社会这一核心法则的。一方面，具体劳动生产商品的使用价值以满足人类的需要，其核心是劳动的物化和具体化。另一方面，抽象劳动生产商品的交换价值以追求剩余价值，其核心是劳动的量化和抽象化。前者是以满足人类的需要为动机和目的的劳动过程，后者则是以追求资本的自行增殖为动机和目的的“没有限度”和“没有止境”的价值增殖过程。无论是单纯生产使用价值的劳动过程还是追求剩余价值的价值增殖过程，都是资本逻辑的内在环节。作为生产关系的资本，一方面在劳动过程中进一步转化为物质生产资料和生活资料；另一方面，在价值增殖过程中转化为商品价值，并通过市场关系表现为交换价值。这种关系可以总结为：价值增殖过程支配着劳动过程，制约着劳动过程的发生与发展，而劳动过程是价值增殖过程的手段，以实现价值增殖为动力和最高目的。在这里需要指出的是，劳动的这种二重性不应该理解为任何时代的劳动行为都具有超历史的永恒属性，而是理应看作仅仅是资本主义社会的生产劳动的特性。按照马克思的观点，古代社会生产的最高目的是使用价值，而现代社会则追求交换价值。价值增殖过程支配着使用价值的生产，在这个意义上，资本主义社会就是资本占据统治地位的社会形态。

通过对资本逻辑的二重性的阐释，我们明白，所谓资本逻辑就是劳动过程与价值增殖过程的对立统一。除此之外，马克思还挖掘出了资本逻辑内涵中的“物化逻辑”。

从思想史的发展来说，物化概念成为社会批判理论的核心议题始于青年卢卡奇的历史唯物主义研究。在他那里，物化理论直接批判的是20世纪现代工业文明进程中韦伯式的数量化、可计算性的技术合理化的社会改写。青年卢卡奇正确识别了现代社会物化现象的历史情境，清晰把握了人们在生产过程中因可计算性的物化受生产力奴役的情况。他的物化理论将抽象物作为人与自然、人与社会关系的中介，并将之视为现代社会统治性的力量，其理论的皈依便在于将历史的解放希望寄托在觉醒阶级意识的无产阶级身上。这为之后的物化批判理论开启了崭新的逻辑进路。法兰克福学派批评家认为物化理论为工人阶级的社会主义革命失败提供了一种解释模式。他们倾向于认为，是大众文化和现代技术的双重合力压制了工人阶级的阶级意识，日益增长的合理化、完善的技术、大众的物质痛苦强化了物化状况。在他们那里，他们仍旧希冀用物化理论承载现代解放因素，并将之保留成一种扭曲的知识精英主义。可以说，自青年卢卡奇以降的物化理论，其共同的批判焦点都集中在现代技术的发展或者说是技术的现代化进程导致的社会畸变上。这种建立在物质生产的对象化之上的生产物化的逻辑是只要进行物质生产，物化就会发生，只要进行再生产，物化就会深化。而对于马克思来说，这种呈现为现代技术批判的物化理论并不能从真正意义上突破资本主义现实的政治经济结构。马克思认为，货币要想成为资本就必须执行雇佣劳动的职能，雇佣劳动是“设定资本即生产资本的劳动”[①]，没有雇佣劳动，资本就不成为资本。在这种理解下，正是因为资本与雇佣劳动之间的这种辩证的矛盾关系，资本形成资本逻辑。

① 《马克思恩格斯全集》第30卷，人民出版社1995年版，第455页。

问题是，资本虽然是一种具体历史社会形态的生产关系，它却“体现在一个物上，并赋予这个物以独特的社会性质”[①]。这就等于承认了，追求价值增殖的生产是以资本的“物”的生产要素作为中介的，而这种物的中介作用又同时作用于市场的交换关系中，以及生产剩余价值的“劳动—资本”雇佣关系中。由此，人与人之间的社会关系异化为物与物之间的关系，在这个意义上，物化了的生产关系就势必表现为物质生产资料的运动形式，资本逻辑也随之拥有了一种“物化逻辑”。马克思提醒我们，这种物化的逻辑，不仅仅是一种自然的物质规律，其更深刻的内涵乃是表征着资本主义社会的历史规律。这种资本逻辑的“物质化”有双重表现，其一是表现为生产资料的主体化以及人格化，其二，或许是更为重要的一点，它表现为人的本质力量的物化。由此，我们发现，资本逻辑作为一个矛盾综合体，是融合物的运动的自然规律性以及人的本质和目的性在内的双重逻辑。在这里，我们发现了一种颠倒，人的主体性维度被物所取代，资本成为主体，资本逻辑成为一种主体性的逻辑，并且是一种“颠倒”的主体性逻辑，在这个意义上，人与人之间结成的一切社会关系，仅仅是资本增殖的手段和工具而已，“生产力和社会关系——这二者是社会个人的发展的不同方面——对于资本来说仅仅表现为手段，仅仅是资本用来从它的有限的基础出发进行生产的手段”[②]。资本逻辑在现代生活中的全面宰制，使得整个社会生活都作为其自我增殖的目的的原材料来加工，资本逻辑成为一种社会的普遍性的强制力量。

二 资本逻辑的矛盾与瓦解道路

在马克思看来，资本逻辑本身是一种辩证逻辑，他一直强调，资本本身就是矛盾，“资本是一个活生生的矛盾”[③]，由此可见，资

① 《马克思恩格斯全集》第46卷，人民出版社2003年版，第922页。
② 《马克思恩格斯全集》第31卷，人民出版社1998年版，第101页。
③ 《马克思恩格斯全集》第30卷，人民出版社1995年版，第405页。

本的内在本性就是矛盾，但是我们仍需要指出的是，当我们把资本的内在矛盾看作与资本主义的本质无关的、纯粹表象的东西、现象的东西时，我们就是同古典政治经济学一道，在为资本的统治粉饰和辩护。因为，不理解资本的这种辩证本性就会仅仅看到资本的“物化”形态，把资本看作只是在商场上流动的具体的商品以及货币，而看不到它隐含着的生产关系和权力体系，从而直接错失了资本的“物的关系”掩盖下的“人的关系”的真相。资本的这种内在本性被马克思表述为是无限制的自我增殖与对外扩张，而资本增殖的秘密乃是用死劳动控制活劳动，即用生产资料吸收更多的剩余劳动，进而产生更多的剩余价值。资本作为自为存在的交换价值，其自我增殖的本性要求不断追求更多的剩余价值，因而表现为力图超越自己界限的一种无限制的和无止境的欲望。因此，在整个生产过程中蕴含着资本的增殖的秘密。在生产过程中，劳动转化为资本，工人既作为活劳动被死劳动控制，同时又作为流动资本被固定资本所统辖。马克思对此给出的解释是，与资本对立的劳动其实就只是工人的一种抽象表达而已，这在很大程度上其实表示的是工人具备创造的能力，即能创造价值的能力。而一旦工人的劳动“同资本的接触，它成为实际的劳动……从而成为实际创造价值的生产活动，就资本来说，这种活动只能是资本本身的再生产——保存和增大资本这种实际的和有效的价值……资本通过同工人交换，占有了劳动本身，劳动成了资本的一个要素，它现在作为有生产能力的生命力，对资本现存的、因而是死的对象性发生作用”①。这也就是说，一方面，资本是作为僵死的抽象物的客体化的存在，另一方面，劳动也仅仅是作为一种单纯的抽象的主体能动性，一旦劳动转化为资本，死的东西抓住活的，那么，劳动的单纯的能动性就被扬弃，成为资本的一个对象化的物质性部分，劳动就此成为发动资本增殖的不可或缺的元素，成为资本自身增殖的工具和手段。这就是资本逻辑中

---

① 《马克思恩格斯全集》第30卷，人民出版社1995年版，第255—256页。

包含着的资本与劳动的根本对立。资本的生产与再生产过程是以这种对立为前提的，而对立导致了劳动与资本之间相互从属。

在《资本论》中，劳动力被赋予了政治经济学意蕴，而不再仅仅作为古典经济学的基本概念。马克思指出，在G—W中隐含着货币价值变化的秘密，那就是货币占有者幸运地在市场上发现了一种独特的商品，“它的使用价值本身具有成为价值源泉的独特属性。因此，它的实际消费本身就是劳动的对象化，从而是价值的创造”①。这个商品就是劳动力。之所以说货币占有者是幸运的，是因为封建的、行会的经营方式被新兴的资本主义市场所拆解，市民社会打破了神圣形象的威权，产生了拥有双重身份的现代“经济人”：劳动者，一方面，它是个自由人，拥有“神圣的”私有权利，能够自主支配自身的生命时间；另一方面，它是一个“无产者”，它一无所有，必须在一定期限内出卖自己的生命时间。作为自由人，它在市场上碰到了同样作为自由人的货币占有者，作为“无产者”，它在市场上幸运地碰到了作为“有产者”的货币占有者。在第一个意义上，它获得现代法律赋予的虚假平等，在第二个意义上，它的生命时间实质上从属于资本权力。结果就是，在观念中，货币与劳动时间实行等价交换，在现实中，货币支配劳动时间。之所以会发生时间被货币所支配的问题在于，劳动力作为一般商品能够被等价交换。作为特殊商品，劳动者并未放弃自己对于劳动力的所有权，它出卖的只是一定时间的权力。正是资产阶级用劳动力的一般性压制其特殊性，市场交易中才发生了吊诡的一幕，劳动者“把自己的劳动力卖给资本家时所缔结的契约，可以说像白纸黑字一样表明了他可以自由支配自己。在成交以后却发现：他不是‘自由的当事人’，他自由出卖自己劳动力的时间，是他被迫出卖劳动力的时间”②。可以这样说，在这种所谓纸面意义上的等价形式下，资本家获得了对劳动力

---

① 《马克思恩格斯全集》第44卷，人民出版社2001年版，第195页。

② 《马克思恩格斯全集》第44卷，人民出版社2001年版，第349页。

的全面支配，理由是，既然劳动力作为一种能够进行买卖的自由商品，那么，它获得商品，就同时获得关于这个商品的全部，而由于劳动者的社会必要劳动时间被凝结在商品中，那么，它卖出商品，就同时卖出了这个商品的劳动时间。这正是马克思所批判的资本家玩弄的诡计，劳动实质上从属于资本。这就是劳动与资本之间的在生产中的“辩证法”：既作为生产的整体存在，又在生产内部分裂为相互冲突和对抗的两个要素。

由此看来，抽象的资本本身可以显现为任何一种实体的特殊性，如货币、机器、工具等，而同时又保持着这种特殊性的总体。从这个意义上来说，它就是一种“同一性主客体”，它带有明显的形而上学的同一化逻辑。一方面，它追求自身的绝对性和普遍性，从这个意义上来说，它是黑格尔口中的“绝对精神”，另一方面，资本在追求自我实现的同时又不得不自我划定界限。从这个意义上来说，它又与康德的“理论理性”相似。正是这二者的奇妙结合能够道出资本逻辑的本质。它站在“绝对精神”的立场上反对康德式的为自身划界，又站在“理论理性”的立场上反对黑格尔式的普遍性和大全。资本自身的这种内在分裂和“争执”的直接结果就是导致社会的动荡和“裂变”。“资产阶级在它已经取得了统治的地方把一切封建的、宗法的和田园诗般的关系都破坏了。它无情地斩断了把人们束缚于天然尊长的形形色色的封建羁绊，它使人和人之间除了赤裸裸的利害关系，除了冷酷无情的‘现金交易’，就再也没有任何别的联系了……资产阶级撕下了罩在家庭关系上的温情脉脉的面纱，把这种关系变成了纯粹的金钱关系。”① 资本，说到底其实就是一种社会关系。资本主义现代性条件下社会存在总体表现为如下事实和价值结构：异己的物质力量凌驾于人之上，渗透、支配和摧残人，压抑和阻碍人的自由全面发展。对于资产阶级来说，“除非对生产工具，从而对生产关系，从而对全部社会关系不断地进行革命，否则就不

---

① 《马克思恩格斯选集》第1卷，人民出版社2012年版，第402—403页。

能生存下去”①。问题是，随着生产的不断变革，社会的不断发展，人类文明的不断进步，时代的不断更迭，整个社会就会很容易处于一种极其不稳定的状态和境地之中，而在造成这种不稳定的同时又在很大程度上表现为一种历史时期的相对稳定，这也就是我们以往提及和看到的资产阶级社会的那种特殊性，结果是“一切固定的僵化的关系以及与之相适应的素被尊崇的观念和见解都被消除了，一切等级的和固定的东西都烟消云散了，一切神圣的东西都被亵渎了，人们不得不用冷静的眼光来看他们的生活地位、他们的相互关系”②。这就是资产阶级按照自己的面貌创造的现代性世界，即现代性既是一幅“坚固的图景”，又是一幅“融化的图景”，而所谓图景无非就指的是资本而已。正是因为洞悉了资本逻辑的这一“辩证本性”，马克思才能够明确地断定这个充满着诱惑和陷阱的资本世界即将进入一种“自毁”，“资产阶级的生产关系和交换关系，资产阶级的所有制关系，这个曾经仿佛用法术创造了如此庞大的生产资料和交换手段的现代资产阶级社会，现在像一个魔法师一样不能再支配自己用法术呼唤出来的魔鬼了”③。

这就是马克思用辩证法把握住的资本逻辑下的社会景象，一方面，资本的无法抑制的欲望和冲动、不断的革命，生活领域中的一切都处在了不断更新之中，另一方面，生活的碎裂和被破坏，从而导致现代性的未来不断地被激发和等待被创造。这也就是说，是资本逻辑本身的内驱力把整个社会塑造成彼此对立的两种社会景观，从而看到了现代人的未来可能性。

在马克思的批判分析看来，资本内在矛盾的根基还是资本内涵的“双重逻辑”，即资本表象的“物的逻辑”，与作为本质的“人的关系”（社会关系）的逻辑之间的对立统一。我们曾在上文的讨论中指出过，资本的双重逻辑表现为商品的二重性（使用价值—交换

① 《马克思恩格斯选集》第1卷，人民出版社2012年版，第403页。
② 《马克思恩格斯选集》第1卷，人民出版社2012年版，第403页。
③ 《马克思恩格斯选集》第1卷，人民出版社2012年版，第405—406页。

价值）、生产商品的劳动二重性（具体劳动—抽象劳动）以及资本主义的劳动过程与价值增殖过程之间的“辩证关系”。在前资本主义社会形式中，劳动活动与劳动的客观条件、物质前提（原料和生产工具等），劳动与所有权是天然统一的。而前资本主义形式向资本主义的过渡过程中，由于生产力的发展、社会条件的变迁和原始积累过程的掠夺，劳动者与劳动的客观条件、劳动与所有权发生了分离。劳动的条件独立化为“自为存在的交换价值”即资本，而资本人格化为资本家与工人及其活劳动相对抗，控制了整个生产过程，并将活劳动纳入这一过程成为其中的要素、手段和条件，使之完全从属于资本自我增殖的目的。在资本主义——现代性条件下，物的异己性根源于资本与劳动之间的异己性对抗关系，资本作为异己的物质力量和社会权力统治着包括工人和资本家在内的人类整体的社会生活，使人的主体性存在仅仅沦为资本自我倍增过程的手段。马克思指出，“这些形式包含着危机的可能性”，只要条件成熟，这种可能性就会发展为现实。而这种危机就蕴含在资本的“物化逻辑”能够创造人类文明的“积极本质”与价值增殖的“消极本质”之间的对立统一中。具体来说，就是资本追求生产力的全面发展的趋势与资本本身对生产力全面发展的限制之间的对抗。按照马克思的研究，资本的本性就是使自身无限增殖，而就必然要求生产力的全面发展，而“社会的物质生产力发展到一定阶段，便同它们一直在其中运动的现存生产关系发生矛盾，于是这些关系便由生产力的发展形式变成了生产力的桎梏”①。从这里我们可以分析出，马克思所指的这个生产关系就是“资本关系”，就是说，资本的本性虽然要求生产力的全面发展，但是它本身确是一种狭隘的生产形式，在二者之间必然产生矛盾和冲突。由于资产阶级的生产关系（资本）太过狭隘，它发展到一定程度就会难以容纳它本身生产的财富，但是，它又把财富的这种生产，“从而也把生产力的全面发展，设定为它自己再生产的前

---

①《马克思恩格斯选集》第2卷，人民出版社2012年版，第2—3页。

提”，结果就是，生产力已经强大到资产阶级的生产关系所不能适应的地步，它受到这种生产关系的严重阻碍，最终把资本推向了解体。总而言之，由资本所推动的社会发展是在一种分裂对抗的形式中进行的，“资本的限制就在于，这一切发展都是对立地进行的，生产力，一般财富等……但是这种对立的形式本身是暂时的，它产生出消灭它自身的现实条件”①。所以，马克思认为资本虽然创造了资产阶级的“伟大文明”，但它终究只是一个过渡点，是一个过渡性的存在，而社会革命的时代即将到来。

资本要求生产力的全面发展以及资本的生产关系之间矛盾的另一个表达是：生产社会化与生产资料的私人占有（资本主义的私有制）之间的矛盾，而这种矛盾被看作资本主义社会的最根本的矛盾。资本主义私有制就是一种“以剥削他人的但形式上是自由的劳动为基础的私有制”②。正是以剥削剩余价值为目的的雇佣劳动关系构成了它的基础。可以说，资本主义的生产方式极大地促进了生产力的发展和社会的不断进步，通过劳动协作规模的不断扩大，科学技术的普遍应用，全球化市场的极大开拓，在这些合力之下资本主义的现代生产不断地社会化和市场化，而这种社会化和市场化又在很大程度上要求我们必须不遗余力地打破这种私有制基础，要求生产资料的共享，所以，在生产过程中这就必然与资本主义私有制发生摩擦，可以这样理解，我们越是将生产材料私人占有，就越是推动社会化的扩大，而生产的社会化反过来又要求推翻资本主义的私有制基础，这是一个辩证的循环过程，而按马克思的批判分析，资产阶级一旦着手克服这种障碍，整个资产阶级的现代社会就会彻底陷入混乱。可以说，这是一种不可调和的矛盾，马克思在另一处说“无论哪一个社会形态，在它所能容纳的全部生产力发挥出来以前，是决不会灭亡的；而新的更高的生产关系，在它的物质存在条件在旧

① 《马克思恩格斯全集》第 30 卷，人民出版社 1995 年版，第 540—541 页。

② 《马克思恩格斯全集》第 44 卷，人民出版社 2001 年版，第 873 页。

社会的胎胞里成熟以前，是决不会出现的”①。这就是说，只要生产资料集中于劳动的社会化还未达到与它们的资本主义外壳不相容的地步，这个外壳就仍将存在，从这个意义上来说，资本主义社会在资本逻辑的轨道上仍将继续运行，只是它的头上始终悬着一把“达摩克利斯之剑”。

马克思要求通过辩证法批判穿透“资本”的幻象，发现资本本身何为，进而进入其生产方式，阐明资本主义的生产方式必将被社会主义的生产方式所取代的历史倾向。资本所推动的商品普遍化以及价值形式的中介的形成，将人们的社会关系全面地转化为一般性的、无个性的、可公度的交换价值，这便形成了“生产一般”、“商品一般”、“价值一般”和“货币一般”等一系列抽象观念，因而就为现实和观念领域的“抽象”提供了社会基础。也就是说，正是客观的社会的现实抽象导致了观念的抽象。马克思看到资本本身一直在不可遏制地追求普遍性和抽象性，但是这种追求在其本身的性质上却遭到了限制，“这些限制在资本发展到一定阶段时，会使人们认识到资本本身就是这种趋势的最大限制，因而驱使人们利用资本本身来消灭资本”②。马克思提到的这个资本本身就是资本的一种总体化特征，它不仅表现为资本作为抽象总体同劳动的具体的特殊性的对立，更为重要的是，它包含着资本追求自我增殖导致自我贬值，突破限制与设定限制，从自我实现到自我灭亡的资本的“生存”逻辑。具体表现为，生产力越是发展，社会越是进步，越是广泛而深入地应用现代科学技术，劳动资本化的程度就会越高，资本的有机构成（c：v）也会越高，结果就是，可变资本（活劳动）（v）相对呈现衰退趋势，利润率（$p' = m/c + v$）随之下降，这样，资本就通过自我贬值的方式来加速自身的增殖，通过牺牲现有的生产力达到发展生产力的目的。但是现在的问题是，利润率的下降其实并不能表明

① 《马克思恩格斯选集》第2卷，人民出版社2012年版，第3页。

② 《马克思恩格斯全集》第30卷，人民出版社1995年版，第390页。

剥削程度的减弱，也不等于剩余价值率（m′= m/v）的降低，结果就是利润率的下降消磨了资本主义生产的动力进而导致了资本投资的疲软、资本的过剩，这不仅威胁着资本主义的生产与再生产，还带来了一系列严重的问题。马克思在《资本论》及其手稿中深入分析了技术的资本化应用带来的社会影响。

首先，作为现代技术的机器大工业生产对活劳动的排挤和驱逐。机器进入资本主义的生产，依靠经验积累的人工技能被操控机器的科学知识所替代，造成的局面就是机器吸附活劳动，活劳动被机器所控制。机器的自动化、科技化水平越高，越能提高生产的标准化和系统化水平，从而就越压缩活劳动的生存空间。一言以蔽之，在机器体系中，生产成为规范的、制式的、客观的生产有机体，机器不再是活劳动对生产力的一种手段，反而成为资本进行无限增殖的重要手段，结果直接使得单个活劳动被高度社会化的工人所排挤。其次，资本主义的大机器生产将会导致过剩的劳动人口。这是因为，一方面，活劳动在生产中被制约和支配，导致一部分活劳动被排除出资本主义的生产体系中；另一方面，机器生产简化了劳动，降低了劳动强度，从而能够吸附更多的劳动阶层，同时，机器大生产产生的过剩人口已被紧紧禁锢在资本逻辑中。“由此产生了经济学上的悖论，即缩短劳动时间的最有力的手段，竟变为把工人及其家属的全部生活时间转化为受资本支配的增殖资本价值的劳动时间的最可靠的手段。”① 再次，技术与资本相融合，并被资本所支配，由于资本具有“物—社会关系—权力”三种存在样态，因此，技术的资本主义应用同样成为一种“支配一切的权力”。这是一种与形而上学同一性逻辑同构的“现代性”特质。马克思指出，正是在机器大工业的生产中，脑力劳动与体力劳动发生分离，同时，智力转化为资本支配劳动的权力，而“科学、巨大的自然力、社会的群众性劳动都

① 《马克思恩格斯全集》第 44 卷，人民出版社 2001 年版，第 469 页。

体现在机器体系中，并同机器体系一道构成‘主人’的权力”①。最后，资本主义的技术应用将推动资本主义的垄断的形成，从而导致了更为深刻和复杂的技术异化现象的出现。当前社会中，以人工智能、大数据计算等现代技术与人类传统劳动的博弈，就是马克思所说的资本的技术应用的一种现代延伸，它一方面加剧了数字资本的独裁和垄断，从而在更大规模和更广泛的意义上将社会导向集权化；另一方面，它又在更隐蔽的意义上使劳动者的身心状态都受到损害，并在社会制度和价值观念形态上制作意识形态。

马克思的论述意在表明，生产力的发展将由价值增殖的手段转变为价值增殖的内在限制。除此之外，生产力的快速发展，资本增殖要求实现剥削的最大化，方法是将必要劳动对剩余劳动的比例压缩到最低。但是与此同时，工人的消费仅能够维持其再生产能力，（生存）这就导致社会消费在生产持续旺盛的情况下陷入萎靡，换句话说，工人只有不断进入生产才能提高自身的消费能力，工人也只能进行劳动生产才能够有实现自身价值的可能，而且更为残酷的是，在工人进行劳动生产的过程中，工人的比例被压缩，导致消费降低，结果就是，生产剩余价值的条件成为剩余价值实现的内在限制。而资本主义私有化与生产社会化的矛盾在上文中已经得到详细分析。

在马克思的指认中，资本创造出了现代社会对自然界和社会联系的普遍占有。而这同样为超越资本主义社会的未来社会锻造了基础。资本寻求自身增殖过程中发生的这种“自反性”“悖论性”的现象蕴含着资本逻辑“通向毁灭之路”。在这一过程中，资本盲目地毫无理性地不断地以追求自身的增殖为最高目标，越来越采取消灭大量现有生产力的方法来寻求生产力的快速发展和社会的不断进步，以此来最大限度地加速资本的积累，这势必会造成生产力的巨大消耗和庞大浪费，导致社会秩序陷入混乱和失衡。与此同时，它无视自身的这种内在限制，为了追求利润的最大化，它毫不关心会造成

① 《马克思恩格斯全集》第44卷，人民出版社2001年版，第487页。

什么样的后果和影响，这是一种十分典型的“利己主义”行为，按照这种形势发展下去，它的自我限制进入了一种“辩证运动”，结果是既有的限制被克服之后，新的限制就会立刻产生，资本生产的矛盾刚被克服，立刻又产生出来新的矛盾。一句话，资本逻辑走入了“恶无限”，走入了“坏的循环”，其必然趋势就是扬弃资本，这是资本所能使用的最后的招数了，通过扬弃自身来克服内在界限。但是，它终将走上否定性之路，一旦社会生产力发展到成熟阶段，产生它的资本就会成为它的最大限制，等待它的就只能是“毁灭”。按照马克思的设想，这种资本的自我救赎同时是它的自我消灭的逻辑进程，通常会以周期性的经济危机的形式表现出来，最终资本将被消灭在人类的共产主义中。

可以说，马克思通过对资本逻辑的批判分析，最终揭开了资本的“面纱”，找到了资本隐匿的“真相”，即资本的自我增殖的本性必将导致资本逻辑的自我瓦解。而抓住了资本逻辑对马克思来说就抓住了诊断现代性的命脉，因为马克思始终把资本逻辑与现代性的分析紧密联系起来，认为资本的命运与现代性的命运有着不可分割的内在联系，“资本”乃是现代性的“基因”，其中蕴藏着现代性的全部奥秘，离开对资本的真实考察，就不能真正了解整个现代社会及其发展进程。因此，以资本的棱镜来透视现代社会，从资本的命运出发来探讨现代性的命运，从某种意义上来说就成为马克思切中现代性的最有效途径和入手点。从这个意义上来说，马克思的关于资本主义的理论，实则就是他的“现代性”理论。

从“现代”的观点来看，资本主义世界是“最好的世界”，它承诺了人类所能想象的最美好的价值理想，例如自由、平等、博爱以至于宣称是“历史的终结”，但马克思根本不相信眼前的资本主义世界的形象，对资本主义社会所生产的现代性幻象，马克思保持着清醒的辨识，他知道，现实的资本主义世界不过是资本逻辑统治下的“伪具体的世界”，人们对资本主义世界的秘密知道得越模糊，人们生活得反而越具体。现代性的实质内容表现为不断深入的文明化进程，而人类的文明化进程显现为高度发达的物质财富和精神财富的创造。在马克思看来，现代文明的发展逻辑始终与资本逻辑缠绕在一起。资本主义现代性的社会图景是：人们不仅在观念上被形而上学拴上了链条，人们还服从资本的现实逻辑。换言之，资本的逻辑和观念的统治共同造成了人在现代社会的失格与空位。青年马克思在构建劳动异化理论时，已经发现了这种现代性状况，但是因其并未真正进入经济学语境，因此，他只是在价值悬设的意义上去构想共产主义，用“应是”与“实是”的逻辑差距导引出对现代社会的批判张力，结果必然遭到非科学性的责难。只有当历史唯物主义出场后，马克思才认识到，推动人类历史发展的并不是先验的人的类本质的异化及对异化的扬弃，而是以生产生活为基础的生产力的发展和生产关系的变革。对马克思来说，瓦解资本逻辑之路就必须是一种双重批判，即深入资本逻辑的本质与现代形而上学的基本建制之中，破解双方的勾连，从而一举击破现代性造成的困境。于是，马克思的任务就是说服人们相信此岸的世界是一个野蛮的、坏的世界，并对之做出解答与对抗，正是在这个意义上，“最好的世界”反而成为“最坏的世界”。

马克思选取的瓦解资本逻辑的道路，按照他的著名说法就是“改变世界”之路。这一超越被白刚教授指认为一条“内在超越之路”，而以解释世界为旨趣的超越之路，则被标识为“外在超越之路”。[①] 这里主要讨论马克思的“内在超越”之路。因为在马克思看来，仍旧使用学院哲学的叙事方案，仍旧使用学院的术语套路写作，“生产”各种各样的“哲学文本”，不过是加入“对手”的概念游戏中去，即便是采取对立的形式，也意味着接受它的领导原则，因为传统形而上学在经过黑格尔“国家哲学”的洗礼之后，已经成为资产阶级意识形态的同义表达，在现实性上，它已经成为资产阶级的

① 白刚：《瓦解资本的逻辑：马克思辩证法的批判本质》，中国社会科学出版社 2009 年版，第 137 页。

思想武器，如果仍然按照这种哲学话语继续写作，采取资产阶级的“表达方式”，哲学的革命将摆脱不掉资产阶级意识形态的外观，而这就等于是放弃了无产阶级意识形态的未来，这是马克思所坚决不同意的。所以，必须实现术语的革命，去创造一种新的“哲学实践”，去创造一种新的哲学干预的形式和生产形式，把批判的哲学领悟为更为彻底的社会批判，即通过政治经济学批判而达到社会的根源。所以成熟的马克思的文本《资本论》通篇写满了“资本的逻辑”，并使用经济的概念范畴“对现实的描述”，“在人类思想史上史无前例地揭示了‘物与物的关系’掩盖下的‘人与人的关系’，从而揭示了‘现实的历史’即‘存在’的秘密”①。

瓦解资本逻辑的“实践”一开始就面对着资本逻辑的反抗，因为它总是为自身的合法性出示各种各样的证明，如像黑格尔那样宣称，“凡是现实的东西都是合乎理性的”，当然最重要的是它禀受着古典政治经济学的祝福：资产阶级的经济学家按永恒有效的范畴来理解资本主义的社会制度。一方面，他们把资本主义看作由自然界和理性的永恒的规律注定的永远存在的东西；另一方面，它们把资本主义那些无法克服的内在矛盾看作与资本主义的本质无关的然而是纯粹表象的东西，现象的东西。他们使用“实证”方法，通过一种非历史的、形而上学的抽象，将现存的世界的经济事实以及相应的经济范畴纯化、合理化、永恒化、绝对化，从而为资本的统治辩护。在这种任意的抽象中，社会现象成为孤立的，进而被抽象的人随之成为孤立的，同样被孤立的还有那些经济事实群，这都成为资产阶级经济学的理论构件。与此相应地，资产阶级经济学家将一切不适合、妨碍资本主义运行的社会形式都统统斥责为不正常的和病态的、不合理的，他们模糊了资本主义社会的历史的、暂时性的社会性质，把资本主义社会的各种规定看作适合一切社会形态的无时间性的永恒的范畴。结果就是，古典政治经济学成为资本主义社会

---

① 孙正聿：《“现实的历史”：〈资本论〉的存在论》，《中国社会科学》2010 年第 2 期。

意识形态的理论硬核，资产阶级经济学家由此成为事实上的资本主义的学术发言人和“卫道士”，他们所担负的主要社会“责任”和社会功能就是资本主义意识形态的生产者和“宣传员”。由这些精致的资本主义的“官方思想者”所精心炮制和编织出来的经济主义的意识形态不仅从学理上为资本主义辩护，还通过教育的传播将其“理念”渗透到人们日常生活的方方面面，从而创造出大众对资本主义秩序的“无意识的和不自觉”的服从，不断地维持着资本主义合法性的再生产过程。总之，它们的理论前提就是设定现代资本主义社会就是历史的“最佳形式”，其机体是健康的、合理的，它们研究现代社会的运行机制的目的，就是阐释资本主义的历史合理性。马克思则坚决反对这种做法并且一生都在与之做斗争，如果说资产阶级的政治经济学替资本主义祝福的做法是一种“社会生理学”，马克思则坚持要对资本主义进行“哲学治疗”，在这个意义上，他的现代性的社会理论是一种三位一体的社会“发生学—病理学—未来学”[①]。在这个意义上，尽管那种外在超越的解释世界之路能够声称“后现代”的到来，实际上，它不过是掩盖了解释之路的常态，即走不出现代性的现代。

马克思的瓦解资本逻辑的路向不是从观念出发来解释社会实践，相反，他是从物质的实践起步来解释各种观念以及意识形态，“真理的彼岸消逝以后，历史的任务就是确立此岸世界的真理，人的自我异化的神圣形象被揭穿以后，揭露具有非神圣形象的自我异化，就成了为历史服务的哲学的迫切任务，于是，对天国的批判变成对尘世的批判，对宗教的批判变成对法的批判，对神学的批判变成对政治的批判”[②]。马克思在《黑格尔法哲学批判导言》中的这段名言可以看作马克思现代性批判的“总纲领”，如果给那些“非神圣形象”一个“神圣形象”的说法，或者是更为“现代”的说法就是，“资

① 贺来：《马克思哲学与“现代性”课题》，《吉林大学社会科学学报》2000 年第 3 期。

② 《马克思恩格斯选集》第 1 卷，人民出版社 2012 年版，第 2 页。

本主义就是现代社会的宗教，资本家就是一种特殊的选民，而劳动就是人们的忏悔形式”。在这个现代社会里，马克思说“金钱没有主人”，这是对的，但需要补充的是“金钱就是主人”，这才是资本主义现代性的真实映照。另一方面，形而上学在观念中被逐之后卷土重来，正如康德所说的，世界上一直存在着某种形而上学，而且将来也会继续存在，无论如何，都不能把形而上学问题从现代性中排除出去，否则我们将看不到它在现代思想中的作用，从而导致我们难以理解我们当前的境况，只有在形而上学的映照下，人们才能认识到资本逻辑乃是一种形而上学的现实运作，否则，从那些市场上流动的商品，奔涌的货币中，我们是怎么也找不到资本的运动逻辑的，我们只能像黑格尔说的那样完全沉浸在资本主义的具体材料中，而不能从“物的依赖性”中真正获得人的独立性。正如我们在第一章中所指出的那样，马克思的批判的落脚点是现代性的整个问题域，由此他使用辩证法进行了一种解构性“阅读”，试图把人与人的关系重新朗读出来，而不是仅仅读出现代社会的显白文意。所以瓦解资本的逻辑的前提就是必须修正哲学的思路，阿多诺有这样的提示，曾经显得过时的哲学因为人们错过了实现它的时机而继续活着，有人认为，哲学只不过解释了世界，在面对现实时表现出来的放弃态度削弱了它自身的能力，这一草率判断在改变世界的尝试失败之后变为一种理性失败论……哲学放弃了与现实融为一体或即将实现的承诺，被迫对其自身进行无情的批判。这就是说，哲学已经完全萎缩了，丧失了干预理性的能力，它只能通过思辨让自己看上去显得是在批判。在现代性领域，理论与实践的二分法被废除了，必须站在真实的生活世界说话，瓦解资本逻辑必须首先充分地研究资本的各种发展形式，然后探寻这些形式的内在联系，只有当对资本的研究完成之后，资本的逻辑才能呈现出来，并且从观念上呈现为一个先验的结构。正如哈维所说，马克思最令人信服的洞见就是他提出了如何按恰当的社会条件去解释真实的，然而是表面的关系的问题，而我们能够在现代世界中观察到这些关系。在马克思的辩证法视域中，瓦解资本的逻辑就是站在这种坚实的经验基地（社会现实）上的，而后揭示出资本逻辑的实质乃是形而上学的人间显形，把瓦解的方式推入更为广阔的历史领域，从现实的生活情形出发，把对象、现实与感性的东西当作人的感性活动，当作实践去理解。就是说，马克思所谓改变世界的真实起点乃是当前处于资本逻辑统治下的具有内在否定性的资本主义社会，通过对资本主义社会的否定性理解，通过对资本逻辑自反性、悖论性的把握，揭露出资本主义世界存在的“非法性”，发现新世界的可能。因为，在辩证法的观点看来，新世界是通过批判旧世界才得以可能的，它并不是在资本主义社会之外的另一种“造物”，辩证法要求“在对现存事物的肯定的理解中同时包含对现存事物的否定的理解，即对现存事物的必然灭亡的理解，辩证法对每一种既成的形式都是从不断的运动中，因而也是从它的暂时性方面去理解……按其本质来说，它是批判的和革命的”[①]。如果换一种说法就是，资本逻辑是一个严密链条，之所以说它是严密的，是因为资本用它自己的规定占据了现实世界的所有领域，在其中没有新世界出场的可能性。同时资本逻辑又存在着薄弱的一环，之所以说它有薄弱的乃至可以斩断的环节，是因为辩证法把握了资本逻辑的内在矛盾，资本就表现为一个“建构—消解”的运动，“建构”就是带着现代社会资本的必然性和普遍性从而走向封闭，“消解”说的则是资本会取消自身从而把现实的资本主义世界带向未来。但因为它始终是一个链条，即便是未来新世界出场，也不能立刻就变成一种全新的社会秩序，它总会带着资本逻辑的印记，正是资本逻辑的这种自身内在的“争执”，决定着二者共同发生在瓦解资本逻辑的同一过程。可以说，瓦解资本逻辑的两个关键之处，就是发现资本逻辑的内在性，以及批判的“历史性”（实践性），正是两个决定性的发现，马克思才能够彻底走出传统理性形而上学的研究范式和问题域，从而实现思想的移居。按照伯曼的说法，瓦解

① 马克思：《资本论》第1卷，人民出版社2004年版，第22页。

资本逻辑的改变世界的内在超越之路就是发现现代社会同时拥有两幅图景，一幅是坚固的图景，另一副是融化的图景。而这两幅图景都是资本的图景，也是形而上的图景。由此，拯救被资本逻辑控制的现代性就需要形而上学交出它神秘化了的现实生活。正如有的学者指出的那样，马克思并不是站在历史之外指责资本主义制度的，正相反，马克思用辩证法把握住了历史的资本主义制度的“相对的绝对”，因此它才更是现实的。所以，通过一种社会的历史的批判，开启“后形而上学”的视域，借助于马克思改变世界的内在超越之路，才能从资本逻辑的内部发现资本主义现代性的不可缝合的裂隙，从而真正实现对资本主义现代性的超越，实现马克思的共产主义。

当前，有两种相反的但都强有力的观点在对马克思的内在超越之路提出了疑问。其中一种观点认为，人们将反抗资本逻辑、化解现代社会风险的希望寄托于共产主义理论，是因为后者立足于真正的人性经验，把握了人的本质，为人类的未来设计和安排最佳生存状态。这种将现代性批判问题归结为人性体验问题的看法，既反对宗教或神秘主义对人性的抽象，又反对现代科学的还原主义将人的具体体验还原为科学的知识算法。我们仿照马克思在《神圣家族》中的经典论断可以将这种观念看作“形而上学地改了装的新人本主义”。另外一种观点认为，由资本推动的现代性是错误的，它虽使人类走向文明，但同时也将人推向深渊。资本破坏了人的自然生存状态，催动了人类的不可满足的欲望，因此，不能拒绝资本的发展，也不是打倒资本，而是要用“自然原则”重新确立文明和资本的根据。这种观念当然就是“形而上学地改了装的新复古主义（自然主义）”。二者在对资本问题的审视和反思中，都存在“to be”（实是）与“ought to be”（应是）的矛盾设定，其逻辑公式均是：“S 应是 P”。历史唯物主义的资本批判与现代性批判则具有更为复杂的模式和理解。它认为对于资本现代性问题的解决必须站在大工业发展的制高点上，发现其说明人类世界历史全面解放的现实趋向。因此，其逻辑公式将是“$S_1-S_2-S_3\cdots S_n$”。正如上文的论述，在马克思看来，当资本发挥其最大潜能之时，也是资本主义的社会形态的灭亡之时。换言之，当资本发展出超越资本主义的现实可能性时，共产主义才会真正到来。

第二节　海德格尔：无效的主体与解体的世界

海德格尔发现，对于思辨形而上学来说，问题是“存在者在”而绝不是“无反倒不在”。在海德格尔看来，传统哲学以论证性的表象思维方式来思存在是行不通的，所以，现代哲学的一个有趣的景观是，它一方面极力拒斥传统形而上学，宣称进入了后形而上学时代；另一方面它又失去了明确的前进方向，无法进行准确的现代性诊断。基础存在论试图首次进入存在的世界，以“存在的人”取代“知识的人”，以此在的历史性在世，从“此在”的“上手状态”去追问存在真理，尝试在此在的生活世界中领会存在的真意。但是很快，海德格尔就发现了新的问题。

一　基础存在论的“失败”与人的“无家可归”

由于海德格尔认为存在就是被此在的生存所覆盖，这个基础上他重新揭示了人与世界的全新结构，但是这种看似“反现代性”的叙事思路从根本上无法超越“主体性”原则，不过是此在对现代性主体思路的重新“历事”。特别是因为基础存在论无法收拢住“未来”，而未来关乎存在的“命运”，“命运”作为一种开放的可能性的创作过程又绝不能兑换成柏拉图以及苏格拉底期望和向往的那种“知识”，所以结果就是，基础存在论所谓通过“存在论的发问”去摒弃实体性的本体论思维，不过是一种新的德意志意识形态“行话”，其实质反而是对第一哲学的内在需求的隐秘重建，直接地说，基础存在论不过是一种“失败了的主体性”，《存在与时间》终成残篇。其实，我们可以发现几乎20世纪最重要的哲学写作都罹患了

"巴托比症"[①]，据说此"病"一经发现，便已"无药可医"，这或许有些耸人听闻，但哲学写作确确实实地踏入了"无法继续"的窘迫境地，无论是在现象学还是在分析哲学的代表那里，人们均可以辨认出这种"症状"。而海德格尔无疑是哲学家群体中最典型的"患者"之一，因为人们能够很轻易地辨别出，那使得海德格尔声名显赫的《存在与时间》是作为"断章"呈现给世人的，它并不像其导论中声称的那样完成了自身的"体系写作"，并且海德格尔自始至终都在"拒绝"这种完成，"不写"是海德格尔留给"此在"的一个最大谜题。

《存在与时间》的"不完整"引起了诸多的猜测，对此，人们更熟悉也更感兴趣的话题或许是：能否由此就判定海德格尔基础存在论的失败？因为种种迹象表明海德格尔已经无意于再去真正地完成他提出的存在论任务。之所以这样说证据至少包括以下两点。其一，写作的文本冲突，即体系性的《存在与时间》的思辨的"拒绝再写"与"无体系"的论文集的诗意的"继续写作"之间的冲突，特别是后者成为海德格尔"不写"之后的著作的基本样态，而这也在很大程度上提示着"读者"，在海德格尔的写作那里，必定是发生了什么。其二，也许是更重要的一点，是"不写"的内在冲突。写作的目的是赢得确定性，对于形而上学的主题就更是如此，但"存在"恰恰是一个"无"，存在论想赢获的就是这个"无"而绝不是任何一个"在者"（包括此在）。问题在于，形而上学不明白也不关心"为什么存在者在而无反倒不在"，海德格尔据此断言形而上学"遗忘"了"存在"，而存在则是海德格尔为之写作的全部理由和根本目的，"体系"最后必将窒息"存在"。《存在与时间》试图在形而上学的概念体系和语言迷宫中拆解形而上学，结果反而使问题变得晦暗不明，体系写作的目的是要"炸开"体系，即从形而上学内

① "巴托比"得名自美国文学巨擘梅尔维尔笔下人物，《巴托比症候群》是西班牙作家恩里克·比拉－马塔斯的文学作品，巴托比症表现为写作一举成名便无所作为，拒绝继续写作，追求完美而不敢提笔，躲避读者，多见于艺术家群体。

部去击破形而上学，但事情的发展并没有如海德格尔预想的那般乐观，难怪有一种观点会认为海德格尔其实是重演了黑格尔哲学，“辩证法大师”正是如此克服了“主体中心主义”导致的理性的自我矛盾，重建了整体性从而实现了理性与现实的和解。言下之意，主体性以变了形的方式在“体系的著作”中被完整地保留了下来，海德格尔或许正是意识到这一点，才决定了“不写”，由此“体系的著作”也就保持了“不完整”的外观。写作的冲突导致了“写作”的自行废除，“断章”之为“断章”既是彻底告别形而上学的终点，又是努力开启“真正存在”的起点。这种自觉被海德格尔把握为“哲学的终结和思的任务”[①]。

加缪认为“真正严肃的哲学问题只有一个，那就是——自杀”[②]，同样，我们可以将“不写”看作海德格尔对“存在写作”的一种“自杀”尝试，这并不意味着必然放弃写作，否则将是“思”的一种最为糟糕的状况。有些巧合的是，维特根斯坦也存在这种“自杀”，不管是在写作中还是在生活中。《存在与时间》揭示了“存在”的奇特的境况：基础存在论坚持认为此在是破解存在的唯一密码，要求一切哲学追问都必须回到此在的生存那里得到揭示。在这个意义上来说，基础存在论成功地获得了一个新的“存在的空间”：在之中。由此“存在”得以具备了实现的可能，但是“平庸之在”是生存最大的可疑性，它在某种程度上会导致“此在的存在”成为一个生存的深渊，直接的后果就是“平均化此在”“此在的沉沦”，以致此在存在的唯一的意义就是在“时间中”不断尝试缝合与存在之间的巨大裂隙，恰如无聊而悲怆的西西弗斯。显然，人们难以接受这样的谜底，对海德格尔来说情况可能更加复杂，问题似乎和谜底一样多，“继续写作”意味着可能“错”得更多，毕竟此在讲述自己的故事要比“讲述”存在有把握得多。况且，实际上基础存在

---

① ［德］海德格尔：《面向思的事情》，陈小文、孙周兴译，商务印书馆 1996 年版，第 67 页。

② ［法］加缪：《西西弗神话》，沈志明译，译文出版社 2010 年版，第 4 页。

论是难以避开形而上学的参与创作的，言下之意，只有当形而上学“进入存在”时，存在才是可能的，在此，存在不是存在，而是此在的存在，是形而上学的存在，没有它们，存在是不成立的。对于年轻的思想家来说，“不写”或许是更加明智的做法，存在是深邃的，思在暗处涌动着，只有“不写”才能避免“被写”，才能彻底拒绝形而上学的“定义”。存在才是更大的惊悸和不安。正是存在的奇特境况最终导致了写作的奇特局面。因此，自《存在与时间》面世之后，海德格尔几乎就没有停止过对它进行“解释”与“内在的批判”，有时候他会使用“失败”的字眼，但总体上他认为《存在与时间》写作的中断，并不能直接等同于思的终止，“失败的哲学思考”并不直接就意味着是一种失败的思考，与其过多地纠缠于“失败”增加思的负担，不如将它作为存在的礼物欣然接受。[①]

可以看到的是，《存在与时间》俨然已经成为哲学世界的“断臂的维纳斯”，“不完整”已经是个事实，人们很快就在海德格尔的字里行间发现了“现代性的狂热”。基础存在论在它已经取得成就的地方走入了困境。但思的责任仍然存在，必须将存在从此在松绑，此在不能再背负存在，那种将此在等同于存在的倾向需要得到重新估量，存在已经站在这一临界点：从断裂的、不一致的局面出发，重新思考存在即将落向何处。可以这样评定基础存在论：尽管它思错了存在，但从某种意义上来说它却敞开了“思”存在的可能性，而这也就等于是承认了，基础存在论试图解答存在的希望的落空导致“存在”终结了，而从此在出走的存在目前“无家可归”了。

海德格尔诗云：有伟大之思者，必有伟大之迷雾。“思”的根本任务就是看护存在，既然自古希腊以降的传统哲学从未找到追问存在的正确途径，它们不懂得“存在论差异”，遗忘存在就成为传统哲学的“原罪”（sin）。同时，古希腊人那种与存在相互归属，相互融合的状态不复存在，现代人变得不再关心人的本己意义，它只知

① ［德］海德格尔：《路标》，孙周兴译，商务印书馆2000年版，第405页。

“存在者在”，而不再考虑“‘存在’为何不在”，它只知道“此在在”，而不再管“真理的不在”，于是等待人的就是虚无主义的噩梦，人在此之中彻底沦落为一种“无根”的存在，从而表现为一种真正的“无家可归”的存在状态。正如海德格尔所说，“无家可归状态，乃基于存在者的存在之被离弃状态，这种无家可归状态是存在之被遗忘状态的标志”①。更糟糕的是，这种无家可归的状态已经成为一种世界命运，整个现代已经落入这种“悲剧性”境况。可以这样考虑，基础存在论与其想达成的最终目标之间的这种“争执”并没有从一开始就呈现出来。因为按照原来的设想，基础存在论将在时间的视域（horizon）中开显出存在本身。但实际情况是，通过对存在领会之基本机制的分析（此在的生存论分析）而获得的那种绽出的时间性所表达的并不是“存在自身的敞开”，而只表达了“着眼于存在之敞开”的那种“此在之敞开”。本来，基础存在论试图通过对“此在”“在世”的原始统一性的揭示，即通过揭示人与世界的根本一体关系来破除现代性的主体性造成的“主体—客体”的分离，将存在从知识论拉回到此在的真实的生活世界中。但是危险随之而来，虽然生活问题已经确实进入了生存的逻辑当中，但是此在的视角仍然是“我”的视角，周遭世界只是“我的”世界，此在的存在从这个意义上来说就成为“唯我论”的生存经验，毋宁说，它依寓生活世界，重新增强了主体性。这样，存在仍然处在被遗忘的状态，基础存在论将存在带上了歧途，它制造了一个幻境，给存在一个美梦的体验，但这终将只能悬搁而不能实现。基础存在论的“失败”迫使“思”必须严肃面对存在的这种“无家可归”：告别传统哲学（包括基础存在论）是首要的和第一位的，后者作为一个警示在消极的意义上规范着“思”的全新起点，使之避免再次落入以往形而上学的窠臼，而后就是解析遗忘存在的形而上学历史，发现并重新唤起那种原初的非形而上学的“存在”，这就是海德格尔所谓

---

① ［德］海德格尔：《路标》，孙周兴译，商务印书馆2000年版，第399页。

"思想的移居"。我们可以看到的是，正是思及现代人的无家可归状态，并把这种思沉入"存在的历史"中时，海德格尔与马克思相遇了。海德格尔反复强调：一定要把沉淀在传统时间概念之中的时间解释检阅一番，并由此来把"时间"概念从传统的或者流俗的领会中超拔出来。在海德格尔看来，人类乃至世界命运成为无家可归的状态，用黑格尔以及马克思的术语来表达就是被"异化"了，在前者那里，异化指的是绝对精神在运动中以自我否定的方式变成了它的对立物，进而扬弃这一"他者"，恢复到更高的自身而继续前进的动态过程。马克思则认为"异化"就是人的存在状况和劳动状况的异化，这是资本主义造成的人被"抽象"统治的一种特殊现象。在"后马克思"的语境中，拉合尔·耶齐（Rahel Jaeggi）将马克思的异化概念进行了改造，她认为马克思的异化指称的并不单是劳动异化以及基于劳动异化的对于资本主义的消除，相反，异化是现代社会发展的必经之路，同时"克服异化并不意味着回到一个自我与世界的尚未分化的同一性状态，原初我们也是一种关系：适应关系"[①]。不难看出，耶齐的语境牵扯出了世界的状态，在她看来，之所以发生异化是因为人们被安置于世界或被抛入世界的方式发生转变了，人们从一个熟悉的世界被抛入了一个陌生的世界，由此，人们安置自身的方式也随之发生了变化，变化引起了人们的不适，因此，克服异化就意味着重新安置人与世界的关系，使二者重新达至和谐关系。我们可以看到，这种改造了的异化概念容易让人们贴近海德格尔基础存在论的世界内涵。反过来说，正是马克思用历史唯物主义的辩证法把握住了资本主义人的异化现实，海德格尔认为他"在经验异化之际深入到历史的一个本质性维度中，所以，马克思主义的历史观就比其他历史学优越"[②]。从这里我们可以分析出，海德格尔认为，无论是胡塞尔后期的生活世界的构型还是萨特（Jean-Paul

---

① Rahel Jaeggi. Alienation , Trans. *Frederick Neuhouser & Alan E. Smith*, New York : Columbia University Press, 2014, p. 1.

② ［德］海德格尔：《路标》，孙周兴译，商务印书馆 2000 年版，第 401 页。

Sartre）的“存在先于本质”的理念都没有认识到存在中的历史性因素，所以他们作为现象学与实存主义都没有达到与马克思主义进行创造性对话的维度，但是，海德格尔貌似也高估了自己的“存在论”，因为他只看到马克思的“异化”，而不顾他对整个资本主义现代性的实际批判，这样做的结果就是他把马克思的“异化”归结到自己“无家可归”的论断中来。“马克思在某种根本的而且重要的意义上从黑格尔出发当作人的异化来认识的东西，与其根源一起又复归为现代人的无家可归状态了。”① 这不可不说是对马克思的一种“存在论改造”了。

海德格尔要求思及现代人的“无家可归”状态，必须返回到历史的深处，以便从古希腊人的存在中为人类遗忘存在状态找到一种启示，从而有助于现代人寻找自己的“家园”。我们可以看到，当海德格尔意识到基础存在“失效”之后，他从日常生活中抽象化概念化的术语随之被他搁置，进而他选择了重返古希腊人的生活观念，在古希腊人的精神世界中打捞合适的表达方式，用古希腊人的术语来敲打现实世界。这是海德格尔在“废黜”此在的核心地位后，重新亲近存在的术语选择和术语变化。按照古希腊人的启示，遗忘乃是“遮蔽”，“遮蔽”牵连着“无蔽”和“解蔽”，“无蔽”要求“思”回忆起古希腊的“古老”家园，“解蔽”则认为“思”必须时时刻刻谨记“存在的‘终结’”。海德格尔认为，思想的移居使得我们现在面临的思想状况类似于古希腊，也就是说，尽管现代哲学有各种各样的观念而希腊人没有，但是哲学的终结意味着我们不得不重新提问，就像古希腊人面对异质性的世界全面提问一样。换言之，虽然现代观念占据了哲学的“空间”，但是显然它并没有从现象中看出存在的实质问题，当务之急是开启海德格尔所说的“返回步伐”，重新亲近希腊哲人，“从那个未被思的东西进入有待思的东西之

① ［德］海德格尔：《路标》，孙周兴译，商务印书馆2000年版，第400页。

中"①。在海德格尔看来，古希腊人保持着对世界存在的淳朴而健全的感觉，只要人怀着虔诚的态度就能够认知世界的真理，世界就能够被人的经验所覆盖，而现代人的"自我"说到底没有什么特别的东西可以表达，他只有自我的体验，而这种体验不过就是一种迷失的感觉。由于自我不承认任何其他存在，现代人的生活就变得孤独而空洞，个人流落到无意义的世界中，没有什么特别的生活意义，甚至可以说，现代自诩创作出了伟大的"个人"，而恰恰又是这个人导致了生活的悖论，"自我"占领生活，现代人就陷入了无家可归的迷茫状态，而且注定无处可逃。在海德格尔看来，现代人太过依赖启蒙理性从而逐步丧失了对于世界的朴素感受，实际上，尽管现代人总是自诩进步和科学，但是，世界的秘密不能够被科学完全读完，况且，现代人的进步是以失去人与世界的原初整体为代价的。现代的情况与古希腊人甚至完全相反，对于后者尽管形而上学的断言显得狂妄，但是神秘的世界能够允许人类的一切想象，形而上学首先作为美学存在，充满了美学的悠远意味，而现代世界则只允许人们理性地思考，科学地计算，人们甚至不愿意去相信生活世界得出的经验。事实上，现代的经验论虽不整全，却包含着人们最初对于世界的感觉。因此，古希腊人在材料很少的情况下，仍然对世界言说，仍然对生活言说，而现代人发现自己可能很快就无话可说。海德格尔要求重返哲学的真正源头，就是前苏格拉底的古希腊哲学，在那之后，在希腊思想向着"罗马—拉丁"经验的转渡中，"涌现—解蔽"（physis）退化为"自然—物理学"（natura-physics），"逻各斯—聚集"（logos）转化为"逻辑"，一句话，存在原始意义的失落是在希腊哲学中完成的，柏拉图思想是希腊思想的终结和哲学的新开端，结论是"纵观整个哲学史，柏拉图的思想以有所变化的形态始

① ［德］海德格尔：《同一与差异》，孙周兴、陈小文、余明锋译，商务印书馆2011年版，第55页。

终起着决定性作用，形而上学就是柏拉图主义"[①]。在这里仅举出海德格尔对"巴门尼德斯命题"的"解构"就可以看出"思"是如何丢失了自己的"家园"转化为形而上学的。海德格尔认为通常人们将巴门尼德的话翻译为"思维和存在是同一的"，实际上，这种翻译已经是一种"思"的跌落和错解，它丢失了古希腊那种淳朴而健全的维度，而在后世的"主—客"分离的思维模式中去断言，不过是一种思维的抽象，不过是一种对存在根基的缺失，并没有真正达到"思"与"在"的原始一体。海德格尔的翻译是"觉知与觉知为之而存在的东西是同一的"，这样，作为觉知着的"逻各斯"（logos）就与"在场状态中的在场者"以及"自身显现并保持自身"的存在相互贯通了。从另一个角度来说，海德格尔对古希腊人的亲近除了厌烦现代人的生活方式之外，同样，对人类的未来不抱有乐观期待，"无家可归"并不像黑格尔哲学反思所展望的那样，精神可以在绝对理念的生长世界中四海为家，恰恰相反，人们的"无家可归"就真的是"无家"，它确证的是一种现代人的无根漂浮的生存状态。现代人只能像浮萍那样漂来漂去没有尽头，无所谓意义还是虚无。

与此同时，不难发现，在思想或者说"未思"与存在者层面上生存着的"作者"之间（海德格尔——此在），存在着一种"间隙"。这表明，在海德格尔的哲学生涯中，他对《存在与时间》反复阐释与"言说"蕴含着一种关于"著作与生活"之间的关系的理解，其中包含着对生活经历的批判性理解和反思，尽管海德格尔本人不会赞同这种"解释学化"了的视角，但是这种阐释策略能够在很大程度上帮助我们更好地进入海德格尔的生活世界，感受他说的存在的终结，与他一道对抗这种现代的"无家可归"状态。

哲学早在古希腊的时候就有过一次非凡的经历，受教于德尔菲神庙石碑上镌刻的箴言的苏格拉底的哲学领会是"自知无知"和

---

① ［德］海德格尔：《面向思的事情》，陈小文、孙周兴译，商务印书馆1996年版，第69页。

“认识你自己”，前者为哲学划定了一个难以突破的“知识论障碍”，就此哲学妄图得到知识的梦想总是由于无望而消退，后者则把哲学的核心任务拉回到了人间。无独有偶，笛卡尔由于怀疑“书本的真理”而采取的游历和出走同样是一起重要的哲学“事件”，在他的旅行中，被摧毁的是经验和意见，遇到的则是真正的差异与“绝对无法内化的他者”①，于是开启了一种“人类学式的沉思”，并首次打开了现代性塑造主体性个人的大门，吞食了整个超越性的世界。哲学的智慧似乎必须一头撞进生活世界，而后才能讲述思的“意义”和“故事”。在海德格尔看来，一个存在的事实或者说一个现代性的真实内容就是：每个人都不得不去过他的生活，既无须刻意谋求，也无法逃避。我们可以把海德格尔的此在描述为一个异乡客：就像“思”不断地背离又返回《存在与时间》，此在需要不断地出走和迈出“返回步伐”。所谓生存，就是不断地从这里流浪到那里，所谓生活，就意味着它永远在寻找，寻找自己的原乡，也永远在等待，等待自己的未来。对于海德格尔来说，生命的体验就是在不断地言说存在，开启思的可能性，同时寻找自己的家园，进而对抗现代性的无家可归状态，可以说，这二者是紧密地交织在一起的。

事实上，哲学家本人就是沿着“圣马丁教堂—田野小路—托特瑙的小木屋”这条道路来“言说”存在和对抗现代性的失落的。圣马丁教堂的钟声就是人生境域化的象征，它一直回响在海德格尔的写作和生命当中。另一种生命的悸动则来自“田野小路”或是“山中小道”，因为它总是切近思的步伐，发出思之召唤，提示着思之前行。可以这样说，海德格尔的一生都在跟紧这种步伐，倾听这种召唤，就在“田野的道路”上，海德格尔遇到了“亚里士多德的‘存在’”，由此被唤入哲学的道路，通过《存在与时间》的破解存在问题的尝试失败之后，它转向了语言之路，而后终于与中国的“道”

---

① ［日］柄谷行人：《跨越性批判——康德与马克思》，赵京华译，中央编译出版社2011年版，第47页。

结缘，在这种“缘分”之下，思才获得了其“家园”。最后是海德格尔的“诗意栖居”的位于托特瑙的“小木屋”，这是他的爱妻埃尔芙丽德送给他的礼物，他把在小木屋的生活描述为扎根于大地的、贴近自然的、自主静谧的并且原始单纯的生活，小木屋的生活是他“哲学的实践”与“存在的思”，是他对本真生活的追求和诗意栖居之地。他说，只要一回到那里，甚至是在那小屋里“存在”的最初几个小时里，以前追问思索的整个世界就会以他离去时的原样重新涌来。在那里他所体会到的不是寂寞，而是孤独，同时，这种孤独有着某种特别原始的魔力，不是孤立人，而是将人的整个存在抛入所有到场事物本质而确凿的近处。小木屋在战乱年代为海德格尔提供了灵魂的栖居地，从这个意义上来说，“小木屋”是一种真正的“家园”的意象，生活就是需要我们不断地在行走的过程中思考到底该如何维护、经营和呵护我们生存的“家园”。这些生活的记忆涌动着海德格尔的哲学的感觉，这些栖息之地都是思想的“故乡”，海德格尔以他的人生在世、人在旅途的看，来向我们开显他在现代之中的“家园”。

可以这样说，海德格尔本人就是其基础存在论的最早实践者，并且这种实践充满了强烈的个人色彩。当海德格尔断言人类的现代生活是一种“无家可归”的状态之时，除了发出痛心的叹息，海德格尔还直面了这一生存困境，在他看来，怀念古希腊那种“家园”之感，时刻保持着“返乡”意识或许只是为了达到“思”之澄明的必经之途，它给人类的未来提供了一种参考和质疑，最起码提醒人们，在现代人沾沾自喜的时候，人们还有契机能够记起巴门尼德以及“赫拉克利特”们的古老教诲，这样，起码“后—现代”不至于成为人们编织的意念和存在的谎言。除此之外，海德格尔个人的生命体验，即他个人的生活对“无家可归”状态的抗拒的经历表明，圣马丁教堂的钟声、田野小路以及托特瑙那静默的小木屋，都是他生命的“哲学传记”，他的人生“故事”绝不是与他的“思”无关的生活琐碎，而恰恰是这些鲜活的生命体验加速催动了海德格尔的理论想象，正如有的学者所说，如果没有海德格尔的思想，他的生活则显得平淡无奇和索然无味，正如没有《存在与时间》，海德格尔的继续言说将变得没有意思。在这个意义上，海德格尔以个人名义讲述了人类的故事，又以人类的名义讲述了个人的故事。

二 世界成为图像与技术的集置

在海德格尔看来，围绕着现代世界所展开的思想争论，其实都是在同一种现代性操作的模式之下，即把人类的在世之在简化为主体所拥有的有限的经验，这也就是说，现代性问题都是从对存在的主观性的理解中产生出来的，这就要求我们不能对它们做一种历史性的（形而上学的）解读，否则我们将同样深陷“主体性悖论”中，我们也不能以此为起点来解决它们，否则我们仍然是处于“无根之在”“无家可归”的状态。

在现代的意义上，主体意味着能够将事物带到自己眼前，使其在场，能够将世界作为一个客体的集合体展示给主体，这是一个有序的主体性的世界图景，一切都有待于主体的组织和排序。海德格尔的意思是，我们必须超越这种“主体”的安排，追寻新的可能性，以实现“思想的移居”。而“思想的移居”意味着从“终结”的位置开始，重新开始“思”的可能性，按照海德格尔的这种基本研判，“哲学之终结显示为一个科学技术世界以及相应于这个世界的社会秩序的可控制的设置的胜利，哲学之终结就意味着植根于西方——欧洲思维的世界文明之开端”①。基于这种判断，海德格尔径直宣称我们的现代世界进入了“世界图像的时代”②。这个时代的基本特征有如下五个表现：数学化的自然科学、机械技术、艺术进入美学的视界即艺术领域转化成审美体验、追求一种普遍文化以及诸神隐退。

① ［德］海德格尔：《面向思的事情》，陈小文、孙周兴译，商务印书馆 1996 年版，第 71 页。

② ［德］海德格尔：《林中路》，孙周兴译，译文出版社 2004 年版，第 77 页。

而所有这些特征所表达的共同之处乃是“主体”对“客体”的支配。

海德格尔集中讨论了科学的支配性的三个特征并将之认作最为主要和深刻的现代性问题。这三个特征可以概括为：运用理论预先筹划描画出一个客体范畴的对象领域、对客体领域的探索即行事方法（这讲的是现代借助实验和观察来解释客体所经历的诸种变化）、经常性的有组织的活动。海德格尔使用康德的术语“表象”来规定现代科学的本质，它主要是将自然作为一种客体集合的方式摆在我们面前，如果一种客体能够出现在主体面前，那么它就是真实的，而通常所说的一物是真实的在此也就意味着它是主体可以筹划和得到的东西。显然，人们就是在这种表象的支配中不断地展开各种具体的“现代”问题的争论，所谓现代也就是由此突出地表现为主体对客体的统治，主体对客体的审视。现代的意思是，以科学的方式精确地再现一种客体是完全可能的，所有的事情都是可以搞清楚的，科学描述可以穷尽一切实在，关键就在于理解所谓自然已经成为一种按照现代方式预先筹划和描绘出来的客体，而现代以前，自然就只是待在那里（being there），自己是着（in itself），无论其品质是好还是坏，人类都没有选择另一个自然的可能，甚至没有发言权。这很好理解，古希腊人就给出了这样的解释，即自然不是人为所能够创造的，人与自然最为可行的相处方式就是以自然为准星调整自己去努力与世界“和解”，达到与世界的和谐相处，所谓“道法‘自然’”，也就是说，对于自然这个“超越者”，人只能单方面地去接受它而不能僭越地妄图去征服它，不冒犯自然是理性的界限，也是我们对自然的基本敬畏，现代世界在人成为主体之际就直接修改了这个原则，人在某种意义上成了存在者本身的关系中心，现代反思的想法与之不同，它认为“天人合一”并不就是“人与自然”两者之间关系的最优解。海德格尔的描述告诉我们，现在主体拥有对事物的绝对控制权，“惟就存在者被具有表象和制造作用的人摆置而言，存在者才是存在着的”[①]，从这个意义上来说，现代世界就是世界图像的时代。在这种生存状态下，人类把自己理解为生活在工业世界观和图像空间当中的人。一言以蔽之，现代人将自身设置为“图像人”。一旦这种理解成为存在的尺度和原则，将会导致人与世界关系问题的平面化与单向化，世界沉默无语，“人把世界摆置到自己身上来并对自己制造自然……人在自然不足以应付人的表象之处就订造自然……并把自身树立为有意来进行这一切制造的人”[②]。

现代的问题是，我们需要真实地面对和思考如下问题，即“如何图像地栖居在大地上”。海德格尔给出的提示是，开启返回步伐，与思想史展开对话，由是，他把我们带向了柏拉图。他明确指出，“纵观整个哲学史，柏拉图的思想以有所变化的形态始终起着决定性作用。形而上学就是柏拉图主义”[③]。早在柏拉图那里，准确地说，在其洞穴理论中就蕴含着图像的启示，按照这种理论进路，从古希腊到现代，图像化不过是人们的“命运”。柏拉图是在他的巨著《理想国》的第七卷里谈到了洞穴理论。学界以往多是将之理解为一个关于“哲学走进城邦”的政治哲学寓言，意在启示人们成为觉醒者去主动追寻世间真知，并履行政治义务。而这一理论所隐含的图像叙事则较少受到关注。在柏拉图的叙述中，身处地穴囚室的囚徒们只能观看因火光投射到洞壁上的影像，并自然地将看到的影像当作真物本身，除此之外，没有任何别的实在。在这样的环境设定下，恰恰是影像成为囚徒们产出认知的关键所在，或说是生活的必需。在理论设想中，即使是有人解除了桎梏，能够转头环视，走动并抬头望见火光，被告知以往所见全是虚假，真实仍不可知，囚徒们仍然受困于以往影像的束缚，仍然将之误认为实在。直至他能够上升

---

① ［德］海德格尔：《林中路》，孙周兴译，译文出版社 2004 年版，第 91 页。

② ［德］海德格尔：《海德格尔选集》（上），孙周兴选编，生活·读书·新知三联书店 1996 年版，第 427—428 页。

③ ［德］海德格尔：《面向思的事情》，陈小文、孙周兴译，商务印书馆 1996 年版，第 82 页。

到洞穴之外，上升到阳光之下，他还是“需要有一个逐渐习惯的过程，首先大概看阴影是最容易，其次要数看人和其他东西在水中的倒影容易，再次是看东西本身……这样一来……就可以不必通过水中的倒影或影像，或任何其他媒介中显示出的影像看它了，就可以在它本来的地方就其本身看见其本相了”[①]。我们知道，寓言的结尾，从洞穴走出来的“哲人”最终回到洞穴，想要把他的公民同胞们从他们认为的真实世界的幻想的束缚中解救出来。上升和下降因此可以被看作洞穴对话的主题，其重点则是关注影像（image）。更为重要的是，“苏格拉底的这些形象（eikones）本身并不属于自然物的影子和映像的领域。它们都不说明原本。每个形象都具有影子的特性，这种特性一方面使得它们难以归类，另一方面却又将它们从 logoi 或者证明性（demonstrative）论证区分开。形象并不是这种意义上的证明（demonstrate），但是它们都通过暗示、相似和（有别于逻辑的）诗性的涵义‘指出’或者引起注意。在这种意义上，形象就是对不在场的——然而并非不可见的——某物的展示”[②]。就是说，正是这种可见的（影像）对不可见的（真理）的展示、象征，才是理解洞穴理论的真实刺点。这同时让我们注意到，洞穴中的那个囚徒“解除了桎梏，被迫突然站了起来”[③]，这不是因为那些举着器物的人，也不是来自那些身前身后同样被束缚之人的解救，他就是“突然”“自然”地得到了解放。可以推论，这种“转向”乃是一种真空的发生，这类似于一种创造，因为当事者视角的缺失，这使我们只能将之理解为观察者的想象。在这个意义上，洞穴比喻可以理解为带有美学韵味的形而上学。换言之，我们并不能从传统知识论的视角去理解囚徒从被束缚到被解放的过程，从而不能从逻辑论证的意义

---

① ［古希腊］柏拉图：《理想国》，郭斌和、张竹明译，商务印书馆 1986 年版，第 277 页。

② ［美］罗森：《哲学进入城邦——柏拉图〈理想国〉研究》，朱学平译，华东师范大学出版社 2016 年版，第 325—326 页。

③ ［古希腊］柏拉图：《理想国》，郭斌和、张竹明译，商务印书馆 1986 年版，第 277 页。

上去理解从影像到实在（本体）的过程。一句话，在链条的绑缚下，我们根本找不到任何真实。

结合《理想国》的政治哲学主题，“洞穴之喻”明示我们都生活在“黑暗”之中，或者说人类的生存只是哲人王治下的生存的生活的影子，而更为重要的是对黑暗的超越和打破。洞穴理论强调了生存与真理之间的断裂，同时又刻画了通向真理之路。在洞穴的影像叙事中，我们可以分离出一种图像的辩证法，即“可见—不可见”的统一和对抗。一方面，是可见的影像对不可见的真相的遮蔽，影像导致了实在的“死亡”，虚假“谋杀”了真实。另一方面，透过影像人们又能窥探到实在，虚假又能转向真实，黑暗的洞穴中并非全无明亮的可能性。

理解可见对不可见遮蔽并非难事，可见的对不可见的象征结构必然包含着感性的维度，不可见之物需要通过直接性的经验来实现。根植于古代世界自然主义一元论的“摹仿说”即挑明了一种根本原则，即当知觉成为获得认识普遍性的形式条件，可见之物就成为不可见之物的附着物和必经之地，可见对不可见的压制和遮蔽就会发生。我们可以将之理解为图像叙事的最初阶段和表层逻辑。而图像叙事的深层逻辑是通过可见的东西来展现那些不可见的东西。这就是图像叙事的双重逻辑。考虑到柏拉图是形而上学二元论的开创者，他将世界划分为“可感知的自然世界”与“不可感知但可思考的理念世界”，并将后者看作一个更高的、超越性的存在。因此，通过象征的方法以可见的存在物来展示不可见的存在本身才是其图像理论的真正目的。

关于图像叙事更早的版本则是水仙花神纳西索斯的故事。俊美的纳西索斯恋上自己水中的倒影，因追逐水中自己的影像，终致落水溺亡。在这个希腊神话中，纳西索斯水中的倒影（image）甚至比他本人（himself）还要完美，完美的影像造成了纳西索斯的自我质疑，它反倒是映射出了纳西索斯的自身缺陷，而纳西索斯本人反而成为一种有限的存在。此时，水中的影像就像柏拉图洞穴理论中火光下的阴影一样，让主人公失去了反思的能力，影像成为致命的诱惑。作为一种“缺憾的存在”，纳西索斯将对更高的完美存在的追求简化为对可见的水中倒影的凝视，而不能意识到自身乃是完美存在，这形成的悖论是，纳西索斯本身是不可见的完美的存在，而水中的倒影则相应地成为不可见的实在的可见影像。他诱惑于可见的影像，致使可见的影像遮蔽了不可见的存在，这样，由于不能意识到自己与影像的间距，完美的存在由此成为纳西索斯能够接近却永远不能超越和真正占有的东西。结果，“纳西索斯”这一不可见的完美“实在”死在了可见的“影像”的诱惑之下。这警示我们，一旦可见的与不可见的失去距离合二为一，将导致“存在”的失落，真理的遮蔽与意义的丧失。可见的与不可见的需要拉开间距让真理解蔽，让存在显示，让意义充盈。直到现在，“纳西索斯之死”带给我们的图像启示仍然回荡在鲍德里亚（Jean Baudrillard）的“诱惑论”中。

除了对现代世界成为图像的判断之外，海德格尔在“此在存在论”之后的大量写作中，还将现代性的讨论集中在“集置”（das Gestell）这一术语上，并把它“当作现代技术之本质的明确的主导词语”①。海德格尔这里提到的“技术”不能仅仅从人类工艺学的角度理解为从手工工具向工业机器的历史进步，而更应该理解为是他称作“技术”的一种人类特定的可能性境域。可以说，这种关于存在者的理解向自然科学提出了这样的要求：它们应该为人类提供在世界中获得事物的恰当方式，而不是在享受现代主体崇拜的同时，仍然受着现代主体性的客观化眼光监督和其手段的摆布。可以看到的是，“技术”必然是一种不同于“主体性”的世界模样，而不是某种已经成熟的科学体系和客观范畴的外部应用。在海德格尔看来，自然科学之所以能够存在，原因就在于这种“图像化”了的自然已经以某种从前没有的存在方式被揭示了出来，正是这种方式才使得自然科学的活动，对自然客体区域的探索成了可能，并且它实际上

① ［德］海德格尔：《林中路》，孙周兴译，译文出版社 2004 年版，第 73 页。

也在不断地要求这种探索的发生和进行。于是，一种由技术所支撑的现代文明的出现就成了历史发展的趋势和必然，但是直到现代，人们仍然只是对技术进行工具学的、人类学术的规定，仍然把技术当作达到某种目的的行为和工具，即“技术之所以是，包含着对器具、仪器和机制的制作和利用，包含着这种被制作和被利用的东西本身，包含着对技术为之效力的各种需要和目的。这些设置的整体就是技术。技术本身乃是一种设置，若用拉丁语讲，就是一种工具”①。有一种说法认为，现代技术是以精密科学的现代物理学为基础的，它能够通过观察和测算达到对世界的正确认识。以往的技术则没有严格意义上的科学支撑，而更似形而上学的臆想。并且，古代人还没有获得明确的创造观念，所谓技艺的创作只是对“完美存在”的模仿和象征。海德格尔并不赞同这种看法，因为历史学的考证方法只是对现代科学的发展做了事实的说明，它仍然缺乏反思性的态度。海德格尔明确表示，这样的一种“技术”的现代态度只是表明了人们对技术本质的无知和愚昧而已，事实上，人们都清楚现代处在一个“技术的社会”，并且都能感觉到新世纪是一个技术取得迅猛进步的世纪，它几乎全方位地渗透我们的精神世界以及贯穿在我们生活方式的每个角落，但恰恰是这样人们较少地表现出对技术的沉思，才显得奇怪与不可理解。在技术的问题上，现代人几乎都持有一种规避的姿态，人们都“躲进”技术的工具性的性质中，而不对技术的存在论加以追问，这多少有些讽刺。黑格尔的“熟知非真知”的判断再一次击中了技术时代人们的精神病态。从“常人”的观点来看，技术的这种工具性的规定本身没有对错之分，没有必要仇视它，更没有必要进行批判，但问题是，作为一个内在于现代性的范畴，它不能从根本上解释为什么现代性的前景出现了巨大偏差。这也就是说，当涉及现代性问题的时候，技术的这一工具性的

---

① ［德］海德格尔：《演讲与论文集》，孙周兴译，生活·读书·新知三联书店 2005 年版，第 4 页。

定义就显得无能无力了，原因在于，在海德格尔看来，在现代情境下，技术被理解为纯粹工具性的，是与价值无涉的。一句话，技术是中立的，它是伴随着我们的文明进程所衍生出来的一种特殊产物，实则是服务于人类主观目的的手段，其假设是把自然当作按照人们的意愿所加工和改造的材料，结果，这种理解把我们彻底引向了一种现代性的文明的危机：我们只知道手段，而不知道目的，我们只知道如何到达那里，而不知道为何要去往那里。海德格尔认为，只有技术的存在论的意义能够应对现代性的难题，并揭示其本质，以及其造成的"灾难性后果"。那么，海德格尔所说的技术的存在论本质到底是什么呢？海德格尔的存在论并没有直接地回答，而是开启"返回步伐"，跳出现代世界的技术的工具性定义，通过与古希腊的技艺的对比来解答这个问题。

"技艺"描述的乃是所有前现代的社会里传统的、古典的充满着价值意蕴的手工艺活动，从词源学上说，"希腊文 τεχνικόν［技艺、精通技艺］意指'τέχνη'的内涵……τέχνη 不仅是表示手工行为和技能的名称，而且也是表示精湛技艺和各种美的艺术的名称。Τέχνη 属于产出……它乃是某种创作"[①]。它具有以下两个典型特征，即不仅要满足功能性的需要，还应符合社会的道德和美学价值。依照古希腊的观点，"工艺在将其产品和原料的客观意义或'形式'生产出来的过程中遵从逻各斯（logos），在古希腊人所处的世界里，自持续性的事物以其丰富而多样的潜能性面对世人，等待着通过熟练的操作得以体现"[②]。由此可见，在希腊人的认知中，事物的存在其实主要或是凭借自然或是凭借技艺。这是因为在古希腊人看来，技艺关乎真正的知识，它是对事物的熟稔和先验理解，是一种根据某种规则和方法创作出事物的能力。关于这一点，亚里士多德（Aristotle）的《尼各马可伦理学》给予了明确指认。他在该书中写道，

---

① ［德］海德格尔：《演讲与论文集》，孙周兴译，商务印书馆 2018 年版，第 13 页。

② ［加］安德鲁·芬博格：《海德格尔和马尔库塞：历史的灾难与救赎》，文成伟译，上海社会科学院出版社 2010 年版，第 14 页。

“所有的技艺都使某种事物生成，学习一种技艺就是学习使一种可以存在也可以不存在的事物生成的方法……技艺是一种与真实的制作相关的、合乎逻各斯的品质”[①]。自然事物的本原在其自身（itself），就是说它凭借自身而存在，相应地，技艺之事物的存在根据在于“他者”（logos），即“将存在展示为如其自身的过程中，即在某种类别中认定它们在某种情境或活动中是有用的东西的过程当中，被牵涉到的东西”（know-how）[②]，技艺之事物是被制作的，技艺向事物提交意义，使得事物顺利来到世界，从这个意义上来说，技艺是一种生产。重点是，技艺并不是制作的具体步骤和过程，而是关于事物在这种生产中何以必然形成的知识。换句话来说，在技艺的实际生产当中，被制作的事物与其本质达成一致，事物由此成为逻各斯的产品。这种古希腊人的“技艺”带给海德格尔的启示是，技艺乃是一种展现的模式，是原初地体验世界的一种基本形式，后来建立在主客体二分法上的“世界观”是一种“历史的衰败”，而不像通常人们理解的那样是一种“进步”。在海德格尔看来，技艺的创作过程由此成为对存在的揭示，即通过存在物的显现（有）达成对存在（无）的揭示。更为重要的是，技艺是关于美的艺术说的是，美意味着对更高的完美存在的反思和创造，艺术的创造通过“技艺和绝技使‘非存在物的存在’成为可能”[③]，这就是技艺的真正内涵，也是海德格尔独特的真理观，真理并不是主体与客体的符合，相反，它是解蔽，是“可见的对不可见的”的揭示。现代技术已经失落了技艺的这种形而上学内蕴，完全蜕变为一种手段的工具性规定和一种人类行为的人类学规定。可以这样理解，资本现代性的发展一方面将一切“创作存在的技艺”简化为关于经济问题的物化逻辑，从

① ［古希腊］亚里士多德：《尼各马可伦理学》，廖申白译，商务印书馆 2003 年版，第 171—172 页。

② ［加］安德鲁·芬博格：《海德格尔和马尔库塞：历史的灾难与救赎》，文成伟译，上海社会科学院出版社 2010 年版，第 30 页。

③ 张盾：《超越审美现代性：从文艺美学到政治美学》，南京大学出版社 2017 年版，第 121 页。

本雅明（Walter · Benjamin）对资本逻辑和商业原则支配下的“机械复制时代的艺术作品”的探讨，到法兰克福学派的阿多诺对文化工业通过科技生产将艺术品改造为能够进行不断再生产的商品的阐释，都能够找到现代资本主义导致技艺衰落的具体例证和现实逻辑。

在这种历史的对照下，海德格尔认为，人们仍然把技术看作工具的现代解释明显是不恰当的，技术的工具性观念遮蔽着技术的真实的本质的东西，而后者是要开启我们的现代性释义的关键性的东西。显然，这一对技术的工具性定义只会把我们的“身心”交付技术，而难以使我们达到那更加深层次的东西。因此，面向技术的真实的态度就是去追问到底何为技术的本质，海德格尔给出了一个“亚里士多德式”的例证，具体是通过亚里士多德的“四因说”的研究对技术的现代本质进行揭示。

海德格尔主张，后人在“因果性”的意义上理解的“原因”在古希腊人那里的真实意思乃是“招致”。“四因”指的就是事物为其存在而招致的方式。具体来说，银作为质料招致银盘，并与这盘的显示的外观共同招致了祭器。祭器就是质料因与形式因的结合。目的因被看作“完成者”，即“此物由之而来才开始成为它在制造之后将变成的东西”①。从这个意义上来说，银盘完成于祭器，紧接着，海德格尔提醒，银匠从根本上来说其实并不是效果因，他只是考虑并聚集上述的三种招致方式，即“考虑它们为祭器的生产而达乎显露并进入运作的情形如何”②。这就是说银匠并不是祭器的原因，他只是使得祭器得以显现出来的共同责任的代理者。银匠通过自己掌握的“技艺”使得他能够聚集起其他三种招致方式（原因），从而在“自然”中担当起他本己的位置。因此，从银匠将完成了的制品即祭器呈现在我们面前的意义上来说，技艺乃是一种“使之显现”

---

① ［德］海德格尔：《演讲与论文集》，孙周兴译，生活 · 读书 · 新知三联书店 2005 年版，第 7 页。

② ［德］海德格尔：《演讲与论文集》，孙周兴译，生活 · 读书 · 新知三联书店 2005 年版，第 8 页。

“展现”的模式。这种把某物带入具体的显现之中，使某物进入在场而出现的模式，被海德格尔称作“产出”。“通过这种产出，无论是自然中生长的东西，还是手工业制作和艺术构成的东西一概达乎其显露了。”① 从这里我们不难看出，在海德格尔看来，希腊人对存在的理解其实是仿造了匠人的技艺的建构以及它的展现样式。进一步来说，海德格尔认为，产出是发生在“遮蔽者入无于无蔽领域”的过程当中的，它被海德格尔称为“解蔽”，又叫“真理”。按照这种理解，每一种产出都建基于解蔽，产出又聚集并贯通“四因”，而“四因”又都包含着工具性的东西，即目的和手段。工具性又恰恰是技术的基本特征，因而我们可以说，技术就是一种解蔽方式，技术是一种生产和创作，它把一物从其遮蔽状态带入无蔽，使之作为在场者和显现者存在。

毫无疑问，海德格尔这种“技术即解蔽”的解读可能会招致现代人的反对，我们起码可以构想以下反对意见。第一，海德格尔将解蔽看作技术的本质，实际上，海德格尔并未就“解蔽”给出具体明确的内容，回归古希腊的做法无非就是一种基于经验并且是无任何原理的仅凭经验的方法，这不过是说出了一个“世界如是存在的事实”。第二，通过技艺的制作来理解存在，世界就此成为“现成在手之物”，人们可以在技艺活动中轻易并随意地把世界拿起，这是一种对世界的干涉，将纯粹的人的行为等同于自然本身的意义，是一种存在论的僭越。第三，古希腊的“解蔽”理论依靠的是也已过时的存在论，而它取决于其因循守旧的社会性推断，社会性标准决定了哲学的看法，技艺就是解蔽由此被不加批判地加以接受，现代哲学已经不会再继续这种天真的想法了，只要明白现代世界的技术图景早是今非昔比就可以了。在这里，我们并不打算替海德格尔辩护，因为，在现代世界中我们同样面临着海德格尔的“现代性难题”，那

① ［德］海德格尔：《演讲与论文集》，孙周兴译，生活·读书·新知三联书店2005年版，第10页。

就是我们能够找到一种与现代性没有任何内在联系的理解技术的方法吗？或者说，除了开启“返回步伐”，我们的“前进步伐”又是什么？显然，在没有回答这个问题之前，海德格尔的“技术即解蔽”是一种探讨现代性的“消极界限”与“积极提醒”。海德格尔说，现代技术的本质同样也是一种解蔽：“解蔽贯通并且统治着现代技术。”① 只不过现代技术表现为确定性的逐渐丧失以及不安因素的增多，其中起支配作用的解蔽是一种促逼，它苛求自然提供足够多的能量以供开采和贮藏，它到处对自然发号施令以供驱使和享用。他说，古代的风车没有为了贮藏能量就开发出风流的能量，而是直接听任风的吹拂。古时候，人们对世界一直都保持着淳朴而健全的感觉和敬畏之心，人们对自然虔诚而善意，世界如其自身而存在，即使人们言说世界，也遵从存在之道。而技术的“促逼”则违背了人们的初心，可以说，是一种与人们精神世界中观念想法的“倒置”和“推翻”，它在某种意义上使自然变成了一个“驯服者”，它仅是作为一个客体而存在，还作为一种贮备以供人类征用和开采。现代技术现象的现实就是人摆置自然，自然服从于技术的需要，满足技术的欲望，服从于技术的“单向度的目光”，自然只是一个无法反抗的被掠夺的客观性存在。同时，摆置除了表现为对自然的压迫和开采之外，还表现为对事物的订造，其最典型的特征就是追求“利益的最大化”。在海德格尔看来，现代世界中存在的一切无不体现着这种订造的特征，每一个现实存在着的东西都是对这种订造的特征的鲜明刻画，就此来说，“贯通并且统治着现代技术的解蔽具有促逼意义上的摆置之特征”②。当促逼发生，自然中能量就被开发出来，进入了“开发—改变—贮藏—分配—转换”的新的解蔽当中。在这个过程当中，解蔽向自身揭示出其具体的控制的运行的轨道，这种控

---

① ［德］海德格尔：《演讲与论文集》，孙周兴译，生活·读书·新知三联书店2005年版，第12页。

② ［德］海德格尔：《演讲与论文集》，孙周兴译，生活·读书·新知三联书店2005年版，第14页。

制本身就意味着一种保障，由此，控制和保障就成了促逼着的解蔽的主要特征。在促逼着的解蔽运作下持存现身了，它是“为促逼着的解蔽所涉及的一切东西的在场方式”①。持存物大概就是这样的一副模样：它必须服从技术的安排和需要，因此处处被订造，时时需立即到场以供技术开发、改变、贮藏、分配和转换。自然此时便不再能够作为一种“自在的存在”，而是作为一种“为人的存在”，它不过是技术的材料储备库，万物都作为技术用以加工的原材料。不仅如此，在近代表象的思维模式当中，持存物还能作为客体存在，还能被观念所关注，被现实所关照。现在的情况是，在技术的支配下，它甚至都不能被称作对象。可以肯定地说，是人类自己在实施着，促逼着摆置，是人类自己在摆置着自然，然而海德格尔提醒我们，无蔽状态却是人所不能支配的。海德格尔认为，“惟就人本身已经受到促逼、去开采自然能量而言，这种订造着的解蔽才能进行”②。也就是说，人在最为原始的意义上是属于技术摆置的，一方面，人作为自然的立法者摆置事物，使事物成为一种持存物。另一方面，人却又自食其果陷入自身于被摆置的境地。现代社会的“人力资源”的说法就是一则力证。技术的解蔽促逼着人，“要求人把自然当作一个研究对象来进攻，直到连对象也消失于持存物的无对象性中”③。在海德格尔看来，一方面我们人在对事物做出各种限定，另一方面，我们自身也是被技术所限制，我们按照技术的要求去做事。现代技术对存在者的限定是一种按照技术意志对存在者的“强求”，在技术的框架中，所有存在者都被强制性地限定为技术所需要的状态。现在我们清楚了，按照海德格尔的理解，技术的存在论本质乃在于人与事物被带入了一种“遮蔽—解蔽”的方式当中，技术就是这样一

① ［德］海德格尔：《演讲与论文集》，孙周兴译，生活·读书·新知三联书店2005年版，第15页。

② ［德］海德格尔：《演讲与论文集》，孙周兴译，生活·读书·新知三联书店2005年版，第16页。

③ ［德］海德格尔：《演讲与论文集》，孙周兴译，生活·读书·新知三联书店2005年版，第17页。

种对“人—事物”的要求：如其所是的那样到场，并且共同在场，这就是海德格尔所重视的“集置”。海德格尔仍然是通过传统的风车与水车和现代水电站的例子来展示自己的“集置”观。传统的风车和水车类似于人为的艺术品，之所以这样说，是因为尽管它们由人所“创制”，但它们仍然与自然处于一种“和谐”的关系中，并不将自然置于控制之下，而是顺应自然，它们为大地平添了风景和美感。相反，水电站则是对自然的再发现和再开发，它提取自然能量，通过现代技术将这种能量转化并储存，而后根据人的需求和意志再进行分配。这是现代技术的特征，是解蔽的种种方式。它不仅破坏自然生态，还一度将人置于危险的境地，对人的生存造成巨大威胁。更加需要理解和注意的是，海德格尔认为“集置”作为一种解蔽，乃是人的历史的“命运”，这说的是，其一，人们在现代进入了对象化的、表象化的生存方式，一旦这种方式统治人们的生活，人们将迷入“集置”中，其他解蔽方式将被驱除和锁闭。其二，恰恰是在“集置”的解蔽中，人们有可能超越“集置”造成的生存的危险，去经验一种原初的真理，去禀受自由之澄明。原因就在于，我们向着现代技术的“集置”敞开，我们就将被带入一种超越之中。这就是海德格尔所谓“凡‘集置’占统治之处，便有最高意义上的危险”。与“哪里有危险，哪里也生救渡”，两大命题的真实内涵。

“集置”从字面来看其实并不是一个容易理解和翻译的词，在通常的含义中，它指的是一种用具，有“骨架”的意思，就是那些使事物具有稳定性的架构，如书架等。海德格尔做了一个语言游戏帮助人们理解“集置”（Gestell）[①] 何为：山脉是群山的聚集，性情是情绪的聚集，通过这种手法，“集置”就是一种“放置行为的集合”。“集置”是这样一种要求：“与存在遭遇，使其具有可获得性，可为排序性的和意愿性的使用服务。但是在这里，那种自己可免除

① Gestell 一词的德语前缀 Ge－具有“聚集”之义，Ge-stell 是海德格尔对 Gestell 一词的特定用法。

可获得性的中心意志是不存在的，这是一个由主体可获得的客体所构成的世界，但是那种中心主体却被去除了，而且所有东西都被化为可获得性了。”① 从这种意义上来说，“集置”把现代刻画为一种普遍性的强制和控制，在基础存在论的论述中，海德格尔就明确了这样一个人的特质，即他必须决定如何成为如其所是之人。换句来说，人的存在都是可以商榷的，每个人都是“自我关涉”的，都可以被认作使自己置身于某种“限制”，现在，海德格尔认为集置使得人的主体性被拆除了，现代从主体性的统治下走进了技术的普遍化强制。从这里我们不难看出，在这种技术的“集置”中，事物的存在也发生着深刻的变化，它不再是作为受我们的主体性证实的客体而被经验到，事物不再作为“超越者”站在我们的对立面，现在它成了“持存物”与“常备物”。在技术的集置当中，每一个事物都直接面对着一切事物，主体性虽然仍在被采用，但已经失去了往日的光彩和统治。从这意义上来看，主体性不再是现代世界的第一原则，而充当这一角色的则是“交互性总体可获得性”②。它说的是，在集置当中，人与事物之间模糊了对立的界限，它们都是作为静候着命令，向着命令开放，并任由命令选择和塑造的东西而在场存在和相互遭遇，关键是，并没有任何东西来颁布这个命令，在权力的中心，人们找不到任何操纵者。这可以被表述为存在的一种纯粹化和普遍化，或是更精确地说，这是一种存在的去中心化。没有任何特殊存在者（此在）的行为方式，对于那个虚无的中心来说，一切都是等距的，任何秩序都是可以被随意选择的，人不再作为在先者，物也不是客体，一切都被抛入了一种召唤的开放的领域当中，如果人以某种支配性的方式行事，那也不是因为它是“主体”，而是因为它受到了这种“召唤”。在海德格尔看来，现代意义上技术被描述为，通

---

① ［美］大卫·库尔珀：《纯粹现代性批判——黑格尔、海德格尔及其以后》，臧佩洪译，商务印书馆2004年版，第226页。

② ［美］大卫·库尔珀：《纯粹现代性批判——黑格尔、海德格尔及其以后》，臧佩洪译，商务印书馆2004年版，第229页。

过科学知识控制自然和通过扩大对自然环境资源的支配而形成的对人的周围生活世界的控制这两者之间的具体联系，“集置”就是我们与世界联系的现代方式。集置有两大基本特征。一是内在强制性。由此，人类社会开启的现代性规划，即通过科学技术的积累和发展掌控自然以满足人类自身发展的需要、提高生活的福祉，成为现代社会基本的意识形态目标。二是隐匿性。正是因为“集置”并不总是公开真理，人们才总是陷入将现代技术等同于应用科学的错觉。事实上，如果人们没有掌握反思现代技术本质的方法和路径，人们就很难消除这种错觉。在“集置”中，人被要求处于事物被召唤到其在场状态的总体性的存在之中，成为使所有一切得以可能的特殊场所。事物也不必再去遵循主体性世界的特殊存在规则，对自然的使用也不必非得采用暴力和破坏的方式，仅仅将之作为一个“原料基地”就够了。在现代，如果还想像过去的时代那样去遭遇自然，统治和支配自然，已经成为一种不可能，由此我们能够得出的结论是，在这个技术集置的世界中，一切都被普遍化、强制化，都必须在“在场”状态中得到理解才能得以存在。在场成为根据，甚至未来也作为“将会在场”的事物被解蔽。总而言之，在海德格尔看来，现代性的最大现实就是技术的“集置”，在技术的集置中，没有绝对的第一行为者，也没有绝对的参与者和承受者，只有不同存在者之间的动态排序，它们共同在场，并处于一个不是它们任何一者的支配的产物的开放领域中。可以说，在海德格尔看来，技术的集置所描述的是现代性的一个统一性和直接性的特征，如此它便可以轻而易举地左右人的“命运”，在这种普遍化的强制中，任何辩证的对抗都是不可能的，同时，它又是一种形而上学的完成，即技术的集置作为一种总体性的在场统治了现代。现代性的困境就在于此，追问现代技术的本质就在于努力把握住这一现代困境，识别出解蔽之命运的危险。

第三章

现代性的出路：适当安置与超越

通过上一章的论述，我们可以清晰地看到，马克思与海德格尔分别对现代性的困境做出了各自的识别和把握，但是，二人都不满意这种现代性所表现出来的肆虐和盛气凌人的东西，马克思与海德格尔都认为这种现代性的困境并不是人的存在的最终定论，它们虽然以不同的方式呈现出来，但却都把人的存在推到了一个边缘地带。正是在这个断裂的边缘地带，马克思与海德格尔都发现了克服现代性困境的契机，他们提醒，现代性的困境有可能在现实世界中打破现存既有的生活方式并引导出一种全新的生活方式，在资本主义世界内部有可能开启出人类的一个全新的时代，他们都认为现代性提交给“新世纪”的材料是能够推动人与现代性的全新的和解的，现代性并不是一个不能排解的人的命运，也并没有一个困境真正就是人的存在的最终宿命。马克思与海德格尔都对人的未来将何去何从表现出了浓厚的兴趣，在他们对现代性的困境的指控中，他们同时已经开始了摆脱现代性困境的思虑。他们看到大多数现代人仍旧沉浸在现代性所制造的宏伟幻觉中，所以，他们必须叫醒被现代性麻醉的人并给出自己的忠告，不是沉醉现代性，而是在现代性中发现它的困境，不是逃避现代性，而是经过现代性，通过更加深入地进入现代性的矛盾和困境，经验到克服现代性的可能性，于是，当下的任务就是为遥远的未来做准备，现代性批判的最终目标就是实现对现代性的恰当安置与超越。

第一节　海德格尔：只有一个“上帝”能拯救我们

从上一章的论述可以看出，海德格尔对现代性的刻画主要集中在他的技术批判中，可以说，他对技术集置的思考是对现代性的深入洞察，与此同时，他还保持着那种对理想化的古老希腊世界图景的浪漫怀念。他不仅把技术看作工具性的手段，而且在希腊人的视域中将其理解为是解蔽的方法，通过解蔽现代世界被塑造和揭示出来。在现代世界中，此在以及作为用具性的在世存在的存在者的统一性的世界图景被技术的集置所重新描绘，人类以及事物都成为技术集置体系中的纯粹的组成要素，没有什么是第一性的，现代世界由此成为一个为了模糊的目的而发动全体“成员”的空间和场域，这就是海德格尔所指认的现代性的独特性，甚至是灾难的根源所在。由技术集置的世界可以说是彻底的异化的，其危险性在于不仅为外在的生存威胁提供了一定的辩护，而且更重要的是对世界赖以获得意义的人的特殊位置和尊严的湮灭，人与他曾试图征服和控制的自然在技术的集置中几乎没有什么区别了。对于海德格尔来说，理解现代必须通过理解技术，因为正是技术的集置本质使得现代得以解蔽和在场，就是说，是技术的集置才是存在得以自我展现的方法。“在人们过去以来就一直置身于世界之中这一事实的基础上，它消融了所有的传统、语言遗产和固有意义，存在变成了纯粹意志的客体，而事物之意义变成了是从事物在技术系统中所处的地位而不是从理念中所衍生出来的东西。”① 看起来，我们将要被技术囚困在现代，这或许就是人在现代性的特许的地位。事实上，技术的集置确实导致了这样一个看法：根本不可能存在着向一个崭新世界解放的希望。原因如下，技术的集置使作为总体性存在的现代世界得以在场，作

---

① ［加］安德鲁·芬博格：《海德格尔和马尔库塞：历史的灾难与救赎》，文成伟译，上海社会科学院出版社2010年版，第21页。

为“神圣形象”一元的“在场”所构建的世界排除了存在着的众多领域和可能性，它假定它们已经达到了顶点并走向完成。在这个意义上来说，现代世界不可能有任何的改变，未来是不可能的。在现代哲学家群体中，除了海德格尔之外，鲍德里亚是另外一股进行现代技术批判的强劲力量，让我们通过考察后者的理论加强对海德格尔所谓现代性困境的理解。

相比海德格尔，鲍德里亚的思想更为激进和“先锋”。按照“仿象的三个等级”的思想坐标，鲍德里亚认为，人们当前的生活是“受代码支配的阶段的主要模式……依赖的是价值的结构规律”①。在鲍德里亚的视野里，这一思想序列是用来描述当代社会出现的围绕着大众生活的“形象文化”的，其社会环境的支撑乃是以互联网为标志的知识经济时代的来临。此时，任何艺术形象都可以通过数字技术的中介被转换成影像从而在虚拟的网络中传播，并以此来占领现实生活的各个领域。可以说，“鲍德里亚式”的现代生活已经被计算机的两个数字符码“0”和“1”所覆盖，计算机的二进制语言可以转换、存储和传输任何现代信息。这是一个“仿真的仿象”在历史中脱胎而出并占据主宰的时代。一言以蔽之，鲍德里亚的技术哲学就是基于这种以“技术仿真”为核心的“反后现代理论”。进一步说，我们可以认为鲍德里亚成功地预言到了21世纪的“数字化时代景观”，他提前进入了一个由大数据主宰的、以数字资本和数字化技术占主导地位的现代高阶技术世界，一个由数字媒介和智能化控制的“数字化世界”。

如上所述，海德格尔把我们的技术世界的建立看作西方形而上学合乎逻辑的产物，是理性主义的客观表现。因此，技术批判的主要任务就“不仅需要对技术背后的理性主义形而上学思想进行哲学

---

① ［法］让·波德里亚：《象征交换与死亡》，车槿山译，译林出版社2009年版，第61页。

审查，还需要对技术的规律进行哲学审查”[①]。鲍德里亚接续了这一问题意识并将技术批判精确地对准了这一问题。由于鲍德里亚的技术分析对象物已经从早期的《物体系》中的简单“功能物”进化为《致命的策略》中的具有高科技特性的自动化“技术物”，甚至是拥有了“意识”的特殊“智能物”，因此，被赋予功能物的“主—奴”关系就不再适用于拥有了“技术理念”的现代技术之物。鲍德里亚发问，作为客体的技术物是否会像黑格尔的辩证法中描述的起来反抗主人的奴隶那样，对人类造成致命的威胁呢？解答这一问题，必须意识到以下两点。第一，“世界不是辩证的——它在极限的意义上被证明不再是平衡的，它在极端对抗的意义上被证明不再是统一或综合的。这也是邪恶原则，这一切还在客体的恶魔、纯客体的迷狂形式和超主体胜利的策略中得以表达”[②]。第二，“主体的立场已不再稳固，而唯一可能的立场就是客体的立场，唯一可能的策略是客体的策略”[③]。对于第一点，鲍德里亚认为技术化时代的特征与辩证法是相对的，它呈现了一种激进的表象，即通过走向极端形式来表现自身。其公式可以总结为“比 x 更 x，直到超 x”。鲍氏认为，技术物之所以能够走向极端形式，是因为它具有倍增的螺旋的威力，能够吸收所有对立面的能量，从而推动自身超越自身的任何内容和本质，达成一种“超 x”的存在，例如，“超真实”（hyperreal）就是一种比真更真的存在，是一种极度的真。对于第二点，鲍德里亚解释说，我们不能再从“主体—客体”的意义上理解客体，它既不是“反异化的被异化的客体”，也不是“被主体奴役的客体”，而是挑战主体并将主体推向极端形式的客体，我们可以称之为“超体”。更为重要的是，这种客体采取了一种“致命的策略”。它造成的思想结

---

① ［英］克里斯托夫·霍洛克斯：《鲍德里亚与千禧年》，王文华译，北京大学出版社 2005 年版，第 75 页。

② ［法］让·波德里亚：《致命的策略》，刘翔、戴阿宝译，南京大学出版社 2015 年版，第 3 页。

③ ［法］让·波德里亚：《致命的策略》，刘翔、戴阿宝译，南京大学出版社 2015 年版，第 162 页。

果有两个，其一，技术物拥有了拟人化特征，高技术之物，甚至是比人还高明的存在物，仿真吞噬了实在。进而，其二，致命策略具有类人的“计谋”的特征，遵循“恶的原则”，它发动“水晶复仇”导致主体被消除，消失在客体的视野里。

鲍德里亚阐释的处于技术时代的客体发动的“致命策略”预见了一幅可怖的社会景象。由于技术物克服了被奴役的地位，超越了传统认识论中的客体地位，拥有了自身发展的极限逻辑，随着技术革命的不断推进，它最终将获得一种历史性的存在意义，从而导致世界秩序的全面失控，导致人类自身被技术控制和支配。很显然，鲍德里亚为这一技术的未来景象忧心忡忡。可以看出，鲍德里亚的技术批判表现出一种灰暗的品质，或说是令人沮丧的特点。“致命策略”这一说法揭示了技术包含着的两个方面的意思，一方面，由于技术激进的发展模式，它为时代注入了一种命定的因素，它摒弃了辩证法的和解，而是终将走向系统的崩溃。这是人力难以改变的。另一方面，技术发展的后果必将是灾难性的，致命性的。鲍德里亚后期思想的核心概念既说出了技术不可控、不可测的灾难性的预兆，又包含了技术决定论的悲观立场。海德格尔并没有鲍德里亚如此的悲观，但是他的现代性批判毕竟表现出了这种极端性的看法，而且看上去它并不打算考虑现代社会是建立在人类的实践活动和全部历史时代的基础之上的，但归根结底是因为根本就没有一个让现代得以特殊存在的本质。

一　从本有而来与思的任务

面对着技术集置导致的现代性困境，海德格尔并没有建议让我们努力改变或是设法逃避这种现代性。但是，他确实也不愿意相信技术的集置就是人类生活的最终处境，所以，海德格尔的真正任务是思考如何克服这种现代性，从而实现对现代性的适当安置，即深入现代的历史性及有限性，穿越现代性对自身所做的技术的说明，在更深的层次中发现破解它的办法，而不是迫切地（然而是狂妄地）

通过“人类的立法”来改变现代世界的境况。这就是海德格尔所谓的“思”的真正任务。

在这里，海德格尔所谓的“思”不同于传统形而上学的表象性的、计算性的思维，后者把一切都表象为对象，而海德格尔所谓的“思”是深沉的、内敛的，是非对象性的。人是沉思的生命不能在单向度的表象思维中面对现代世界，否则便难以深入技术的本质。“思”要求我们在现代技术世界中转变生存态度，“深入那自身内初看起来好像完全不集中的东西之中”[①]。海德格尔的意思是，对技术既说“是”同时又说“不”，让技术集置“栖身”于我们的日常生活世界，同时又跳脱出于我们的日常生活世界，即“让它们作为物而栖身于自身之中”[②]。这种态度是“对物的泰然处之”。唯有此种态度才能让我们保持对技术本质的清醒和警惕。然而使得技术的集置可能的东西朝我们走来却又遮蔽着自身，这个隐而不显的东西，就是“神秘”。因此，为了洞悉技术世界的隐秘，我们需要保持“对于神秘的虚怀敞开”的态度。海德格尔告诉我们，这两种态度作为思之姿态是共属一体的，由此给了我们一种破解现代技术本质的可能性，它们持续不断地从热烈而深沉的“思”中成长起来，融合着一种非对象性的自由之姿与一种非理性逻辑的神秘启悟。借此，技术时代的人们得以寻求到解救。除此之外，我们必须注意到，在海德格尔最著名的表述现代性的技术本质的文章《技术的追问》中，存在着一个主题的跨越，即从技术的集置中出现了一种“拯救”，对此，海德格尔的论述却显得语焉不详，模棱两可。但是我们仍然获得了这样一个教益，那就是，现代技术的世界虽然由于背离了古希腊人的原初存在衰变成一种恶化图景，但是拯救并非不可能。这种可能性在海德格尔看来就是“从本有而来”。需要说明的是，显然这

---

① ［德］海德格尔：《泰然处之》，见孙周兴《海德格尔选集》，生活·读书·新知三联书店 1996 年版，第 1238 页。

② ［德］海德格尔：《泰然处之》，见孙周兴《海德格尔选集》，生活·读书·新知三联书店 1996 年版，第 1239 页。

里并不是要分析海德格尔的整个“本有”的思想，基于主题的考虑，这里只要点出“本有”思想的主要特征就够了。

我们赞同这样的观点：现代主体性并不是人在历史中存在的唯一的可能的存在方式，海德格尔认为技术的集置提供了另一种完全不同的人的在场的方式。虽然它或许并不是最好的方式，但却是始于古希腊的历史活动方式的最后的一种方式，无论未来时代如何开启，它都会是站在一个新的起点上。现代性最大的特征就是支配性的主体性的退场，普遍性强制性的登场。再没有什么可以作为“主体性”的幽灵而在场，现代不再能给出任何一个第一性的存在，给不出任何一个最高的最终的存在作为根据。一句话，存在被消解了，剩下的就是我们的惊讶与不解：在“存在自身被弃绝”之后，在海德格尔把存在打上叉之后，到底是什么东西使得存在之物能够达到在场呢？那种神秘的东西到底是什么呢？我们知道，就形而上学的传统而言，就是一部“存在者”的历史，各种存在者（如自然、上帝、理性、科学等）在历史中都在某种意义上充当着根据，为“他者”提供存在的一种保证和意义。但是在我们生活的现代世界中，“上帝死了”，生活成了失却了标准的选择的生命所不能承受之轻，现代就意味着没有任何存在基础，既没有上帝，也没有其“神圣形象”；既没有“神圣形象”，也没有“非神圣形象”。一句话，“存在”是不可能的。这个存在一方面指的是海德格尔“存在论差异”（存在者与存在的差异）中的作为存在者根基的存在，另一方面，也作为被海德格尔指认为遗忘存在的形而上学的存在者的存在状态。技术集置使得所有东西都是功能性的，在这个意义上来说，这就是形而上学的终结：哲学达到了它最极端的可能性，存在的意义纯粹就是一种“可获得性”的在场，所有存在者都是透明的。现在问题变得清晰可辨认了，虽然作为根据的“存在”缺场了，但是那个使得在场以及缺场得以可能的境域的问题却被很好地保留了下来，这可以转换为以下命题：是什么东西开启了我们生活于其中的现代世界？我们又是如何在失落了根据之后却又拥有对存在的理解呢？海德格尔认为，正是在技术本质的现代隐藏着问题的答案。正是因为技术集置把我们召唤到一种普遍化强制性面前，我们才不必非得去追问那个最高的存在者，我们才有可能重新“存在”。简单来说，正是因为最高根据者的消失和隐退，存在才有全新的契机，这将使我们有机会遭遇到在形而上学那里不可能发现的境域和条件。人是有机会在技术的现代获得全新的可能性的，是有机会发现自己的存在与作为世界意义的结构之间的相互据有的。对于人来说，技术集置造成的普遍化强制不只是一个召唤，同时又是一个巨大的挑战，于是人就是作为接受挑战和召唤的人而存在，同时，事物是作为接受挑战和召唤的事物而存在。对于人来说，他不可能有其他的存在状态，他只能是在与事物的存在的特定“遭遇”中，向着现代世界开放。问题是，发出挑战与召唤者是不存在的，而人却听到了召唤，实情只能是人已经活动在一种存在可能性中了，正是这种可能性能够使人以特定的方式揭示出事物的存在。虽然他不再作为主体而存在，但是主体性在它身上并未消失殆尽，他必须做出明确的筹划来确定事物的意义以及自己存在的意义。这就是说，海德格尔看到了一种可能性，即我们在技术集置的普遍化强制中所获得的关于存在的经验（受召唤），可能会使我们转向某种更为基本的东西，但是这种转向绝不是形而上学的又一次复活。对于形而上学的克服是海德格尔存在论的第一战斗目的。在这里，海德格尔绝不允许形而上学卷土重来。总之，我们已经在技术的集置中看到了转向的可能性，技术的集置并不真正就是现代的本质，更为原初的东西通过它而显示出来。

海德格尔认为，在现代指定给我们的技术世界之外，还有另一个世界，那是人类“定居”的本质空间。技术世界正是因为被包裹在这个本质世界中，我们才有可能穿透技术世界的普遍化强制看到克服现代性的可能性。在海德格尔的现代性批判中，古代世界展现的是终有一死的此在与大地、天空和诸神间的四合关系，现代技术的集置使得人类的整体命运得到改写，它是生活在这片大地上复数人们“共同在此”进行的生产实践、技术创新、经济建设等具体的活动，它为现代性的进程提供土壤。那么，从现代性的技术世界之外的这个本质空间是由谁提供的呢，答案是“本有”。海德格尔说，只有当本有发生之时，技术的本质才作为集置而呈现出来，同样，只有当本有发生之际，克服技术集置的统治的可能性也才会真正地向我们敞开，我们也才拥有了克服现代性的可能性。正是因为技术集置造成的普遍化的强制消解了形而上学一直寻求终极存在的渴望，我们现代人才有机会经验“本有”的发生。海德格尔认为在现代世界，“存在已经作为技术之本质而听命于集置，而人类之本质归属于存在质本质……所以，若没有人类的协助，技术之本质就无法被引导到其天命的转变中”[①]。就是说，在本有中技术虽然不能被人为地消灭，但是技术的本质却可以被克服。

海德格尔提醒，本有既不能通过逻辑学与历史性的方式被预先计算出来，也不能通过被渗透着历史进程的形而上学虚构出来。就本有自身而言，并没有什么具体的存在者来“汇报”它，此在也没有这种能力。它是一种“闪现”，是存在的真理向着失真的、被歪曲的存在的一种“闪人”，可以说，本有既不封闭自己，又不开放自己。它为事物的显现提供了一个开放的空间和自由的场域，但是它自身又是封闭着的不可观看的，这种观看“似乎只是我们人类从自身出发向存在着的东西投去的一道目光”，因为它总是习惯把存在着的东西当作存在者，并认为存在者是可以被观看到的，但是现在问题被翻转了，存在着的东西不是存在者，而是本有，即存在的本质。在现代世界中，本有以“危险—救渡”的方式闪入技术的集置中，所谓“哪里有危险，哪里就有救渡”，说的就是在危险的切近之处总会有救渡的生长。正是因为本有这一特殊的存在方式，它才在西方传统哲学中始终处于被遗忘状态当中，这并非哲学的粗心，而是本

---

① ［德］海德格尔：《同一与差异》，孙周兴、陈小文、余明锋译，商务印书馆 2011 年版，第 110—111 页。

有自身的本质决定的，它使存在者敞开自身并成为可观看的，但是却有意地隐藏着自己。但是，我们没必要对此感到惊奇，因为本有自己并没有什么东西需要敞开，它让事物从其隐匿中显形，它只是一种开启事物意义的“空间”和“场域”，其特征就是“恍兮惚兮，惚兮恍兮”。如果本有自身成为一种存在者，它同时就成为一种“解蔽—无蔽”，它就会成为与其他实体一样的实体，而解蔽事件将不会再出现。本有绝不是任何一个存在者，也不是实体、不是关系、不是事件，把它理解为存在者，就会把“无蔽”形而上学地改造为是对终极根据和原因的追问。除此之外，本有也不在通常的意义上，作为一个问题结构、内在必然性以及规律而存在，这种理解仍然是赋予了本有某种形而上学的特征。关于本有，没有任何东西要去理解，它存在，它运作，仅此而已。海德格尔在这个意义上，又把它称作“最高的和最深刻的游戏”。本有是人与事物的无蔽性的归属存在，它不能作为一种哲学知识而存在，这并非哲学家的智力不及，而是因为本有并不是一个具体可以在某种境域中直接显露自身的实体，它是条件，也可以这样说，它就是所有境域的境域，是所有背景的背景，它可以说出其他背景，但是关于它自己，它什么也不说，也什么都说不出来。这种对于本有的刻画，貌似是康德意义上的对先验目的地的追问，但是这与康德有根本的不同，在后者那里，先验的是主观性的必然结构，在海德格尔看来，本有是可以看出来的，并不存在康德物自体意义上的不可知，无须为那些使经验得以可能的条件做任何辩护。在这个意义上，本有不能被看作实证主义的，它绝不是一个事实。因为“事实”是通过被置于主体面前而获得它的事实性的，本有则不同，它是某种我们总是已经被包含于其中的东西。

在海德格尔使用“本有”这个术语之前，它用“存在”（being）表示向无蔽状态的开启，并用它说明存在者以某种特定方式被解蔽之后所具有的意义。为什么会有这种术语的转变？这涉及对海德格尔整个哲学生涯的评判。学术界向来有“两个海德格尔”和“只有一个海德格尔”的争论。坚持“两个海德格尔”的研究者认为，大概以 1930 年为界，或是以《存在与时间》发表为界，海德格尔从“此在”入手谈论存在到弃绝此在、直接谈论存在的学术进路是一种哲学的转向，也因此有“海德格尔Ⅰ”和“海德格尔Ⅱ”的区别。而“只有一个海德格尔”的论调则认为，海德格尔的思想只是拥有两个异质性的思想构境层，“克服形而上学”与“弃绝存在”的哲学活动只是处于不同思想界面上，并不是什么思想的断裂。相应地，海德格尔的写作就分为“表现性”文本（《存在与时间》）的写作以及“秘密”文本（《哲学论稿》等）的写作。在此，我们不必介入这场争论，而只需要明白，本有说的是“存在”对自身的拒绝，并且保持着这种拒绝。这种存在的抽身而去是不被“观看”的，是隐藏的，“在赤裸裸的现代世界中，那些旧式的形而上学根据丧失了它们的力量，而本有的缺场也可以被原样地经验到了，我们能够经验到这种抽身”①；“将事物从黑暗中带出来的解蔽本身已被遮蔽起来了，而且这种遮蔽本身也已被遮蔽起来了，但是本有却可以作为那个缺场向在场的进入而出现”②。

由于技术的集置消解了所有存在的绝对者、超越者，而且也没有再重新提交一个代理人，现代世界的唯一剩余物就是普遍的功能性，即把人与事物变成了它的“财产”。未来由此出现了分叉，也可以称作“裂隙”，就是说，我们可以把技术集置看作世界的最终揭示，世界终结于现代；相反地，技术世界并没有它自我描述的那么夸张，我们完全可以在这种“全然无意义的世界”之外，产生对世界的不同经验。我们可以在技术集置的召唤中感受到与世界的共属一体，但是这种感受，如前文所述，并不是人的理性主体性在作祟，它也不产生在这个技术世界中，而是来自别处（be there for us），我

① ［美］大卫·库尔珀：《纯粹现代性批判——黑格尔、海德格尔及其以后》，臧佩洪译，商务印书馆 2004 年版，第 256 页。

② ［美］大卫·库尔珀：《纯粹现代性批判——黑格尔、海德格尔及其以后》，臧佩洪译，商务印书馆 2004 年版，第 256—257 页。

们可以把这种在“别处”经验为是“本有”的闪人，我们在“思想”之际，原初地响应了“本有”。在这个意义上，尼采高呼的“上帝死了”可以被理解为是“本有”的隐秘性的到场观看。传统形而上学“从在场者出发去表象在其在场状态中的在场者，并因此从其根据而来把它展示为有根据的在场者”①。而现在，在尼采的呼声中，我们经验到那个使得存在者在场的条件即“根据”转身而退了。不过，我们并没有经验“本有”本身，但这容易造成一种质疑，好像“本有”是一种神秘发生或是一种更为基本的实体。事实上，我们只能经验到“本有”的隐秘性，又因为它的“不可言说”性，我们只能经验到“它的抽身而去”。换句话说，我们只能经验到它的这样一种特征，因为，我们经验到的就是我们以及世界对“本有”的依赖，而“本有”始终沉默不语。从某种意义上来说，这是一种对存在的遗忘的克服，尽管它看上去玄之又玄，毕竟它没有把我们带向清晰的未来世界，对于它，我们终究是什么也把握不到，这多少有些令人沮丧。

明白了“本有”乃是一种“显—隐”一体的运作还不足以支撑起人们对克服现代性的希望。至少还需要理解，我们对“本有”的经验是一种对有限性的经验。海德格尔早就在《存在与时间》中，揭示了人的这种有限性：人不是一种主体性意识，而是一种被限定的开放性（“被抛的抛开”），人必须放弃自己作为一个支配客体的主体性幻觉，接纳其“向死而在”的“天命”。在这种意义上来说，“死亡”根本不是单纯的生命的终结，它反而开启了一个有限领域的限制的表现，它不是对开放的可能性的锁闭，这让人意识到“方生方死”“方死方生”，这样，我们就不应再紧紧地抱着那些“超越的”“无限的”东西不放，并幻想着可以分有着这种“终极”性的东西。相反，人应该达到这种自觉：那些根据性的东西恰恰代表着

① ［德］海德格尔：《面向思的事情》，陈小文、孙周兴译，商务印书馆 1996 年版，第 68 页。

一种有限的终结，人必须通过接受它的真实的历史处境的东西来获得其自身的本真性存在。人有一种受限制的存在，“他者”成为人的最大的存在论意义，人是一种受限处境中的开放性，但凡处境都是受限的，而人如果不进入这种受限的开放性中就没有存在的可能性。上帝就不受限，所以上帝并不事实存在，因为它取消了一切限制，在这个意义上来说，人们如果妄想在世界之外构想出一种更广阔的领域来解释世界，那是不可能的，甚至是一个异想天开的想法。海德格尔的这一对人（此在）的向死而在即有限性思想同样回响在“本有”之中。现代是技术集置的时代，它与古代希腊世界早就有了根本的不同，它在世界历史中持续地隐秘地起着作用，但又不是某种“元理论”“元根据”“元叙事”。那些被用来描述历史的词如必然性、规律、理由等对“本有”来说是不恰当的。海德格尔认为，“本有”的一个典型表征就是“林中空地”：“我们把这一允诺某种可能的让显现和显示的敞开性命名为林中空地（澄明）。”[①] 海德格尔还强调，我们必须把林中空地思为无蔽，因为正是后者允诺了存在（Being）和思想（Thinking）以及它们二者的在场和互为，如果没有林中空地，存在和思想就会成为是无根基的、无家园的。此外，林中空地又必须被思为“自身遮蔽”。因为林中空地本是植于森林之中，它乃是本源的自身遮蔽，这使它从根本上区别于天空的无蔽。在海德格尔的阐述中，林中空地从根本上来说就是存在自身的显现之所，它作为根本的“让显现”是思想的开端，它是“光明—黑暗”的游戏的前提，同时又是“语言—沉默”的前提，是一切在场者在场和缺席的前提，而根本上就是“自身遮蔽的无蔽”。这就是“本有”的有限性的开放性的最佳注解。此外还需要我们时刻牢记“本有的先在性”，即“本有”是“先于任何我们在它之中可能做、说或想的东西的。它对我们的影响是总体性的和直接的，它为人与

① ［德］海德格尔：《面向思的事情》，陈小文、孙周兴译，商务印书馆 1996 年版，第 77 页。

存在者的遭遇以及使人与存在者保持一致开启了可能性，但它本身并不是一个将被遭遇到的存在者，这就意味着我们的行为或计划都不能影响到它”[①]。

二　作为范本的艺术存在论

通过上面的讨论和分析，我们可以明确地知道，在反对现代性这条路上，海德格尔首先辨识到了现代性的主体性的特征，并对其做出了激烈的批判。而后他又把现代世界标识为一个由技术摆布的世界，由此，世界从主体性走出来并重新堕入一种普遍的强制化之中。海德格尔认为，正是因为技术集置把人和事物放到了普遍化的强制当中，人们才获得了克服现代性的可能性。正是因为技术的集置彻底消解了形而上学的最高者和最终根据，存在者的存在被湮灭，人们被置于一种全新的秩序和规则当中，从而能够以一种全新的方式经验包含在操纵和排序命令中的人与事物之间的交互性共在，也因此人们经验到了上帝的不再在场，经验到了生活的开放性。正是因为技术的集置消除了人作为主体性的幻觉，人们才能够真正地把握住自身的这种有限性，并在这种有限性中看到一种无限的可能性，由此人们才能够深入技术世界的内里，去发现那使得技术集置可能的东西。人们发现，现代性的要求将拆解自身的终极性，这样，人们在技术世界的生存就成为人们必须接受的一种命运，这是一种存在的危险。但是，也正是在这种危险中存在着拯救的可能性，人们能够获得这样的希望：一个非形而上学的崭新世界能够从本有而来。由于海德格尔断言，我们迈入现代就意味着我们生活在一个“世界图像的时代”，存在论最重要的现代体验就是古典信念的崩塌和“技术的集置”的最终完成。海德格尔认为，人类如果有一种现代性的新可能的话，最好的构成自身的选择之一就是思入“艺术”之中。

---

① ［美］大卫·库珀尔：《纯粹现代性批判——黑格尔、海德格尔及其以后》，臧佩洪译，商务印书馆2004年版，第263页。

对这一观点的最大支持来自海德格尔著名的长文《技术的追问》，在文章的末尾，当他为了克服现代性而努力做出一种“拯救”的时候，他提到了艺术，认为，“对技术的根本性沉思和对技术的决定性解析必须在某个领域里进行，该领域一方面与技术之本质有亲缘关系，另一方面却又与技术之本质有根本的不同”①。海德格尔认为这一领域就是“艺术”。因为“在西方命运的发端处，艺术在希腊登上了被允诺给它们的解蔽的最高峰”。按照这条线索，我们将“艺术”作为范本来探讨一种克服现代性的可能性。而伴随这种探讨的困难是，“我们愈是以追问之态去思索技术之本质，艺术之本质便愈加神秘莫测”②，因为本质上，这种对艺术的追问乃是思之虔诚。

按照传统观点，艺术属于一个美学范畴，美学追问美的本质，古代美学观念将美理解为自然的自在完美性，艺术之美只是对完美自然的一种补充和模仿，而现代美学则倾向于通过解析伟大艺术作品去理解美的问题，把“艺术当成美的东西的主要范本……美学因此成为文艺美学”③。

文艺美学引发的震荡在于，它造成了艺术的衰落并直接导致现代艺术走上了一条审美资本主义之路，从而使人们彻底远离了海德格尔教导人们追寻的真理，失落了生活世界的真实美感转变为资本经济的物化的生存逻辑。盖因，其一，文艺美学开辟了艺术的自律性特征。即艺术成为一个独立于社会的自主性领域。艺术世界与生活世界拉开了间距，艺术家以一种崇高的动机去挖掘艺术品的纯粹审美价值，人们作为审美主体去审视艺术家的审美活动则要求人们跳出现实社会经验的束缚对艺术品做出超历史的卓越解读，发掘其内在的历史底蕴和时间韵味。结果是，审美个人主义大行其道，艺

---

① ［德］海德格尔：《演讲与论文集》，孙周兴译，生活·读书·新知三联书店2005年版，第36页。

② ［德］海德格尔：《演讲与论文集》，孙周兴译，生活·读书·新知三联书店2005年版，第37页。

③ 张盾：《超越审美现代性：从文艺美学到政治美学》，南京大学出版社2017年版，第1页。

术家成为天才式的精神贵族，人们成为艺术品的忠实观众。其二，文艺美学制造了审美经验论。即奠基于 18 世纪英国经验论的审美观念将“艺术之美当作鉴赏活动所产生的纯粹主观体验”[①]，审美经验论发展成为近代美学的主流理论基于其坚实的心理学基础，它认为，艺术表现的对象并不是实在事物而是事物的形象（image），因此，人们必须诉诸感知觉和想象力等经验媒介才可达成。人们通过审美鉴赏获得愉悦和享受，艺术品才得以以美的理念的形象的显现。现在的要求是，人们必须通过一定的系统的训练才能实现对美的鉴赏。可以说，文艺美学支配着现代人对于艺术的理解，特别是它实现与资本的媾和，商业原则成为艺术的第一原则，几乎导致了艺术不可逆转的衰落。人们主观上把对艺术品的鉴赏等同于艺术的本质，在消费社会兴起之后，艺术从属于资本的价值准则，最终，艺术的内在完美性被市场的交换价值所打破和兑换，人们把资本的欲望直接嫁接在消费艺术品获得的快感之上，进而在这种审美幻象中径直将艺术之美等同于资本的权力意志。正是在这个意义上，阿多诺坚称美学“不可避免地成为艺术的挽词”[②]。显然，海德格尔并不是在这种认识论的意义上来理解“艺术”的。他认为，“我们既不能把艺术看作一个文化成就的领域，因而不能把它看作一个精神现象”。这种说法更像是海德格尔对艺术的两个基本教条的正面批判和回应。“只有从存在问题出发，对艺术是什么这个问题的沉思才得到了完全的和决定性的规定，艺术归属于‘本有’，而存在的意义惟从本有而来才能得到规定。”[③] 在这里，海德格尔直接道出了艺术与本有的关系：艺术问题本质是一个存在论问题。由此，“艺术存在论”就此成为“后基础存在论”的一个典型范本，其主要任务就是“反对现代性”，重新唤回人与存在那种彼此融合、相互归依的“本有”状态。

---

① 张盾：《超越审美现代性：从文艺美学到政治美学》，南京大学出版社 2017 年版，第 5 页。

② ［德］阿多诺：《美学理论》，王柯平译，上海人民出版社 2020 年版，第 5 页。

③ ［德］海德格尔：《林中路》，孙周兴译，译文出版社 2004 年版，第 74 页。

艺术之所以能够克服现代性并成为重构存在的一个新起点就在于，艺术之为艺术彻底剥落了与现实世界的任何经验关系，由此得以摆脱对经验世界的惯常的依赖性，获取了先验地构成自身的力量和可能性。海德格尔要求悬置艺术作品的“物性”因素，突破艺术品的经验性的、实体性的现成存在的限制，直接观看“艺术真理”。换句话来说，海德格尔要求人们能够直接“艺术世界”，而不是逗留在艺术品的“现成世界”，直接领会艺术所象征的“非存在的存在”，而不是屈从于艺术的“自然的存在”（存在者的存在）。在海德格尔看来，艺术并不直接就等于艺术品，艺术和艺术品从本质上来看是两种不同的东西，但又有着某种直接的联系，“艺术作品概无例外地显示出物因素，虽然方式各不相同”[①]，如“建筑作品存在于石头里，木刻作品存在于木头里，油画在色彩里存在，语言作品在话音里存在，音乐作品在音响里存在”[②]，这就是说，艺术作品乃是一种现实性的存在，或说是一种经验性的存在物，而“物因素”差不多就像是一个地基。海德格尔提醒“自古以来，只要存在者究竟是什么的问题被提了出来，在其物性中的物就总是作为赋予尺度的存在者而一再地突现出来”[③]，因此，我们对艺术作品的追问首先询问“物”。传统哲学对物有以下三种规定：一是作为特征的载体，二是作为感觉多样性的统一体，三是具有形式的质料。但海德格尔的批评是，认识论意义上的对物的规定，它从本质上是一种表象性思维，这样它们就作为先入之见阻碍了人们对物的一种更为深层次的探讨，从而也间接阻碍了人们对“艺术作品”的深入探究。可以看到的是，通过把这种对物的单纯的思维提升至“生活世界”，物成为生活世界中的有用的器具，或许能够获得破解艺术品的契机。

海德格尔让我们去观看一双农鞋，为此，他并没有选择作为真实器具的农鞋，而是选择了凡·高的著名油画。在这幅画作中，单

① ［德］海德格尔：《林中路》，孙周兴译，译文出版社 2004 年版，第 27 页。
② ［德］海德格尔：《林中路》，孙周兴译，译文出版社 2004 年版，第 4 页。
③ ［德］海德格尔：《林中路》，孙周兴译，译文出版社 2004 年版，第 7 页。

纯看来，“这双农鞋可能的用处和归属毫无透露，只是一个不确定的空间而已”[①]。而作为图像的农鞋被赋予了一种想象，透过这幅艺术品，人们观看到了时节的更替、晨昏的轮转，观看到了农妇在田野中的辛苦劳作，在节日的悠闲休憩，观看到了农鞋作为器具的有用性及其可靠性。“田间农妇穿着鞋子，只有在这里，鞋才成其所是，农妇在劳动时对鞋思量得越少，或是观看得越少，或者甚至感觉得越少，它们就越是真实地成其所是，农妇穿着鞋站着或者行走，鞋子就这样现实地发挥用途，必定是在这样一种器具使用过程中，我们真正遇到了器具因素。”[②] 这段关于“农鞋”的描述让我们想到了作为器具的“锤子”，那同样是一种“生活世界”的具体展示。不同的是，在这里是艺术作品（油画）使我们懂得了鞋具实际上是什么。在海氏看来，凡常的器物一旦披上艺术的外衣，就势必显示出超越其平日用途的非凡性。而作为艺术品的农鞋此时丧失了一切生活的现实意义，不管这双农鞋曾是什么，将是什么，它都被现在时所收拢，定格为艺术家笔下的艺术品。换言之，凡·高的“农鞋”绝不会再出现于农妇的世界中，而是从一个展览馆移驾到另一个展览厅，成为现代人进行艺术鉴赏的物件。问题由此被引导着去追问，在这艺术作品中到底有什么在发挥着作用。在海德格尔看来，在艺术作品中，存在者如其所是地那样被开启（展现）了出来，即存在者在艺术作品中进入了它的存在的“无蔽”中，用希腊人的术语表示就是“真理”。一言以蔽之，在艺术作品中有真理发生。在这里，一个不容置疑的事实是，虽然仅仅通过探讨“物性因素”我们并不能因此就探究出艺术作品的本质所在，但是毕竟物性的经验因素是作品不能抛弃的东西，海德格尔要求超越对艺术品的经验性实体存在的研究，转向对艺术的“先验本质”（存在论）探讨。但是他同时强调这一超越是在对艺术作品的创作与接受实践中完成的，艺术

① ［德］海德格尔：《林中路》，孙周兴译，译文出版社 2004 年版，第 20 页。

② ［德］海德格尔：《林中路》，孙周兴译，译文出版社 2004 年版，第 19 页。

品处于实存事物的范围内，它既保留着脱胎于自然的印迹，同时又隐藏着艺术的秘密，因此，理解艺术又离不开艺术品。重要的是，我们还在艺术作品中发现除了物因素之外的那种别的东西，因为正是后者才是艺术品真正要表现的东西，在这个意义上来说，艺术品之为艺术品就是“象征”。现在我们可以得出这样的结论了：在海德格尔看来，艺术品通过象征使真理现身、出场。

真理一直是哲学最真切的渴望和梦想，因为人们普遍相信这个世界存在着真理，它完全胜过所有的意见，从而决定着人们的生活和命运。但是，真理并不存在于人们的“意见世界”，而是超越地位于“彼处”，因此，若想对生活进行真理的求解，方法是运用概念的力量。原因就在于，人是一种有限的存在者，没有直观真理的能力，而只能通过概念的思考来认识这个世界，这就是人的一种独特的哲学行动。最早是亚里士多德的逻辑学以广义的“实体—属性”关系为核心的概念体系保证了知识的必然性品格，由此概念便可以经由知识上升为真理。但是，康德的“理性批判”证明了单纯建立在必然性之上的知识因其会陷入辩证境地而无法确立起生活的真理。康德的结论是，普遍理性并不能保证普遍真理，人们最终还是得回到意见世界中来，遵照“意见”行事。理性由于不能过问物自身，而为自身划定了限度，这无异于承认即使理性是存在的，真理也是达不到的，即使真理是可以达到的，也是对生活无效的。真理成了哲学的“痛苦的信仰”。但是，黑格尔坚决反对康德对理性的有限性理解。在黑格尔看来，哲学的真正使命就是去把握真理，因为正是真理才使得人的生活是值得去过的。黑格尔认为康德的问题在于，他并没有洞见到概念自身的分离和冲突，康德提出了“知性—理性”概念并做了重要的区分，即知性以有限和有条件的事物为对象，理性则试图把握那无限的和无条件的事物，而真理就是那绝对者。言下之意，以必然性为准则的知性概念根本抓不住真理所在，为了维护人们运用概念把握真理的效力，黑格尔要求必须实现从知性概念向理性概念的提升运动，以内在的否定性融化掉知性概念固守的规定，使思维意识到自身的有限性，对自身做出彻底的反省。在黑格尔看来，抽象的知性通过辩证的否定性最终将达致思辨的或肯定的理性。由于真理对于知性概念来说，都只能是无任何规定性的，或直接地来说就是无。这样，那些僵化的知性概念就流动成一种理性概念的“有—无”的对立统一，可以说，知性意味着确立有限性，理性意味着对这种有限性的觉知和消解。概念自身的冲突和分裂实质为“建构与消解”的运动，是不断厘清有限性界限的过程，知性运动建构规定性以获得真理的外观，理性运动则是要达到无规定性从而展现真理，可以说，思辨的张力即真理出场的可能性空间。现在，艺术站在概念思维之外为人们提供了另一种把握真理的可能性，在这个意义上，思辨形而上学我们可以将之看作一种独属于人的概念的“艺术”。艺术与世界的关系不是描述性的，仅凭描述无法通达存在之完美。在自然意识中艺术根深蒂固的描述特性，使其难以摆脱图像和模仿功能，然而艺术的真正目标并非模仿和描述自然对象，因为美作为形式与对象的实存及其形象无关。切断了艺术与实存物的关联，承认了艺术的非描述性，艺术的本质以及艺术品的内容、形式和意义都变成不确定性。这种不确定性根源于艺术品的目的在于无目的的东西，其内容和形式均不取决于自然的外在性，而是指向精神的内部空间，指向完美存在的无限高远的目的地。在海德格尔看来，由于艺术品通过象征开启存在者的真理，在艺术作品中就存在着一种“转向”，即从艺术作品本身的实体性的现成存在转向以艺术品象征的“存在真理”的过程，由此超越了现实世界的“定在”，有望首次抓住真理。对此，一个流行的误解是，将艺术直接等同于是现实的模仿和反映，所以说，这种观点深陷于对艺术的“误解”之中，以模仿的名义获得一种对存在的理解，并不具有合理的理由。因为这种对艺术的理解依旧沉浸在现实感性存在的有限性之中，它试图“面向现实本身”去接近现实，其结果必定劳而无获。归结起来就在于，它以直接性的、肯定性的方式去靠近现实，而不懂得艺术的本质乃在于对现实的否定性理解和超越。现实成为艺术的起点和终点，难以突破存在者的“世界”，艺术不能是经验论的而只能是超越论的，否则它就会步入基础存在论的后尘，最终的结果就是：尽管它对存在说了很多，但对存在仍然“无所道说”。艺术的本质是象征，而绝不是模仿乃至反映，它包含着存在自身以及存在与存在者的矛盾与冲突。根据就在于：艺术是对存在真理的真切渴望，但是我们的感性存在并不能直接把握那个异质性的真理的存在，存在不可能被感性形象直接模仿，而只能由象征所引导，触摸存在的可能性，只能通过象征“显现”并贮藏在艺术作品的感性外观中。正是象征使艺术作品的存在及其形象获得了一种不可言说的存在意义，由此获得了对艺术本身的真正理解，亦即对存在的真正理解。但在这里需要指出的是，这种认识只能是反思性的，而不能是直接性的，正是在这种艺术的反思性理解中，它发现了感性世界与真理世界存在着某种类似，艺术随之能够从单纯的对现实的模仿和描绘的图像提升为复杂幽暗的符号性理解，由此，艺术不断地否定艺术作品的有限性，向着存在的真理提升。可以说，象征连接着两个异质性的世界，作为真理的感性显现，它们保存在艺术作品中的存在真理已经远远不是艺术品的实存性内容所能容纳的了，审美鉴赏的纯主观体验抓不住象征背后的东西，如果不能始终在存在论的界面上，把艺术看作对真理的象征，艺术将立刻下降为对现实存在的再现或模仿。

在海德格尔看来，艺术作品的本源是艺术，而“艺术作品以自己的方式开启存在者之存在，在作品中发生着这样一种开启，亦即解蔽，也就是存在者之真理，在艺术作品中，存在者之真理自行设置入作品中了”①。由此，艺术就是真理自行设置入作品。海德格尔认为这个说法容易造成一种误解，即把真理描述成为传统哲学中的“主体”与“客体”，在他看来，这两种传统的定义都是不恰当的，根本上没有领悟艺术本质上乃是从本有而来得到思考的。艺术作品

① ［德］海德格尔：《林中路》，孙周兴译，译文出版社 2004 年版，第 25 页。

虽然是一种被制作的存在，但是与伟大的艺术相比，哪怕最天才的艺术家都是无足轻重的。海德格尔说，作品要通过艺术家释放出来达到它纯粹的自立，“在伟大的艺术中，艺术家与作品相比才是某种无关紧要的东西，他就像一条为了作品的产生而在创作中自我消亡的通道就像一条为了作品的产生而在创作中自我消亡的通道”[①]。

艺术作品之存在，就是“建立一个世界并制造大地”。为了更好地阐释这个说法，海德格尔选择的艺术作品是一座希腊神庙。希腊人建立神庙祈求着诸神的庇佑，因此神庙就包含着神的形象，因为他们相信只要对神保持着虔诚，为神献祭和赞美，保持对神的尊严和光辉的颂扬，神就会在这种尊严中现身在场，世界也因沐浴在神的光辉之中变得敞亮起来。与此同时，神庙又把世界置回到大地之上，正是神庙无声地屹立于岩地之上，才使得那周遭世界的一切遮蔽者现身，这些涌现和自然反过来也“照亮”了人们的筑居所在，也就是大地。对于希腊人来说，当人们建立神庙祈求神灵到场，世界被照亮和开启，他们也才能筑居在大地之上思考命运与生活。正是神的光辉点燃了希腊人的民族荣耀和未来，被庇护着的个人也才能禀受神的恩赐与降福。总之，在神庙中，建立了一个世界并制造了大地，神庙把这二者带入了神的庇佑，即带入了一种敞开领域，世界再也不是科学的意义上的物的单纯的聚合，不再被定义为是物的表象的想象框架，大地也不能通过科学技术的纯粹计算得出，不是自然意义上的对象。“建立世界并制造大地”，这样一种对艺术作品的规定可以说绝对不是科学意义上的，更不是认识论的，而是一种美学化了的“象征”，可以看到的是，象征带着存在的语言道说自身，把有限的经验之在带入了全新的境域。“世界”是承载者，承载着人的一切现实生活，是人的家园所在；大地则是覆盖者，覆盖着万物的可能性，标识着自然的界限与原则。艺术作品“建立一个世界”就是将存在真理具象化、公开化，“制造大地”就是显示存在

① ［德］海德格尔：《林中路》，孙周兴译，译文出版社2004年版，第26页。

真理的不公开性、隐匿性。艺术作品由此将二者带入同一敞开领域，在此领域中，大地和世界相互争执又彼此相依为命，保持着一种否定意义上的内在性关联，世界与大地不仅要争得各自的守身自持，还进入一种若即若离的亲密关系中。大地依赖世界去打破和释放其自行锁闭状态，世界则依寓大地的坚实基础。就在这种艺术作品本身所蕴含的差异性中，存在到场，真理发生。正是因为艺术作品“建立一个世界并制造大地”，人们才得以“听到”存在真理自身的道说。这种存在真理的道说也因此成为艺术作品（存在者）的具体立法者，象征在此并不具有任何确定性，它指向着自身之外的某种东西，能够“说”出比概念语言更多的东西，从而把自身的意义扩展到不确定的边界。正是在这个意义上，有限的存在者能够在概念思维之外，有了“直观”存在的可能性，世界和大地敞开的境域，能够容纳想象力的任意“塑形”，而不划分特定的疆域，它虽难以捉摸却又充满意义，把艺术作品推入一种“两难”的境地，在那里，感性世界与真理世界保持着非对称性，有限的存在者与存在分属二者保持对立，也正因如此，象征能够在“世界与大地”的原始争执中，实现二者的统一。由此，象征撑开了真理的出场空间，使得“真理”现身得以可能。

对海德格尔来说，艺术乃是真理自行设置入艺术作品，艺术作品存在的两个基本特征就是“建立世界”与“制造大地”。世界与大地的争执被带入了一个敞开领域，在此领域中有“澄明”在焉，此澄明与遮蔽同样发生原始争执，“惟当存在者进入和出离这种澄明的光亮领域之际，存在者才能作为存在者而存在”①。但是在常态上，存在者总是把自己抑制在一种遮蔽状态中，存在者之存在就成为“澄明—遮蔽”的争执。现在事情变得清晰明了，真理并不是一个传统意义上的“认识论”难题，它与符合论无关，“它根本就没有认

① ［德］海德格尔：《林中路》，孙周兴译，译文出版社 2004 年版，第 43 页。

识和对象之间相符合的那样的一种结构”[①]。康德式的“人为真理立法”的真理观从本质上来说背离了真理本身，把真理凝固在了命题结构之中，结果就是人们虽然对“真理”“说”出了很多，但是“真理的本质却未曾被经验和未曾被思考过”[②]。真理本质上就是存在者的无蔽状态，就是“澄明—遮蔽”的原始争执，它被海德格尔称作“本有”。之所以在艺术作品中有真理在场，原因并不单单就是“世界”与“大地”的争执，而是源于“本有”：“只要真理作为澄明与遮蔽的原始争执而发生，大地就一味地通过世界而凸显，世界就一味地建基于大地中。”[③] 按照这种说法，艺术之为真理自行设置入作品，真正的原因乃是“自本有而来”。明白了这一点还远远不能够回答我们的问题：何以艺术能够克服现代性，从而开启一个未来世界？

可以说，海德格尔的存在论的艺术方案另辟蹊径，但是，他融合艺术（美学）与存在论的方案主要遭到两个方面的攻击和责难。文艺美学家们批评海德格尔对凡·高的油画——“农鞋”图像——的理解存在过度诠释的嫌疑。迈耶·夏皮罗（Meyer Schapiro）甚至认为海德格尔“是在自欺，从他与凡·高画作的遭遇里，他只记得农民和土地的种种联想的动人的一面，而这些很少能够得到画作本身的支持……他确实是事先想象好了一切，然后再把它投射进画面中。在与作品的接触中，他既体验到了太少，又体验到了太多”[④]。哲学家们则可能批评海德格尔对于图像理论的阐释“故弄玄虚”，因为，将艺术归结于艺术品，通过艺术作品去把握存在的真理，其方法仍然是想通过有限的感性的现实存在者达到对于无限的存在的领

① ［德］海德格尔：《存在与时间》，陈嘉映、王庆节译，生活·读书·新知三联书店2012年版，第251页。

② ［德］海德格尔：《海德格尔选集》上卷，孙周兴选编，生活·读书·新知三联书店1996年版，第272页。

③ ［德］海德格尔：《林中路》，孙周兴译，译文出版社2004年版，第45页。

④ ［美］迈耶·夏皮罗：《艺术的理论与哲学：风格、艺术家和社会》，沈语冰、王玉冬译，江苏凤凰美术出版社2016年版，第136页。

会，它沿用的仍然是“此在—存在”的基础存在论思路，其本质是形而上学主体性的隐秘重建，它无法摆脱阿多诺指认的存在论的同一性暴力。而且，强行将艺术与哲学连接试图通过诗化哲学开显出存在的真理也在客观上无视了艺术与哲学的区分。事实上，完全拒绝实在图像的认知维度和审美的感性愉悦也是不可能的。或许这也是海德格尔只关注那些伟大艺术作品的原因之一。阿多诺明确指出，艺术的命运与社会历史的发展息息相关，是现代资产阶级社会的文化工业制造了大众的虚假快感，由此导致了人们真正的审美愉悦被吞没，而追问艺术真理问题应该站在现实生活的地基，盖因“艺术总是一种社会现实……艺术站在社会的对立面”[①]。可见，阿多诺认为艺术真理问题应该指向具体的社会制度，通过挖掘艺术的否定性内涵突破审美资本主义造成的人的虚假美学存在。在这个意义上，海德格尔的存在美学图像由于无视真理显现的具体的社会历史图景而隐含着永恒化、非历史的倾向。我们可以考虑一个海德格尔的辩护，那就是海德格尔亲身经历了20世纪激烈的战争冲突、文明的动荡、政治经济的剧变、现代技术将人连根拔起的危机状态，他已经对现代性的规划表现出了某种恐惧。此时，或许进入艺术之途就是一个退路和选择，因其保留着人类的美的感觉和感受。无论如何，海德格尔试图通过艺术品去观看真理的存在美学路径已经是一种关于人类生活世界的哲学探索。

海德格尔说，艺术品是一个“被创作—被保存”之在，“要是作品没有被创作便无法存在，因而本质上需要创作者，同样地，要是没有保存者，被创作的东西也将不存在”[②]。创作是一种生产，它带来存在者的敞开性，保存则意味着置身于这种敞开性中，即把人推入与在作品中发生着的真理的归属关系之中。所以，艺术是作品的本源的意思就是说，艺术就是对艺术作品中的真理的创作性保存，

---

① ［德］阿多诺：《美学理论》，王柯平译，上海人民出版社2020年版，第332页。

② ［德］海德格尔：《林中路》，孙周兴译，译文出版社2004年版，第59页。

而这就意味着，艺术就是真理的生成和发生。而在海德格尔看来，关键是理解“一切艺术本质上都是诗”，真理乃是通过“作诗”而来。诗在海德格尔的语境中，是一种作为澄明的筹划。我们知道，“筹划”是海德格尔描述此在（人）的专门术语，讲的是此在自己能够展开和揭示自己的最本己的能在，能在就是能理解存在的意义。筹划归根结底揭示的是此在自己的存在，即他能在的种种可能性，那么作为澄明的筹划就说的是人进入澄明之境中（进入存在的真理）然后将这种存在的真理展现为或实现为存在者的一种具体的可能性。诗作为真理之澄明着的筹划涉及“语言”，为了避免一种把一切艺术形式如建筑艺术、绘画艺术等理解为诗，必须找到诗的独特的语言。流俗的观点认为语言就是一种手段，是一种对文字和声音的具象化的传达，海德格尔并未反对这种对语言的流行看法，只是认为它不足以达到语言的存在论认识，因为“惟语言才使存在者作为存在者进入敞开领域中”[①]，没有语言便没有任何存在者的敞开性。在海德格尔看来，如果语言能够通过命名存在者使得存在者源于其存在并且达乎其存在，这种语言就是一种道说，这样一种道说就是澄明的筹划，筹划着的道说就是诗，诗便作为存在者之无蔽的道说。可见，道说的语言并非“人言”，所谓“天道无言”，或是说，并不能被“人言”所说尽，道说乃是人言的本源，是根本上的语言。在这个意义上来说，“语言是诗，不是因为语言是原始诗歌，不如说，诗歌在语言中发生，因为语言保存着诗的原始本质”[②]。而其他的艺术形式（建筑、绘画等）始终发生在道说的敞开领域中，因此，它们被看作存在者之澄明的各具特色的诗意创作。

艺术的本质是诗，而诗的本质则是真理的创建，创建在海德格尔看来又有着以下三重意义，即赠予、建基和开端，其中最重要的是把作为诗的艺术理解为作为开端的创建。海德格尔讲“每当存在

① ［德］海德格尔：《林中路》，孙周兴译，译文出版社 2004 年版，第 61 页。
② ［德］海德格尔：《林中路》，孙周兴译，译文出版社 2004 年版，第 62 页。

者整体作为存在者本身要求那种进入敞开性的建基时，艺术就作为创建而进入其历史性本质中”[①]。从这里我们可以看出，这种作为创建的艺术贯穿了整个西方历史，存在者整体从古希腊作为无蔽的存在到中世纪被看作上帝造物意义上的存在，再到近代成为意识的对象，乃至经验科学的对象，语言的对象，每一种转换都展现出了一个全新的世界。可以这样说，“每当艺术发生，亦即有一个开端存在之际，就有一种冲力进入历史之中，历史才开始或者重又开始”[②]。换言之，艺术是历史性的，“艺术拥有外在意义的历史，它在时代的变迁中与其他许多事物一起出现，同时变化、消失，给历史学提供变化多端的景象”，在这个意义上来说，艺术乃是根本意义上的历史，艺术为历史建基。现在我们可以回答海德格尔的问题了，为什么艺术能够克服现代性，开启一种新型的世界，实现对现代性的适当安置。原因主要在于，艺术从根本上来看就是历史性的，它是一个民族的历史性此在的本源，它能把这个民族的历史性此在带入其存在中，而由于艺术本质上就是诗，而诗乃是一种作为开端的创建，它又能把这个民族的历史性此在带入一个全新的开端中，创造一个完整的新世界，并在这个世界中保持着存在的真理。于是，海德格尔得出了的结论就是，现代性走上艺术之途就意味着克服现代性必须“作诗”，现代就是“作诗”的时刻。总之，海德格尔认为，在技术的集置之外，艺术有可能开启出一个全新的时代，在那里，人们可以诗意地与人的存在的最深处的所在（本有）和谐地生活在一起。后来海德格尔干脆承认哲学不会引起现代社会任何直接的变化，唯一的可能就是在“思”与“诗”中做好准备，等待上帝的出现。但是，必须指出这里容易引起的一个误解，实际上，海德格尔并不是一个预言家，他所做的努力其实就是想让人们明白，在技术集置的时代保持清醒的做法是把现代性经验为是“本有”的一种召唤。

① ［德］海德格尔：《林中路》，孙周兴译，译文出版社2004年版，第64—65页。

② ［德］海德格尔：《林中路》，孙周兴译，译文出版社2004年版，第65页。

他说的在“思”与“诗”中做准备实则是提醒我们，必须关注我们与现代性之间的复杂的关联，充分估量我们对当前时代的承受能力。所以，如果在形而上学之外真的会出现一个新的时代，我们所做的准备就会使我们更好地适应新的时代，而一旦新时代真的到来，我们就不会显得不知所措，而是坦然接受。

可以说，当海德格尔承认“如果思想和诗歌再不成为不用暴力的力量，那末现在正在出现的人被连根拔起的情况就是末日了”[①] 的时候，他的艺术救赎就必然带着一种悲壮的存在论意味，同时，作为一个存在论的知其不可而为之的选择，它也始终拖着非历史化的尾巴。对于如何反抗这种“技术的社会图景”，鲍德里亚在海德格尔之外推出了另外一种方法，即“用原始的象征交换来取代技术时代的符号交换，并试图从象征价值和象征交换的视角来反抗技术符号对人和社会的压抑、控制和全面统治”[②]。这就是鲍氏著名的“象征交换逻辑”。简言之，就是回归“莫斯－巴塔耶”观念意义上的原始社会，即在现代社会重建“原始社会（部落）礼物回赠交换关系和非功利耗费观念为核心的草根主义的历史观”[③]。不难看出，鲍德里亚面对技术的致命威胁，保持了一种怀旧式的浪漫主义，他提出的方案并不是向前的变革，而是回到过去。在这一点上，他与海德格尔同行，他同样设想了人类理想化的生存情境，区别在于，海德格尔欲行至的是古希腊式的人的本真存在，鲍德里亚则想返回到无效用、非功利的原始交换社会。

我们同样可以知道的是，鲍德里亚比海德格尔更加熟悉技术高度发展的西方世界，他早在 20 世纪 80 年代初期就已经对当时最先进的技术现象做出了悲观的描述和预测，并由此生发了一种反现代

---

① ［德］海德格尔：《海德格尔选集》（下），孙周兴选编，生活·读书·新知三联出版社 1996 年版，第 1305 页。

② 孔明安：《物·象征·仿真：鲍德里亚哲学思想研究》，安徽师范大学出版社 2010 年版，第 189 页。

③ 张一兵：《文本的深度耕犁：后马克思思潮哲学文本解读》，中国人民大学出版社 2008 年版，第 149 页。

技术和回归自然的颇具颠覆性的理论归依。他关于技术的致命策略的讨论从根本上表现出了对人类现代文明的拒斥和批判，并由此发动了一场对于资本主义统治现实的声势浩大的声讨和攻击。在某种意义上，他的批评同样适用于技术高速发展的高度数字化的今天，鲍德里亚的技术物进化到更加高级、更加虚拟的形态，这种数字化的现实效应就越发将客体当作意识形态制造出来，结果必将导致主体无法修复。这对于现代技术世界来说是一个“丑闻”，因为这等于近代自从康德以来直至胡塞尔现象学对先验主体的构造的尝试宣告失败。鲍德里亚畏惧技术所蕴含的改天换地的威力，他带着失望和悲观的情绪断言，主体必将被技术所击败，技术的统治将会改变现代社会的游戏规则和基本架构，致命的技术将取得胜利，完成对主体的报复，“所以，预言实现了：在我们生活的世界里，用符号来使实在消失并掩盖它的消失”①。概言之，现代技术追求的目标就是消除“差异性”，使一切存在物趋同，这就是鲍德里亚口中的技术的发展达到的“完美的罪行”。从这个角度，技术的发展无疑带有某种程度的命定论色彩。在鲍德里亚看来，人类在技术时代能获得的唯一的拯救就是返回未被技术所污染的原始存在。在这里，鲍氏的技术批判论的缺点变得一目了然，因为它撇开了技术的社会因素，单纯地思考技术造成的社会后果并将之置入一种极端思维方式中，这样，将人类社会推入技术决定论就是他思想的必然。显然，他意识不到，他想要返回的象征交换的浪漫主义社会并不是历史进程的真空，它同样是基于物质生活资料的生产的。关于这一点，只有在历史唯物主义那里，我们才能真正地看清楚。

第二节　马克思：超越现代性的共产主义

通过对资本逻辑的解说，我们基本可以确定，马克思眼中的时

---

① ［法］让·博德里亚尔：《完美的罪行》，王为民译，商务印书馆 2014 年版，第 10 页。

代，资本与理性的形而上学有着内在的“姻亲”关系，资本有着形而上的本质，相反，形而上学也把自身显示为资本的现实运动逻辑，这样我们就可以发现资本逻辑的真正内涵大致包括以下几点。第一，资本逻辑成为资本主义时代的“终极存在”“绝对存在”，由此资本以自身的辩证运动逻辑来解释一切资本主义社会的全部“存在者”的生成、演化和复归。资本成为世界的审判者，没有什么能逃避资本力量的掌握而自存，也没有什么能在资本的宰制之外证明自身的合理性存在，一切都必须在资本面前证明自己存在的“合法性”，否则对于资本来说，存在着的一切规定不过都是“无”（虚无）。第二，资本逻辑为了维护自身的“统治”，必将这种统治性的形而上学抽象落实为一种现实的具体操作，它对自身的辩护就是声称自己是历史的最佳选择，历史在这里就意味着“终结”，人类进入了完美的“千年王国”。换言之，资本逻辑的统治将成为一种资产阶级的意识形态。可以说，资本逻辑的这种内涵真正地表明了资本主义现代性的图景是：人们不仅在观念上被拴上了链条，人们还服从资本的现实逻辑，换言之，资本的逻辑和观念的统治共同造成了人在现代社会的失格与窄位。在这个意义上来说，资本主义社会是真正的先验。所以说，通过资本逻辑的辩证运动，我们不仅要抓住资本的物质的实体的方面，还应该理解那使资本成为资本，使资本拥有了“生命”的形式的方面，而问题的本质就在于现象就是存在，只有我们真正认清并把握住资本逻辑与形而上学的这种内在的“同一性”，才能更加深层次地理解，现代性从来不能彻底地拒斥形而上学，就像资本主义社会不可能真正地驱逐资本一样，形而上学在一片反对声中，从来都是在表面上被打倒了，而实际上，形而上学不过是深入了资本主义社会的机理，以资本逻辑的感性形态创造了一个“伪具体世界”，现在它的“赫尔墨斯”乃是资本，自从人们剥夺了上帝在天国的统治，情况并没有变得更好（至少没有像人们想象的那样好），上帝降临到地上，在人间它以超验的资本的身份和面貌继续实行着自己的统治。结果就是，在商品中，在市场交换中，在世界的一切存在者身上都充满了幽灵般的面目。但是，资本逻辑的同一性逻辑中蕴含着一种分裂，这种分裂同样是由形而上学的基因所致，资本逻辑正是由于携带着形而上学的“恶”，而不能克服自身的内部对抗和冲突，资本成了一种自我挫败的概念，资本逻辑造成的悖论在资本主义世界中正以一种潜伏的力量存在，成为一种对资本主义本身的威胁。可以说，资本的界限就是形而上学的界限，形而上学的消亡与资本的超越是互为前提的，理解了这一点我们就真正抓住了资本主义社会的秘密，也就抓住了打开未来可能生活的钥匙，找到了通向未来美好世界之“门”。

现在问题已经变得十分清楚了，马克思将思考的主旨放在了超越资本主义现代性的问题上。事实上，资本主义并不就是现代性自身，而仅是现代性实现自身的一种特定的形态而已。这不难理解，我们可以看到的是，资本主义社会是在资本逻辑的辩证运动中获得自身确证的，而资本本身乃是一个历史的实践的范畴，在这个意义上来说，所谓资本主义社会真正来说就是现代性在资本主义那里并通过资本获得自身的存在方式和社会形态而已。进一步来说，由于资本主义现代性内在地包含着众多难以调和的矛盾和冲突，这就决定了必然产生一种有别于资本主义现代性的其他社会形态和发展形式，可以说，在资本主义现代性之后，马克思给出了自己对于现代性的设计和解释：共产主义。

通常来说，人们更加关注的是马克思对资本主义的批判，而不能领会到资本主义乃是通向共产主义的阶梯，乃是共产主义生长的现实与理论的双重空间，正是资本主义的母体孕育了马克思的共产主义。事实上，由于马克思对资本主义说了很多，而相对较少谈论共产主义，很多学者就此认为马克思的第一主题不是共产主义而是资本主义。如果给马克思的研究一个“康德式”的总结那就是：“关于资本主义我能够知道什么，关于资本主义我应该做什么，关于资本主义我可以希望什么。”那么，我们就可以看到，马克思并未采取一种完全割裂二者的立场，关于资本主义的能够知道的、做的以及希望的成为探讨资本主义转化成为共产主义的可能性的前提。换句话来说，资本主义与共产主义的直接对立是外在的，只具有道德和意识形态的意义，而并不具有反思性意义，关键在于理解，作为感性的客观存在的资本主义与作为理性的哲学概念的共产主义不可能按照同一种逻辑实现内在的统一。从资本主义的现实性出发我们根本无法直接跃迁到关于共产主义的知识与理解，但却可以通过对资本主义现实的否定性理解上升到对共产主义的理解，这就是马克思自己的存在论的辩证法。正像马克思把资本主义现实理解为形而上学的隐性逻辑与资本的显性逻辑的同一性运作一样，马克思在思考中始终是行走在双层界面，即理论的形而上学的反思批判与现实的实践的建构与推翻，实际上是一个界面。正如柯尔施（Karl Korsch）所说，“理论上的批判和实践上的推翻在这里是不可分离的活动，这不是在任何抽象的意义上说的，而是具体地和现实地改变资产阶级社会的具体的和现实的世界”，而“理论和实践不可分割的相互联系”是“马克思的共产主义理论的最独特的标志……认为一个纯粹思想的理论似乎已经取代了革命意志的实践，这不过是肤浅的一瞥，这种革命意志在马克思的著作的每一个句子中都是潜在的——然而是存在的”①。按照这种逻辑学，就必须把对资本主义的彻底的理论透视与对共产主义的理论的具体建构紧紧地联系在一起进行思考，而马克思要求超越资本主义现代性、改变世界的要求就首先归结为以下两个问题。

第一个问题是，如何破解由于理性形而上学的“狡计”即与资本逻辑的现实运作导致的人在资本主义的最大的“异化”现实：个人受抽象的统治。而思考的焦点可以理解为以下这样一个命题：不是关注现实的人如何生活，而是探究人之为人应当如何生活。其中，命题的第一个方面，马克思在对资本主义的批判中已经宣告完成，

---

① ［德］卡尔·柯尔施：《马克思主义和哲学》，王南湜、荣新海译，重庆出版社 1989 年版，第 25 页。

现在问题是命题的第二个方面，而问题的实质是“什么才是真正合乎人性的人的生存方式”，以及“消解人在‘神圣形象’与‘非神圣形象’中的双重异化”，这可以说是马克思超越资本主义现代性的第一个存在论问题。

第二个问题是，何种政制、何种社会制度的安排可以保证人之为人的正当生活，共产主义作为一种未来生活的制度保证如何可能？或是说，共产主义的政制如何可能？

一　共产主义的人的自由与解放

马克思对超越资本主义现代性的共产主义社会的第一个实质性的存在论探讨就是“人之为人应当如何生活”，即共产主义社会的人的自由和解放。青年马克思已经开始关注人的自由问题，早在《1844 年经济学哲学手稿》（以下简称《手稿》）中，其“异化劳动—私有财产—共产主义”的生成逻辑就呈现出明显的脉络，马克思从“当前的经济事实出发”，阐释私有财产这一既定“前提”下的劳动异化现象，揭示异化劳动的秘密，最终发掘出“物”掩盖下的人的存在及其自由自觉的本质，指出实现这种解放的条件，使“人的解放”成为共产主义思想鲜明主题。直至《1857—1858 年经济学手稿》（以下简称《大纲》）马克思将自由和解放的人称为“在自由的联合中全面发展的自由个性”，马克思始终都将人的自由与解放作为其现代性批判的超越主题。

由于资本主义按照一种经验主义的方式来理解人，当它把人描述为劳动者、流动资本、活劳动，一句话描述为“物”时，这种对人的定义就是正当的，合理的。这与现代哲学把人主要界定为“自我意识”和“权利”并没有什么本质的不同，换言之，从思辨概念中偷偷逃出来的人又走入了资本逻辑的圈套和迷宫中，人受抽象统治的现实意味着马克思不得不重新提问，方法是在对人的现实情况的反思性规定（异化）中超越现实性，借助哲学的思维重新解说人的存在。

当马克思开始使用自己的术语思考人的本质的时候，他主要是用纯粹经验的方法把人规定为“现实的个人”。正如上文所述，笛卡尔的“我思”命题开启了启蒙现代性构建主体的现代工程，这一工程最终完成于主体实现了“自我人、经济人和政治人三者为一”①。可见，这一过程有三道必要工序：（1）证明现代人的理性的合法性；（2）证明现代人的自然欲求的合法性；（3）证明现代人生活世界的政治边界。关于第一个问题说的是理性为自然立法的可能性，笛卡尔通过“我思故我在”，论证了“我思”是理解一切现代问题的唯一可靠的出发点和支点。康德通过先验论证说明了理性拥有构造普遍必然知识和指导正当行为的能力，由此，理性的知识主体同时也作为道德主体。康德的道德主体要求纯粹意志与纯粹理性的一致，结果就是人们无条件地承认道德绝对命令，内在意识成为现代人行为的规范，这是理性的一个巨大成就，但同时它也以失去了其实践可能性为代价。理性的强制性证成导致了生活世界的分裂。这让人们注意到，人们需要从另外的维度开启对实证化生活的理解。在现代关于人的解释学范畴中，“理性”和“自然欲望”构成了理解人的两个要素。而一旦从自然欲求的角度来填充现代人，我们就会将现代人的建构推进经济领域，在现实世界中把理性之人合法化，即把人的自私欲求合法化，结果就是资本主义“经济人”的塑造。

政治经济学家发现，人的“自利本性”是在人性中先验存在的，并且在具体的经济行为中起着根本性的作用。亚当·斯密在“劳动价值论”中将“自利人”定义为人的抽象的一般性，并认为正是自利之人而非某种特殊的个人才真正创造了现代意义上的财富。沿着斯密的理论演绎，约翰·穆勒将“自利人”提升为“经济人”，并将之确定为政治经济学研究的前提假设。由此，“经济人”作为一种追求自身利益最大化和成本最小化的人类形象被固定下来。事实上，“经济人”的概念虽然来自斯密和穆勒的构造，但是“经济人”的

① 赵汀阳：《第一哲学的支点》，生活·读书·新知三联书店 2017 年版，第 139 页。

事实却是由现代资本主义社会造成的。工业革命通过与资本主义的联姻，商品经济爆炸性地增长，自由市场创造了远远超出人们实际生存需要的商品，越来越多的商品需要拿到市场上交易，这导致了激烈的市场竞争，这就是现代人生活的基本样态，一方面，是资本的积累和扩张，社会财富的生产和集聚；另一方面，普遍的竞争把人们推入了“一切人对一切人的战争”。市场上只有交换价值，唯有理性的计算才有可能使人免于自由竞争的失败，于是，追求自身利益最大化的现实信念，就要求理论上对自私欲求的合法化的证成。可以说，正是工业革命、资本主义和自由市场共同制造了现代“经济人”。

“经济人”塑形的最后一步在于，确定“经济人”的政治边界，不仅从精神上还从物质上都要明确自己的范围，与“他人”划清界限，从而保障自己的利益，捍卫自己的权利。政治哲学为此做出了巨大努力，其中最为引人注目的是，洛克将私有财产权确立为人得以行使自身主权、实现自由的关键，从而使一个人真正成为现代人。可以说，当“经济人”建构完成，即当它同时作为“理性人”和“政治人”时，现代资本主义才拥有了自己的主体性产品，才真正找到了它的“公民”。

对于马克思生活的资本主义社会来说，所谓现实就是一个人在“商品—货币—资本”的“非神圣形象”中的再度异化的“物”统治人的颠倒的世界。在这个现实中，人的一切都被兑换为物，在这样的异化世界的经验现实中，永远不可能建成和实现人的“全面发展的自由个性”，而只会取消这个问题。事实上，资本现代性为资产阶级社会的发展匹配了一套意识形态系统。仅以人与自然的关系来看，古代人认为，自然乃是整个世界存在本身的一种自在的完美性，它并不仅仅就是自然物自身内在本性的显现，同时也是整个宇宙内在本质的涌现。它以井然有序的合目的的方式而存在，没有什么能够比自然更完美，甚至诸神也是自然同质的一部分，自然乃是最高的典范，人类的生活就是对自然法则与运行方式的模仿。正是在这种观念的制约下，人们从不敢逾越自然的尺度对自然界进行大规模的开发，更别提控制自然。而当人们想要占有自然之物时，庄严的祭祀仪式就是与“神灵”沟通的最佳方法。而现代性支配下的自然已经被资本逻辑所改写和“祛魅”。从“经济人”的视角看，伴随着现代社会的生成，自然已经失去了其神圣性和完美性，退化为科学视域中的自然界以及自然物的整体，弱化为感性的现实存在，从而不再是人们生活的“原型”。“经济人”的生活从遵守自然的宇宙的法则转向遵守资本的法则，从效法自然而活，转变成“为自然立法”。如果说，奉行资本的尺度而活的人被称作“现代人”，那么，在“自然尺度”下生活的人则被称为“自然人”。人类的存在形态由此也可以描述为是从“自然人”到“现代人”的转变。人与自然在宇宙中的位置颠倒了，人的原则取代了自然原则，现代人的生活方式由崇敬自然变成了意图征服自然和控制自然。按照资本的运行逻辑，“经济人”将现实生活的秘密等价于对自然奥秘的发现，而自然又是能够被人征服和掌握的，所以现代生活的秘密就要求保持资本逻辑的稳定运行。于是，对于“经济人”来说，一种现代社会的实践态度就是赋予自然造物以商品形态，将之拿到资本市场上出卖以获得交换价值。这种转换越是迅速，越是顺利，“经济人”的主体地位就越是稳固。市场经济的工具理性完全融化了自然存在物。自然界的形而上学意蕴被资本所覆盖和消除，自然世界被人们的欲望所填充。这必然引发人们对自然的疯狂战争。自然的原则转变为“经济人”的原则意味着，资本主义社会中的自然乃是向着“经济人”生成的自然，换句话说，资本主义社会的人化自然造成了人与自然的分裂和对立。由于“经济人”只遵从理性原则追求利益最大化，在自然问题上，它必然表现为对自然的支配和滥用。而一旦突破了自然本身的限度，造成的就是环境破坏的恶果。

之所以出现生态危机的问题，从现代性的观念层面上说，是因为“主体—客体”分裂的认识论结构成为隐性的思想支配，西方主流思想在这种认识论的支配下，设定经济是一个独立的系统，资产阶级社会发展的唯一目的就是追求各种经济指标的增长，即追求经济利益最大化，而环境问题是与这个经济系统无关的外部问题，或者说，经济是独立于自然生态系统之外的，二者之间没有直接的必然联系。于是，资本现代性利用“市场万能论”和“科技万能论”来驯服生态问题。前者认为，在市场经济中建立完整的经济体系来消化生态问题是生态问题的解决之道。这种“资本主义”化的生态的观点认为，财富所赖以存在的资本都是以原生的“自然资本”的样式存在于自然系统之中。但是因为生态系统没有明码标价，人们才毫无顾虑地征用、开采自然，制造各种污染，而且并不打算对此负责任。一旦将自然标上价签，将自然资源转变成资本主义市场中待售出的商品，人们就会启动理性对这些“商品”加以计算，而人们一旦开始了理性计算，自然资源就有不被“消费”的可能。因此，将自然系统纳入资本主义的市场经济体系就是重要的市场行为，自由市场是万能的，“无形的手”先是通过资源配置和调控手段将经济追求利益最大化的自由行为合理化，而后再将其引发的生态问题掩盖。由此，经济追求利益最大化的行为和动机就变得合法化，就算是会造成一定的生态问题，也会被当作资本主义市场中的经济问题。由此，生态问题就被兑换为经济问题，生态问题的解决就有赖于资本主义市场经济那只“无形的手”来调控了。结果自然就是，人们只见市场经济不见生态问题。“只要在经济决策中赋予环境适当的价值，环境就能得到更好的保护。”① 后者则认为，科学技术的发展能够终结生态危机。支持的证据是，19 世纪技术革命以来，人们逐步提高了资源的利用率，同时逐步掌握了对自然危害较小的生产方式，这使人们树立了一种“进步观念”。资本让人们相信科技是无限进步的，人类历史同样也是进步的，而生态问题不过是一种定量，只要不断进行技术革命，生态问题总会在未来被新科技所克服，即作为

---

① ［美］约翰·贝拉米·福斯特：《生态危机与资本主义》，耿建新、宋兴无译，译文出版社 2006 年版，第 18 页。

变量发展的科技是能够在未来解决人们的生态危机的。为此，当前西方生态学拿出了不同阐释方案。“深绿”思潮看到，控制自然的思想实质是人类中心主义价值观的表现，而恰恰后者无视了自然的内在价值和权利，只要人们将自然的利益置于人类的利益之上顺应自然，避免人类文明对自然的利用和改造，人们就能获得一种生态和谐。“浅绿”思潮则坚信，只要人们坚守作为生态价值判断的主体地位，以自由主义政治哲学作为理论基础，修正现代人类中心主义价值观，调整现代科学技术，辅以相应的环境决策，现代人就能顺利度过当前的生态危机。生态学马克思主义清晰地看到了生态问题的根源在于由利益驱动的资本主义的生成逻辑和现有的社会结构，为此，它们将批判的矛头指向了资本主义制度及其生产方式和权力结构，认为当务之急是变革社会制度，在实践上探讨解决生态危机的政治、经济等新举措，引导生态运动走向阶级运动，维护后发展国家和穷人的利益，最终实现生态文明建设与社会政治经济的协调发展。不难看出，这些生态思潮维护的仍然是西方现代化的中心立场，从根本上说，它们的方案都是探索西方现代化可持续发展的可能性，都是为了更好地释放资本主义现代化的潜能，它们都是基于西方现代化对资本主义所做的辩护。

不难看出，马克思所生活和描绘的资本现代性已经完全按照自己的面目修改了社会的基本图景。但是，马克思又坚持声称共产主义超越了资本主义的现代性，这种理论与现实的矛盾成为理解马克思的“人的自由和解放”的关键所在。既然资本主义是一个人无法逃避的异化的世界，超越这种人的“自我异化”就必须首先“面向现实本身”，以这个现实为起点，而不是在思想上“绕过”这一现实。因为在马克思的理解中，人与资本主义的异化现实的对立已经在资本逻辑中得到了充分的发展和巩固，正确的理论态度只能是在对已经“颠倒”了的“异化”的现实中实施第二次“颠倒”，通过辩证法的否定性洞悉到人之为人的真正本质，而不能像传统形而上学那样，直接越过现实飞升至概念的层面。

马克思从现实的人出发，从更深远的历史和实践中去寻求对人的理解，这并不是什么惊人的发现，因为现实世界并不是观念的产物，而是现实的人的感性创造活动的产物。这也就是说，现实世界是大于观念世界的，即便观念世界宣称能够设想一切，仍然不能覆盖现实世界。在这个意义上来说，马克思并没有说出什么真理，而是重复了一种存在的经验事实。而这看似就是现实的资本主义的论调：资本逻辑把一切政治问题都蒸馏和还原为经济问题，消除了笼罩在人身上的一切政治的、伦理的形式和幻象，把人压缩为仅仅被劳动和财产的实体性内容所规定的"经济人"，这对共产主义的人的自由和解放的愿景并没有什么积极的理论教益。问题是，现实的人是在什么意义上成为马克思的"人的自由和解放"的理论的前提的？如果把对现实性的理解等同于马克思的问题本身，就陷入了歪曲和误解马克思的危险当中，因为马克思的问题乃是对"现实"的辩证的否定的理解，马克思的"人"乃是一种双重逻辑（理论反思的与经验的）上的思考，它需要从现实提升到概念的理解，但同时又不离开历史的现实基地。

对马克思来说，身处资本主义的世界的现实的人是需要被彻底解放的对象，它作为一种抽象的物质性存在恰恰能够成为马克思的辩证法起点。也就是说，作为辩证法的目标的"共产主义的人的自由和解放"被落实为"现实的人的解放"。相应地，所谓"人的解放"就意味着对资本主义现实世界以及资本主义现实的人的彻底的否定性理解。在这个意义上来说，马克思的唯物主义恰恰拥有很少的"唯物主义"，因为，人之为人的世界即那个人已经获得自由和解放的世界，无疑是理论创造的对象从而首先是观念的产物。这里需要注意的是，此时马克思所谓的观念的力量不同于青年马克思的人本主义的道德呼喊，它不再是站在现实世界，从"实是"与"应是"的逻辑张力中呼喊一个"完人"的出现，而是站在了"现实的历史"中，展开政治经济学批判，重塑一个"经济人—政治人"的新主体，在这个意义上来说，马克思的人道主义理想与他对现实的描述是不可分割地统一在一起的，马克思对人类解放和人的全面发展的价值追求与他所揭示的人类历史发展规律是不可分割地统一在一起的。这样，资本主义的现实的人的“定在”并不进入此理念界面，于是不难得出这样的结论：那在“共产主义中得到自由和解放的人”其实是马克思的理念反思出来的全新的人的概念。由于进入了概念反思界面，人自身的限定性的存在（自然的存在）被悬置起来。因此“自由而解放”的人彻底地丢掉了“沉重的肉身”变成了纯粹的存在，人直接成为自身的目的和手段，因此自然不会出现人被人自己的创造物所奴役和支配的情况，也就更加不会出现“异化”的人的形态。

马克思“现实的人的解放”要求改变的是对现实世界的理解以及对人的理解，因此必然否定和扬弃作为历史辩证法起点的人的现实性，超越经验主义的视域，将“人的概念”与“现实的人”按照一种否定性关系来思考。事实上，对于如何从现实的人出发达到人的自由和解放，马克思的研究显示了极为复杂的理论思维。

马克思要求对人的理解应该从现实的人及其感性的实践活动出发，而对这种现实的具体规定在马克思看来并不是一种抽象的实体的概念，而是一定的社会关系。在资本主义时代，现实的人所从属的“一定的社会形式”就是劳动与财产，可以说，“劳动与财产”是资本社会以经济为核心的政治生活的最重要的实体性内容，正是由于“劳动与财产”，现实的人的生活才得以可能。

自新教时代以降一直到马克思生活的19世纪，劳动与财产作为时代性的主题成为市民社会生活的实体内容。直至马克思异化劳动理论的登场，对于劳动问题的理解才站在了对资本本身的批判的立场上，即“马克思提出了作为人的本质的自由劳动与资本主义条件下异化劳动的对立的学说，第一次把市民社会的劳动问题改造成一个对资本权力的批判理论”①。尽管学界对劳动异化问题与《资本

---

① 张盾、田冠浩：《黑格尔与马克思政治哲学六论》，学习出版社2014年版，第231页。

论》的关系有诸多讨论甚至是质疑，但是作为马克思早期的核心问题，它毕竟敏锐地把握了资本主义发展的历史特征，即人的生命受到资本权力的规训。从《巴黎手稿》中的劳动异化问题到《资本论》中的生命异化问题，我们看到了在资本权力的支配下，人们的自由时间是如何消失的，人们的生命时间是如何被合成了生产力供给市场的。在这个意义上来说，“劳动与财产”的状况可被看作“人之自由与解放”的现实根据。值得注意的是，在看到资本主义下人的异化的现实时，我们也不可忽视“粗陋的共产主义”对私有财产的变相妥协。这是马克思用以表征现实的人的存在两个重要概念，现实的人通过劳动去创造财富、获得财产以充实其存在的具体内容，在这个意义上来说，人的存在理所应当被物质生活的生产方式所负载，因此，使用政治经济学的方式对这种“现实”进行描述就成为必要，但对于马克思来说，这种经验主义的描述又是不够的，为了提升至“自由与解放的人”，还应该对其进行全新的理解，即对现实的人及其实践进行一种存在论的反思，因为真正的人的存在是一种观念知识。在这个意义上来说，马克思所谓“自由和解放”就是一种人之为人的先验图景 。但是作为进行着“现实的感性的活动”的“现实的人”并不自在地失去其意义，也不是凭自身而具有意义，其关键在于，必须抓住人的纯粹概念与人的现实存在之间的张力结构，才能通达人的“自由与解放”。毋庸置疑，在资本主义社会，现实的人主要是作为一种资本逻辑的现象而存在的，或说是“物的存在”，马克思曾经把这种社会形态描述为“以物的依赖性为基础的人的独立性”，这个“物”是“可感觉而又超感觉的”①，一方面，它作为感性的现实对象物就是物质生产资料，另一方面，它作为抽象的范畴表征着超出人类直观的社会关系。也就是说，作为资本现象的人的存在并不是一种真实的存在，而是一种“他者”之在，“伪具体存在”。而人的真实存在正是为这种现实的人的存在提供现象的意义

---

① 《马克思恩格斯全集》第44卷，人民出版社2001年版，第89页。

和质料特性，而不是像一切旧唯物主义只是“从客体的或者直观的形式去理解”或是像唯心主义那样“抽象地发展能动的方面”。其中，前者赋予现实的人独立的自在的意义，后者则赋予现实的人独立的自为的意义。在马克思看来，要想把“现实的人”提升至“自由和解放”的人，就需要在对异化劳动和私有财产的批判的意义上对“现实的人”进行深入的定义和阐释。

可以说，在原初意义上的劳动和财富是人的真正的合乎人性的存在的两个重要概念，与之相应，异化劳动与私有财产则是资本主义社会的人的存在的最为典型的两个基本特征。所谓资本主义的“现实的人”作为人的实存性和有限性的定在，在其感性与理性、自然与精神相统一的实践逻辑中，达不到真正的人性存在，只能表现为真正的人性的降格和异化。马克思并没有把现实性理解为那种有限性的与实体性的存在，而是把现实性理解为“异化”，即理解为自然的实存物与其原初本质的背离，显然，“异化”已经是一种存在的脱落。就是说，异化作为现实性并不是一种肯定性的自然存在，而仅仅是获得了肯定性外观，其实质乃是一个否定性的精神存在的丧失，异化“表现为每个事物本身都是不同于他本身的另一个东西”，从而“表现为一种非人的力量统治一切”①。这意味着现实性并非“客体的或者直观的形式”所能理解，而唯有在“思维的具体”中才能达到。这样，我们就能够看到，现实的人与感性的实践活动作为限定性的事实存在，受制于自然的必然性规律，现实的人只能活动在意见世界之中，被欲望和意见所包围和浸润，而由于“人的本质不是单个人所固有的抽象物，在其现实性上，它是一切社会关系的总和”②。马克思认为，人是一种社会性的存在，这种社会关系的总和又表现为资本主义社会的物质生活的创造与占有，加之没有任何一个现实的人能够与他的物质生活条件相脱离，因此我们根本无

① 马克思：《1844 年经济学哲学手稿》，人民出版社 2000 年版，第 130 页。

② 《马克思恩格斯选集》第 1 卷，人民出版社 2012 年版，第 135 页。

法想象一个现实的人如何能够在感性的实践活动中去创造和实现真正的人性即实现人的自由与解放。在这里，现实的人强烈地否定着自由与解放的人，真正合乎人性的生活在现实里变得不可能。但是，马克思并不接受这样失望的结论。马克思的重要发现在于，在资本主义社会，“现实的人”的具体规定并不是一般的劳动与财产，而是异化的劳动与财产。就是说，人们不能去想象一个先在的原初意义上的劳动与财产，事实上，这也是被政治学证明是不可能的。资本现代性直接就将异化了的劳动与财产或说，异化劳动和私有财产设定为现代社会的基本现象与基本现实。劳动就是异化劳动，财产就是私有财产，这成为资本现代性的基本建制。我们可以看到各式各样的工人运动和社会思潮，但是，都是建立在这种对异化劳动和私有财产的承认基础之上的。例如，轰轰烈烈的宪章运动是工人们为了争夺普选权发动的资本现代性内部的运动，其目的并非真的要推翻新兴的资本主义制度。从这个意义上说，马克思对人的反思恰恰是要从根本上取消现实的“异化劳动”和现实的“私有财产”。这是一个决定性的发现，因为这一发现揭示的是人的本质的全面的丧失，而马克思对异化劳动和私有财产的批判则清晰地表明了他对“现实的人”的人性状况的彻底否定。马克思认为，异化劳动使得劳动对劳动者来说成了外在的东西，即不属于他的本质，而人恰恰又是被这种外在的东西所统治，它把人的“生活本身仅仅表现为生活的手段”，把“自己的本质变成仅仅是维持自己生存的手段”[①]。同时，只关注物质财富的国民经济学不知道失业工人的存在，他们根本不在意、不关注工人的现实存亡问题，国民经济学“抛开了创造财富活动的一切规定性，——干脆就是劳动……有了创造财富的活动的抽象一般性，也就有了被规定为财富的对象的一般性……劳动不仅在范畴上，而且在现实中都成了创造财富一般的手段，它不再

---

① 马克思：《1844 年经济学哲学手稿》，人民出版社 2000 年版，第 57 页。

同具有特殊性的个人结合在一起的规定了"[1]。它根本不知道现实世界中，工人在肉体和精神上已经变成非人化的存在物。总之，在异化劳动中，人丧失了类本质，人的生活乏味而缺乏美感。"由此可见，以劳动为原则的国民经济学表面上承认人，毋宁说，不过是彻底实现对人的否定而已。"[2] 在国民经济学中，财富的多寡、利息的积攒才是重要的，工人的存在则居于次要地位，甚至可以被忽视，所以，私有财产下的工人才会被劳动禁锢、被物化、被商品化。这种对异化劳动的批判的前提在于，马克思试图通过"异化"将劳动提升为一种存在论的反思概念，从而为超越这种异化的现实性达致人的"自由与解放"提供了一种全新的向度：在反思性的存在论的层面重新规定人与自然的实质性关系，扬弃劳动的物质性内容，使人的实践活动和人化的自然界都上升到人性的知识界面，这意味着人们不能直接地去理解"现实的人"和"现实的感性的活动"。

进一步说，现代人的私有财产是更坚实的现实性，因而是一个原初本质进一步丧失的领域。马克思认为，私有财产不仅是异化劳动的产物，而且是异化劳动的真正秘密。因为，财产按其本来意义来说其实是一个手段概念，被看作自由的物质基础。因为拥有财产，人才能免于饥饿和贫困，特别是能够免于特权和压迫从而能够过一种有尊严的生活。但是，私有财产把财产变为人的欲望对象，手段被异化为目的，追求金钱成为人性中不可被扬弃的实质性内容，"私有财产的运动是人的现实，这种物质的直接感性的私有财产，是异化了的人的生命的物质的感性的表现"[3]。私有财产使"人变成对自己来说是对象性的，变成异己的和非人的对象，他的生命表现就是他的生命的外化，他的现实化就是他的非现实化，就是异己的现

① 《马克思恩格斯全集》第 30 卷，人民出版社 1995 年版，第 45—46 页。

② 马克思：《1844 年经济学哲学手稿》，人民出版社 2000 年版，第 74 页。

③ 马克思：《1844 年经济学哲学手稿》，人民出版社 2000 年版，第 82 页。

实”[①]。人完全失去了同自己人的本质的联系，仅仅从对象的观点看待生活世界，把一切都当作积聚私有财产的手段和工具，“私有制使我们变得如此愚蠢而片面，以致一个对象，只有当它为我们拥有的时候，就是说，当它对我们来说作为资本而存在……在它被我们使用的时候，才是我们的”[②]；“一切肉体的和精神的感觉都被这一切感觉的单纯异化即拥有的感觉所代替”[③]。结果是，“人本身被认为是私有财产的本质，从而人本身被设定为私有财产的规定”[④]，人越是拥有更多的私有财产，人就越会被归结为更贫困。丧失劳动自由的人类无法摆脱被奴役的命运，也走不出原始的简单重复，因此要打破私有财产下异化劳动的枷锁，对私有财产进行扬弃，才能使人类朝着自由全面的方向发展。可以说，直到今天，我们仍然处在马克思所描述的这幅“现实的人”的人性图景当中，这再次证明了现实性作为异化的存在平台无法真正达至“人的自由和解放”。在这个“一切向钱看”的社会，人性进一步下降变得不可避免，理解马克思的那种大写的人在这个意义上来说就变得“任重而道远”。

马克思对共产主义的人的自由与解放的思考始终面对着资本主义这一巨大的异化现实，后者无情而残酷地吞噬着人的原初本质。与其说粗陋的共产主义宣扬平均主义的社会平等，不如说其在本质上是对私有财产的平均。这不是共产主义下的消除人的“异化劳动”状态，而是对人的自由自觉本质的根本背离。

但马克思却在思想中击中了这一现实，他以理论的方式透视这一现实，以存在论的反思扬弃资本主义现实，超越现实的人的有限性来思考人的自由与解放的条件。正如马克思的文本显示的那样，马克思对人之为人的理解并没有抛弃劳动与财产这两个政治经济学的对象，而是赋予其概念的自我否定力量，他在劳动与财产的自我

---

① 马克思：《1844 年经济学哲学手稿》，人民出版社 2000 年版，第 85 页。
② 马克思：《1844 年经济学哲学手稿》，人民出版社 2000 年版，第 85 页。
③ 马克思：《1844 年经济学哲学手稿》，人民出版社 2000 年版，第 85 页。
④ 马克思：《1844 年经济学哲学手稿》，人民出版社 2000 年版，第 74 页。

否定的运动中探求人的自由与解放的基本原理，所得到的不是关于现实的人及其实践的客观知识，而是反思到了人之为人、人之自由和解放的可能性。这里的困难在于我们要看到，人的概念的转化即从现实的受自然律规范的人转变成遵从自由的解放的人。马克思在资本主义的现代性中敏锐地发现了人的自由与解放的秘密所在。

在马克思看来，造成困难的正是劳动与财产，因为正是它们构成了资本主义现代性的基本经济事实。但问题是，当马克思使用存在论反思的方法把劳动从一个关于事实的知识论问题提升为一个关于人的生活状况的存在论问题时，劳动就被认定为是人的存在的基本方式，被看作人的自我确证的本质。劳动或者是合乎人性、占有人的本质的、本真意义上的实践活动，或者是违背人性、丧失人的本质的、非本真意义上的“异化”劳动。同样，财产概念作为另一个重要的存在论概念也划分为“私有财产”和“真正的人和社会的财产”。只有依据劳动与财产作为存在论概念的分化，并从这里出发，才能通达共产主义，也才能真正实现人的自由与解放。在这个意义上来说，马克思说共产主义是异化劳动和私有财产造成的人的自我异化的积极的扬弃，因而是“通过人并且为了人而对人的本质的真正占有……是人向自身、向社会的即合乎人性的人的复归”①，是“人和自然界之间、人和人之间的矛盾的真正解决，是存在与本质、对象化和自我确证、自由和必然、个体和类之间的斗争的真正解决，是历史之谜的真正解答”②。需要指出的是，在马克思看来，私有财产与异化劳动的社会建制并不是一无是处的，它们存在于社会的生产、分工、交换、分配的各个环节，从整个社会的上层建筑角度来看，推动了社会的极大进步，为社会创造并积累了巨大财富，这自然成为马克思扬弃资产阶级社会的底气所在，事实上，包括在《哥达纲领批判》中，马克思也把“集体财富”的充分涌流作为共

① 马克思:《1844 年经济学哲学手稿》，人民出版社 2000 年版，第 81 页。

② 马克思:《1844 年经济学哲学手稿》，人民出版社 2000 年版，第 81 页。

产主义高级阶段形成之必需。但是，在资本主义的现实中，劳动与财产的存在论意蕴被政治经济学的实证主义所遮蔽了，后者的直接出发点是“异化劳动和私有财产”。破解现实性的真相只能依赖辩证法的否定性反思，于是，存在论意义上的劳动就不再是资本主义现实生活的实体性的内容，即物质财富的本质，而是人之为人的本质，即自由与解放。马克思讲：“我的劳动是自由的生命表现，因此是生活的乐趣，在私有制的前提下，我的劳动是为了生存，为了得到生活资料，我的劳动不是我的生命。”[①] 从这里我们不难看到，马克思认为劳动的实质意义乃是人的自由的表现形式，通过劳动，人的自由被确证，也就是说，劳动其实是一种真正的合乎人的本质的存在方式的表征。马克思的真正的大写的人，就是这种劳动的人，它分有着完美存在的理念，并通过劳动来确证自己的自由生活。按照这种理解，劳动就是一种具有双重意义上的创造，它有着技艺（理念）和技术（现实）的两个层面：在技艺的层面，它创造了人的本质，创造了人的自由；在技术的层面，现实的层面，它创造了社会的物质财富，创造了现实的“异化”的人。劳动既是一种创造人的存在的纯粹形式，又从自然带来了人的存在质料。这样来看，存在论意义上的“劳动”的本义乃是关乎人的本质的知识，即人的自由与解放，而“异化劳动”则是对人的自由与解放的掩盖和遮蔽。通过劳动创造对象世界，人证明了自己是自由的有意识的类存在物，而“我的对象只能是我的一种本质力量的确证”。换句话来说，人的自由本质的对象化决定着人对自然的关系，因而自然的实质性存在并不进入自由劳动的界面，只有当它被劳动“识别”和“中介”，才能够真正成为人的自由本质的对象化。

由此可知，资本主义现实世界中的劳动作为异化劳动只是人的自主性活动的具体假象，劳动作为谋生手段不过是一种被迫进行的非人的自然性活动，它完全出于外在的物质的需要，而非出于生命

① 马克思：《1844 年经济学哲学手稿》，人民出版社 2000 年版，第 184 页。

的自由表现。因此，马克思才说这种只为生存的劳动，没有任何生活的乐趣，劳动就是不自在，不舒畅，不幸。真正的自由的劳动则是对人的存在的反思性理解，这种真正的劳动者有如哲人一样与这种异化的社会现实拉开了“间距”，保持着对资本主义现实性的陌生。他的劳动出于自由而不受现实的欲望的支配，他自由地面对自己的对象，“懂得处处都把内在的尺度运用于对象……按照美的规律来构造”[①]。马克思对这种自由劳动的生动描述是：“在共产主义社会里，任何人都没有特殊的活动范围，而是都可以在任何部门内发展，社会调节着整个生产，因而使我有可能随自己的兴趣今天干这事，明天干那事，上午打猎，下午捕鱼，傍晚从事畜牧，晚饭后从事批判，这样就不会使我老是一个猎人、渔夫、牧人或批判者。”[②]

为了把劳动概念真正从异化劳动中提升和修正为人的自由的本质，马克思认为关键就是“对私有财产的积极扬弃”。因为作为一种资产阶级的所有权概念，私有财产表征的是需要和欲望的无限的扩张，按其本性，它服从的是人性的自然规律，当近代市民社会把私有财产确定为劳动的唯一目的和权利的最高原则时，私有财产就成为人的自我异化的最大问题。在马克思的政治经济学批判中，我们可以清晰地看到，私有财产的占有感和拥有感被指认为是感觉的异化，当这种拥有感成为唯一时，人就被抽象化为一种简单的对物质的追求和享受，被摁在了那种直接的占有感和拥有感上，人性随之陷入绝对的贫困。因此从这里我们不难理解，马克思要求悬搁物质性的私有财产，寻求人性的自由和解放的逻辑，即真正的财产是“为了人并且通过人对人的本质的占有”，是人以一种全面的方式，“作为一个总体的人，占有自己的全面的本质”[③]，而这就是共产主义。马克思在《手稿》中始终站在人的角度对共产主义进行阐述，在论述共产主义使人获得解放的途径时也是时刻以人为出发点。马

---

① 马克思：《1844 年经济学哲学手稿》，人民出版社 2000 年版，第 58 页。

② 《马克思恩格斯选集》第 1 卷，人民出版社 2012 年版，第 165 页。

③ 马克思：《1844 年经济学哲学手稿》，人民出版社 2000 年版，第 85 页。

克思在《手稿》中指出，共产主义是“通过人”并且“为了人”从而实现对人的本质的真正占有，使人能够充分享受人的本质力量，在这种社会形式下人可以自由自觉地活动而不受外在条件的强制和约束。在另一处，马克思说道：“如果我们把共产主义本身……称为对人的本质的占有，而这种占有以否定私有财产作为自己的中介，因而还不是真正的、从自身开始的肯定，而宁可说是从私有财产开始的肯定……所以，它只有通过付诸实行的共产主义才能完成，要扬弃私有财产的思想，有思想上的共产主义就够了，而要扬弃现实的私有财产，则必须有现实的共产主义行动。”① 可见，马克思的思想任务从来都是同时抓住了问题的两个方面——“理论与现实的统一”。“形而上学的思考与现实逻辑的推翻”是始终贯彻在他的思考当中的，这是一种真正的存在论的先验思考。在这个意义上来说，思想上扬弃私有财产其实是一种“政治经济学的形而上学”，而现实中对私有财产的扬弃则表现为一种现实的共产主义运动，即共产主义需要在扬弃私有财产的运动中寻找自己的历史证明。马克思的思考并不是像某些学者认为的那样是发生了从现实界到知识界的转换，而是始终保持着同一性的思考。他把真正的人的财产理解为对人的本质的占有，实质是“一种以物权形式来表现的精神性存在方式”②。

马克思把获得自由和解放的人称为“在自由的联合中全面发展的自由个性”，同时，这个抽象的概念又被现实化为“无产阶级”，以作为马克思共产主义运动的主体。显然，这是一个全新的“同一性主客体”，是一个中介化的概念。从直接的经验现实层面来看，无产阶级就是资本主义政治经济体系中的工人群体，“现代的工人只有当他们找到工作的时候才能生存，而且只有当他们的劳动增殖资本的时候才能找到工作”③。就是说，只有在生产中，工人才能被称作

① 马克思：《1844 年经济学哲学手稿》，人民出版社 2000 年版，第 128 页。
② 张盾：《马克思的六个经典问题》，中国社会科学出版社 2009 年版，第 346 页。
③ 《马克思恩格斯选集》第 1 卷，人民出版社 2012 年版，第 407 页。

工人。我们可以轻易地找到他们的一些别称或是代号，如劳动力、可变资本、工资、剩余价值，他们存在于资本的生产和流通的过程中，并且成为不可或缺的一环。但是，我们知道，在马克思描述的资本逻辑的控制下，现代生产将工人变成机器的单纯附属品，在整个生产过程中，工人变得呆板、机械化并且由于日益精致和细化的分工，工人已经被牢牢地锁在了资本生产的链条上，劳动对资本形成了实质上的从属关系，其目的是为资产阶级创造更多的剩余价值，而这反过来加重了工人的异化，结果是“工人生产的财富越多，他的产品的力量和数量越大，他就越贫穷。工人创造的商品越多，他就越变成廉价的商品”①。不特如此，根据鲍德里亚的说法，生活在资本逻辑社会中的人们，因为受到物的包围而渐渐成为一种“官能性的人”，他警示人们，不同于马克思生存的 19 世纪，当今的资本主义的典型征象是消费控制了当代人的全部生活，“制约它的不是自然生态规律，而是交换价值规律”②，就是说，人们已经进入了“消费社会”成为“消费人”。按照马克思的基本研判，历史成为世界历史，资本主义市场成为世界市场，在这个过程中，一方面，它极大地缓解和充实了人们的自然需求，另一方面又催生和制造了更大的需求。工人群体就在“生产—消费”的资本主义经济体系中丧失了独立性和个性。无产阶级作为资本主义经济符号的工人群体，这是我们从现实的层面观察无产阶级得到的基本结论，从这个意义上来看，无产阶级是一种典型的现代性设计的形象。这就是说，从直接性存在的意义上理解马克思的“无产阶级”，恰恰会得到一个失望的结果：因为资本主义现实世界中的工人阶级变得越来越不“革命”，“马克思之后”的事实证明，被寄予厚望的工人阶级并未组织起任何真正有效的阶级斗争，反而不断被资本主义撕扯和驯服，导致激进的革命变得越来越不可能。显然，这样一种现实中的工人群

---

① 马克思：《1844 年经济学哲学手稿》，人民出版社 2000 年版，第 51 页。

② ［法］让·鲍德里亚：《消费社会》，刘成富、全志钢译，南京大学出版社 2008 年版，第 2 页。

体的政治状态和人性水平与马克思口中的作为革命的历史主体的无产阶级存在着明显的落差。因此我们必须明白，超越这种对现实客体的直接描述，无产阶级实则是一个存在论的反思概念，是马克思从异化的资本主义现实中，从资本主义的雇佣劳动关系中提取出来的能动性的概念，它是马克思通达共产主义，实现人的自由与解放的工具和手段。就是说，从超越的、反思的层面来看，无产阶级更重要的是作为一种政治符码，作为资本主义的“掘墓人”而存在的，从这个意义上来看，无产阶级可以被看作一个反现代性的现代设计。

之所以选中“无产阶级”，是因为它是对资本主义异化现实的直观描述和纯现象，它包含着对作为资本主义最大现实的私有财产权的彻底否定，以及最为真实的人的全面异化的状态，马克思就是使这种“资本主义的经验”进入了共产主义的辩证运动中，从而使得人之为人的自由和解放的存在成为可以理解的。但是，这并不妨碍马克思已经“实现”的“人的自由和解放”，因为他在资本主义的异化现实中，给出了真正的人之为人的知识（理念），从而现实地改变了我们的现实。

从存在论的层面上来说，之所以“人的自由与解放”难以达成理论与现实的真正统一，原因主要在于现实的人总是作为异化的人存在。而消解了异化的人，必须首先在理念上得到阐释，异化成为人的自由与解放的前提，于是异化的人进入了存在论的反思界面，人的自由与解放才得以真正实现。无产阶级就是这种存在论的调和，它被创设为“理论对实践的覆盖”以及“实践对理论的支持”，是一个总体性的中介化的概念，它不是任何现实的个人，也不是现实的个人的集合、总和，在资本主义的异化现实中，一切都是合理的，工人群体被奴役、压迫也被各种理论解释为是合理的、自然的，一句话，从现实中的个人出发，找不到“无产阶级”，它是一个“非存在”，是一个“存在着的无”。正因如此，无产阶级在具有了优先性后才更加值得深思，原因不外乎是无产阶级不是作为积极的现实的存在，而是作为一个调节性的形式原则，表达了马克思对人之为人的完美存在状态的理解，即共产主义中的自由和解放的人。

按照马克思与恩格斯的论述，人类社会的历史都是阶级斗争的历史，资产阶级和无产阶级则是现代社会两大直接对立的阶级。“无产阶级经历了各个不同的发展阶段。它反对资产阶级的斗争是和它的存在同时开始的。”① 它所遭受的是“普遍的苦难”，表达了现代社会中的一种普遍性的存在，最能体现人在资本主义发展阶段的异化形态，是马克思口中的社会的总代表。在政治上，只有无产阶级才是真正革命的阶级，其余的阶级都随着大工业的发展而日趋没落和灭亡，无产阶级却是大工业本身的产物。正是因为这样，无产阶级才肩负起了彻底消除资本主义现代社会的不平等性的使命。无产阶级的一无所有的特殊的存在形态决定了它必须去消灭构成私有财产的一切关系，把资本变为公共的、属于社会全体成员的财产，改变财产的社会性质，使之失去它的阶级性质，使得革命运动在私有财产的运动中必然找到相应的理论和经验基础，实现人向人本身、向社会合乎人性的复归，这时，无产阶级能够自主地活动，实现人的自由个性的基础上的全面发展。

马克思始终是在“经济—政治”的框架内，在两大阶级对抗的条件下解释当代资本主义发展的种种事实的。实现人类解放的理想不能仅仅作为一种政治乌托邦，而必须落实为一种现代性批判。因此，马克思始终从整个人类社会的结构出发，从资本主义发展造成的剥削、压迫与反剥削、反压迫的矛盾中发现反对资本主义的全新的主客统一体，因此，描述无产阶级的现实境况就成为现代性批判的基本任务。无产阶级是资本主义众多的成就之一，它是资本主义为了自身的利益而培养起来的却试图取代自己的一股社会力量，即资本主义秩序生下了自己的掘墓人。无产阶级处在资本主义生产的体制内部，熟悉其全部的运作，同时被体制组织成为有技术和政治意识化的集体力量。就是说，无产阶级作为体制的一环对其成功的

---

① 《马克思恩格斯选集》第1卷，人民出版社2012年版，第408页。

运行不可或缺，但也只有无产阶级才能够推翻现有的体制。它的彻底的革命性表现在，当它成功地接管这个体制之后本着为每个人谋求自由而全面的发展的目的来运营它和操作它。然而在资本主义的制度之下，无产阶级并未真正占有自身，其人性化并未得到完全的承认，它成为市民社会的重要组成部分，并为资本主义做出合理性的证明，也就是说，无产阶级作为资本主义体制的真实的自然力量被排斥在外，因此，它反而可以成为消解阶级社会的力量，一旦掌权，它将废除阶级社会，也就是说通过消除阶级实现战胜阶级的目的。如果说阶级也是人的一种异化的形式，那么，唯有深刻地认识阶级的存在，承认它的社会现实性，而不是希望它主动地消失，才能有效地消除这种异化。那么，无产阶级必须能够做到自觉，即从自在的阶级提升为自为的阶级，形成明确的阶级意识。按照卢卡奇的看法，西方工人阶级的阶级意识的存在是一个历史事实，表现为被压迫被剥削者对其共同的社会地位、群体利益和思想方式的认同。然而马克思所论述的阶级意识是远远超越于西方工人阶级的现实的，它成为一种政治理念的表达，成为一种社会理想的表述。当工人阶级具有了高度的自觉性，它抗拒着资本主义的社会束缚将成为可以信赖的纯粹的战斗的社会力量，而不再作为懒散地依附于资本主义生产方式的工具和动物。那么，无产阶级就必须成为共产主义的最高级的概念创设，无产阶级才是人类解放事业的践行者和传播者。当然，推翻资本主义的统治显然不能靠工人阶级单打独斗，它还需要找到它的忠诚的联盟。实际上，马克思认为工人阶级应该支持小资产阶级，农民特别是在法国、俄国和德国这类产业工人仅占少数人口的国家中，布尔什维克就曾经寻求建立一个由工人、贫苦农民、士兵、水手和城市知识分子等群体组成的统一战线。他解释说，工人阶级是包括所有被迫向资本出售劳力，在压迫性制度下挣扎着几乎完全没有能力改变自身劳动条件的人，正是这个定义让他的政治同盟的建立有了广泛的共性和基础。

从存在论的界面来说，马克思的共产主义以及人的自由解放都是关于存在本身的知识，它们是比感性的现实的存在更高、更真实的存在，因为它不仅包含了人之为人所应该具有的知识和真理，而且还指点着人之为人应当过的生活，现实的人的存在当然就只是这种人的存在的降格与“幻象”，现实的人的意见世界就是“柏拉图的洞穴”。所以，无论资本主义世界如何转变，如何运动，开创自己的未来，写自己的历史与故事，马克思的任务已经完成。负责去推翻这个异化世界，或许只是现实的“无产阶级”的一厢情愿，人类未来的历史形态被马克思表述为“建立在个人全面发展和他们共同的、社会的生产能力成为从属于他们的社会财富这一基础上的自由个性”①，据此，马克思把资本主义异化的现实世界理解为必将被克服和超越的人类历史形态，在这个意义上来说，探讨人的自由和解放的运动需要首先达到对“无产阶级”概念以及资本主义异化现实的理论自觉，没有这种理论自觉，就谈不上超越资本主义的现代性。

二　共产主义的社会制度的构想

在上述讨论中，我们可以清晰地看出，在存在论问题的界面，马克思所说的人本质意义上的存在，人的自由与解放，人的真正合乎人性的存在表现为对资本主义异化现实的“异化劳动”和“私有财产”的积极扬弃，人的自由与解放就表现为理论的批判与实践的推翻的统一。一句话，就是对自由的和全面的劳动和真正的、社会的财产的占有。由于马克思从一开始就保持着存在论思考的双重维度，思辨地考察资本主义社会的异化现实就不再只是一种形式化的规定，而进入了实质性的领域，变成了一个改变世界的实践问题。现在，问题需要得到进一步的拓展和纵深，那就是马克思所设想的人的自由与解放、人的合乎人性的存在，必须借助特定的社会制度安排才能够实现，思辨的思考必须落实为最佳政制的创设和探讨。

毋庸置疑，马克思的理论是一种反资本主义现代性的理论，其

① 《马克思恩格斯全集》第30卷，人民出版社1995年版，第107—108页。

主题是“解放何以可能”。所谓解放实际上就是使人类从资本主义这种特定的生存方式中超越出来，实现自由和解放。但现在的问题是，当马克思把超越了资本主义现代性的那个社会描述为“共产主义”的时候，马克思是在构建一套全新的社会制度吗？答案既是又不是。因为很显然，存在大于观念，即使观念声称能够“建立一个完美城邦”，那个完美城邦仍然不能“现实”在场，但是观念能够“建造一个完美城邦”却又是一个“事实”，在这个意义上来说，共产主义其实就是一种“非在场的在场”。马克思对这个“场域”的著名的描述就是，“代替那存在着阶级和阶级对立的资产阶级旧社会的，将是这样一个联合体，在那里，每个人的自由发展是一切人的自由发展的条件”[①]。即自由人的联合体。可以说，这种存在论的概念预设很容易引起人们的怀疑，因为马克思确实没有制定出一套具体系统的社会操作规程，而只是在某种程度上为人们指明了方向，马克思很少谈及具体的社会经济政治制度的安排，关键在于，不仅应该把马克思的“自由人的联合”理解为超越了资本主义的现实最佳政制，还应该把它理解为是一种存在论的概念的反思创设。因为，马克思所谓的“自由的联合”并不属于现实的历史中存在过的任何一种政制（如君主制、贵族制、民主制等），就像马克思在思考“人之为人的自由与解放”时那样，马克思思考“自由人的联合体”同样贯彻着“理论与现实的同一性”的原则，在这个意义上来说，人们想要真正地理解“自由人的联合体”就需要同时保持理论的态度与现实的态度。

在马克思的自由人的联合体中，政治主体是“联合起来的个人”，而这种个人不同于以往具体现实政治的主体，如哲人、国王、贵族、公民、资产者等，被马克思表述为是“以人的全面发展为基础的自由个性”[②]，这种自由人联合体的原则是“每个人的自由发展

① 《马克思恩格斯选集》第1卷，人民出版社2012年版，第422页。

② 《马克思恩格斯全集》第30卷，人民出版社1995年版，第107—108页。

是一切人的自由发展的条件”。在这个意义上来说，每个人构成了一切人的存在，一切人构成了个人的存在，个人的劳动就是全社会劳动，从而是对人的类本质的真正实现，个人的财产就是全社会的财富，从而是对人的类本质的全面占有。这就是马克思在存在论的层面对最佳政制的定义，也是他超越资本主义现代性对人的存在命运的理想设计。当我们把马克思的自由人联合体规定为是马克思超越资本主义现代性的最佳政制的时候，就必须去回答“如何在存在论的概念反思中批判地理解资本主义的异化现实”，因为马克思“自由人的联合”是建立在对资本主义现实的批判性理解之上的，正是后者牵动着马克思的所有存在论思考，但马克思的问题本身却不是现实性的、经验性的、认识论的，而是存在论的、先验性的，这就等于是解答了以下这一难题：“自由人的联合”作为马克思的最佳政制如何穿越现实政治和意识形态的内容，去构成自己的问题与逻辑？

按照马克思的说法，“只有在共同体中才可能有个人自由”①，个人的全面性不是想象的或设想的全面性，而是他的现实关系和观念关系的全面性。但从资本主义的现实性层面来看，物的关系表征着人的一切关系，以“商品—货币—资本”为基础的抽象的普遍联系成为生活的全部内容和意义。由于私有财产的限制，人成为不自由的存在，人没有个性和独立性，人在资产阶级的统治下，并没有获得它所承诺的比以往社会形式更多的自由。相反，由于完全屈从于“物”的力量，人反而变得更加不自由，只有“在真正的共同体的条件下，各个人在自己的联合中并通过这种联合获得自己的自由”②，而资本主义只提供虚假的共同体，结果就是，在资本主义社会中，自由的联合成为一种不可能。对于生活在资本主义的时代的人来说，想要克服“物”的力量，主要的任务就是“对私有财产的积极扬弃”，即实行“联合起来的个人对生产力的占有”，使“财产

① 《马克思恩格斯选集》第1卷，人民出版社2012年版，第199页。
② 《马克思恩格斯选集》第1卷，人民出版社2012年版，第199页。

归属于全体个人”，以此控制每个人和社会全体成员的生存条件，实现自主活动与物质生活的一致，使劳动成为生命自由的表现，财富成为人的本质的真正占有。需要指出的是，“自由的联合”作为马克思的“现实的”最佳政制绝不意味着是一种具体的现实的政治规划，因为在意见世界（政治世界）中，无论怎样天才的想象力都不能彻底地达到对现实的理解，其主要原因在于，后者本身就并不具备知识上的彻底可理解性，从而决定了现实中永远达不到最佳政制，现实性作为现实政制的规定在任何情况下都不可改变地显现和服从着自然的必然性的物的逻辑，尽管资本主义制度具有自我修复、自我改进的有限正义机制。就是说，在现实性的层面上，在某种意义上来说我们根本不可能实现真正的解放，最佳政制没有生存的土壤。

马克思的存在论的思考在于，他在一种超越了现实性的更高的存在界面上想象和论证了“自由的联合”。与人的自由和解放一样，“自由的联合”本质上也不能被经验把握为一个现实性问题，否则它就仍然服从着资本主义异化的基本逻辑，实质上是形而上学的同一性逻辑。事实上，马克思之后的历史进程恰恰反证了马克思思考的存在论品质。自由的联合即使是在21世纪的当下都是不能具体操作和实践的。当然，马克思认为共产主义的实现是一个漫长的过程，现代人对“自由联合”的实现似乎操之过急。在这里，发生了一个理论错位：如果把马克思对“自由联合”的思考仅仅限定在纯理论的层面上，那么，这跟马克思要求改变世界的革命目的就会背道而驰，除非认为马克思所谓的改变世界实则是“改变世界观”，因为我们可以在马克思那里找到这样的话“理论只要彻底就能抓住事物的根本从而说服人”①。显然，这并不是马克思的意思，所以始终在存在论层面进行反思就是必须坚持“理论与实践”统一的原则。“自由个人的联合”“共产主义”由此才能处于马克思整个理论建构的最高界面，因为它最少“现实性”，它才最少地谈论“现实性”，因

① 《马克思恩格斯选集》第1卷，人民出版社2012年版，第10页。

为它远离这种“现实性”，它才是真正可以“实现”的。所以，“自由人的联合”作为一个纯粹的存在论的概念在这个意义上来说又是政治的，只有当最佳政制能够获得现实性，现实政治才真正模仿了完美政治，只有当完美政治不可实现，现实政治才是可被超越的。在此，现实的政治与理想的政治在马克思的存在论反思中达到了一致，实现了政治与存在论的融合。

马克思的“自由的联合”面临的一个问题是：它是一种乌托邦吗？答案也表现为既是又不是。因为按照存在论的观点，“自由的联合”是马克思在理论中创建出来的完美政制，而生活世界遵循的是资本主义的现代性逻辑（资本逻辑）。于是，我们看到在马克思的文本中，更多呈现的是对资本主义的现实性的批判和描绘，而非具体对“自由人联合体”的论述，后者在马克思的文本中所占篇幅极小，而且论述相当简略。在《手稿》中，马克思在抽象的层面谈论“共产主义是私有财产即人的自我异化的积极扬弃”，认为它是一种实现了“人对人的本质的占有”的社会存在。到了《德意志意识形态》那里，马克思认为“建立共产主义实质上具有经济的性质”[①]，即为“自由人的联合”创造各种物质条件，把资本主义的现存的条件变成联合的条件。这种经济的性质被马克思表述为“联合起来的个人对全部生产力的占有”[②]，也就是说，所有的个人对生产工具和财产的占有和支配，即控制自己的生存条件和社会全体成员的生存条件。之后成熟的马克思更明确地将对“自由人联合”的叙述集中于“所有制”以及“分配原则”这两个关键环节。如《共产党宣言》中提出的将全部生产的财产集中在联合起来的个人的十点措施，以及《资本论》中对“‘所有权’以及‘分配’的初步设想”[③]。直至多年之后的《哥达纲领批判》对“按劳分配”原则以及共产主义的“阶段”理论的阐释，马克思认为按劳分配虽然仍然是“资产阶级

① 《马克思恩格斯选集》第 1 卷，人民出版社 2012 年版，第 202 页。

② 《马克思恩格斯选集》第 1 卷，人民出版社 2012 年版，第 210 页。

③ 马克思：《资本论》第 1 卷，人民出版社 2004 年版，第 90—91 页。

的权利”，但在刚刚从资本主义社会产生来的共产主义社会的第一阶段，是不可避免的，这种共产主义“在各方面，在经济、道德和精神方面都还带着它脱胎出来的那个旧社会的痕迹”①。但是，马克思始终坚信，在共产主义的高级阶段上，生产力极大增长，集体财富充分涌流，他所构想的“各尽所能，按需分配”终将实现。根据马克思的描绘我们可以清晰地看出，作为一种全新的社会制度的总体性构想，“自由人的联合”与“共产主义”的内容是非常笼统和粗线条的，且在很大程度上更多地表现为一种哲学的思辨和概念的抽象。实现共产主义从来都是一个理论的难题，而不是一种具体的革命方案，在这样的意义上来说，共产主义的设想是一种先验的社会历史图景，它最典型的特征是具体内容上的贫乏与存在论意蕴上的丰富。事实上，我们几乎不能从马克思的文本中直接“阅读”出“自由人的联合”，这是因为如果我们仔细研读他的文本，我们就可以清晰地看到，他的文本通篇写满了资本主义坏世界的异化现实，无论运用怎样的想象力的黏合，我们仍然不能从这种异化现实中看到共产主义的影子和实现自由和解放的可能。我们能直接看到的现实无非就是资本的肆虐以及资本逻辑的现实运作，如“异化劳动与私有财产”“物的力量与抽象的统治”等。而我们想要坚持一种存在论的思考，就必须把这种资本主义的异化现实理解为是“表象的”“伪具体的”“虚幻的”“不真实的”“非实在的”。马克思系统地揭露了资本主义现实的这种“虚假性”：它用物的关系代替了人的关系，用异化劳动取代生命的自由劳动，用私有财产替代对人的本质的占有，资本主义政制表现为“虚假的共同体”，意识形态是思想对现实的虚假想象。这样，资本主义的现实就进入了“自由人联合体”的视域当中，并且是以否定的方式，马克思开启这一理论工程的最终目的是通过存在论的反思悬搁资本主义的现实性的逻辑，使其失去作用，将其扬弃为现实的最佳政制的真实形式，即“自由人的联

① 《马克思恩格斯选集》第3卷，人民出版社2012年版，第363页。

合”，并在这种最佳政制的内在反思性界面上呈现出人之为人的自主性逻辑。可以说，只有否定性地思考资本主义的异化逻辑，同时进行存在论意义上的构建，共产主义才变得可能。因此，“自由人的联合”作为一种更高的、更真实的存在，不能下降为现实政治的实务制度和具体可操作性的政治实例。

按照马克思的“存在论”设计，资本主义的现实性之所以应该被超越，在于它只具有较低层次的实体性存在：由于“异化之人”共同在场，而现实政治能够许诺的“自由”只有那么多，结果就是，斗争反而成了人的存在的第一主题。毋庸置疑，哪里存在人类的历史与现实，哪里就堆满了“政治的虚伪”“权力与利益的博弈”“一切人对一切人的战争”。一句话，在有人类存在的地方，堆满了按特定的理论意见操作的政治实践与操作。显然，在马克思看来，所有经验世界的政制都是病态的，其痛苦主要来自错误的“政制”，人类已经实现的现实政制看上去没有那么严肃，它比较真实，也比较诚实，它直接就宣称唯一的目的就是权力和利益，此外别无他求。正是在这一意义上，对资本主义制度的否定性理解不应当停留在现实性和实践性的界面上，而是必须上升为纯粹的存在论问题。现实本身只有趋向于思想才能真正实现对自身的超越，因为现实的人作为“阶级的个人”达不到它在政治上和理论上应有的先进水平。同样，现实的政制也达不到真正的存在意义上的完美性、丰富性。只有在马克思的存在论反思中才能真正触摸人性之美，政制之善，由此，彻底的批判成为这样的一种存在论行动：它从“反对现实”的层面，被理解为是对资本主义的异化现实的存在论批判，从“构建理论”方面，被规定为是“自由人的联合”。

“自由人的联合”作为马克思为人类设计的未来生活之可能，乃是因为它使用了一种全新的政治叙事。现在必须回答，为什么马克思能够对资本主义的现实政制作出彻底的批判性理解，将其揭示为存在的非实在性和不完满性？或者说，为什么马克思能够在存在论反思的意义上将资本主义的现实政制提升为“自由人的联合”“共产主义”？原因或许在于，马克思先验地就据有了对人的本质与政制本质的理解，从而能够在资本主义的物化逻辑之上，创设出一种全新的存在逻辑，实现为“物化逻辑平面上人与社会的同质性被置换为新的世界逻辑中个人与社会的内在一致性”[①]。一般认为，资本主义摧毁了封建等级，把时代打上了“自由与平等”的标志，体现在市场经济中就是，平等的个人作为市场关系的主体，等价物的交换成为其客观内容，而且交换行为本身是建立在自愿、平等的基础之上的。然而，在这种“平等”的社会里，“资本具有独立性和个性”，“它是一定的社会关系”，人的“个性”和“独立性”完全服从资本的关系，本质上就是个人完全是由社会决定的。社会关系对个人表现为资本（物）的外在性和必然性，社会对个人的这种强制和统治表现为“作为需要、欲望和利益总体的人的自然性存在对人性本身的彻底压制”[②]，结果就是，人的自由和平等的丧失，而马克思提出的“自由人的联合”作为一个超越了资本主义异化逻辑的“新世界”，彻底排除了现实“物化世界”的一切实体性内容，把政治的最高本质理解为：个人直接就是社会性，个人原则就是社会原则。人作为特殊的个体同样也是社会的总体，每个人的个性和独立性同时能够被一切人的个性和独立性所兼容，个人的特殊性就是社会的普遍性。这意味着马克思所理解政治只能作为人的生命表现的总体而存在，在这个意义上来说，所谓“自由人的联合”就是“每个人的政治”。无论怎样，人们都不能放纵思想放肆地去想象一个失去了现实感的世界，当思想决心去建立一个世界，那个世界肯定是不存在的，因为它丢掉了现实感。马克思对共产主义的经典描述是：“在共产主义社会高级阶段，在迫使个人奴隶般地服从分工的情形已经消失，从而脑力劳动和体力劳动的对立也随之消失之后；在劳动已经不仅仅是谋生的手段，而且本身成了生活的第一需要之后；在

---

① 张盾、田冠浩：《黑格尔与马克思政治哲学六论》，学习出版社 2014 年版，第 360 页。
② 张盾、田冠浩：《黑格尔与马克思政治哲学六论》，学习出版社 2014 年版，第 362 页。

随着个人的全面发展，他们的生产力也增长起来，而集体财富的一切源泉都充分涌流之后，——只有在那个时候，才能完全超出资产阶级权利的狭隘眼界，社会才能在自己的旗帜上写上：各尽所能，按需分配!"[①] 在马克思来说，资本主义的教诲就是，一个没有私有财产的世界是不可能的，马克思对此并不表示反对，而是把"自由人的联合"建构成存在论反思意义上的社会，"新社会"的逻辑并不建立在人的自然生存之上，否则整个社会不过是填满了抽象的个人和虚假的共同体，资本主义社会把财产权当作现代个人的本质规定，把阶级当作现代共同体的政治形式，这一做法的后果就是使得个人与社会都是依据经济的尺度和利益原则而存在，"现代人的社会性是在经济活动的平面上得到确证"[②]，这就不难理解，为什么马克思的资本主义批判表现为"政治经济学批判"。而马克思提出的"自由人的联合"首先便是打破了资本主义物化逻辑中个人与社会的对立，并在超越性的意义上，建立了个人与社会的和谐统一。于是，在这种联合中的个人不再是作为私有财产的占有者，而是作为人的本质力量的全面占有者，个人从异化现实中解脱进入"向自己的人的存在即社会的存在的复归"[③]，而这个社会则是真正的"按人的方式来组织的世界"，是超越了资本主义社会的"共产主义"。

现在我们可以回答，一种超越了资本主义的政治叙事是如何可能的了，或者说，一种可以保证人以真正合乎人性的方式去存在的政制是什么样的。"自由人的联合"绝不是一种现实的政制的设计与安排，在那里，人类走不出"资本主义的现代性"，走不出"资本主义的巨大现实"。在那里，人类的命运被"悬置"，人类的生活没有"未来"。"自由人的联合"必须被先验地据有，必须是一种"逻辑先在性"，必须是一种超越性的存在，是一种存在论的反思创设。由于资本主义的异化世界的巨大的"现实感"，马克思不可能直接先

① 《马克思恩格斯选集》第3卷，人民出版社2012年版，第364—365页。

② 张盾、田冠浩：《黑格尔与马克思政治哲学六论》，学习出版社2014年版，第359页。

③ 马克思：《1844年经济学哲学手稿》，人民出版社2000年版，第82页。

验地据有一种完全不同于资本主义世界的“存在”，而必须在对现实性的否定的理解中穿透资本主义世界的异化，使理性在与现实的对立中保持住自身，在理性与现实的反思性关系中扬弃现实性，从而经历精神的劳作借助知识的力量创造并呈现最佳政制的完美形式。由于资本主义现实性的逻辑，就是在经济的平面上理解一切问题，结果就是，使整个社会就表现为物质财富和私有财产的单纯统治，而这种物质的、直接感性的“私有财产的运动是异化了的人的实现或人的现实”①。因此，马克思穿越资本主义现实性的方法只能是把政治问题改变为经济问题，从而实现从先验到经验，从抽象到具体，从知识到意见的下降运动，即在私有财产的运动中找到理论的支点和现实存在的基础。由于对资本主义来说，真正的问题只能是经济问题，于是，资本便成了整个社会“最普遍的形式”，这使得马克思的政制探讨不得不面临着巨大的理论挑战，问题变得扑朔迷离，资本主义的抽象不能达致共产主义的具体，“自由人的联合”必须成为“政治经济学批判”。因为政治经济学就是资本主义的政治哲学，正是它对资本主义做出了历史辩护，资本主义的现实性采取了物化的虚幻的存在方式，政治经济学以经验主义的视角直接阅读它眼前的事实，在现实性的意见的层面坚持着对物与物的关系的肯定理解，这是马克思的批判所在。马克思则穿越了存在的幻象，使用辩证法在政治经济学对现存事物的肯定的理解中发现对现存事物的否定的理解，“自由的联合”就是破除这种经济科学意识形态所笼罩在资本主义世界的客观性幻象，在物化世界的逻辑中，发现人与人的关系的真相。可以说，只要穿过幽暗的“物化”世界，我们就有了达致人的真理的可能性。在这个意义上来说，政治经济学的批判已经是对政治的批判和重新探讨。在具体的批判当中，一切经济范畴都被重新理解为存在论的范畴，正如《资本论》实现的术语革命那样，它以先验的知识和彻底的存在论理解对政治经济学进行反思批判与

---

① 马克思：《1844 年经济学哲学手稿》，人民出版社 2000 年版，第 82 页。

重建。既然政治经济学就是现实政制的理论表现，那么，作为政治经济学批判《资本论》已经是马克思对最佳政制的讨论了。在这个意义上来说，《资本论》就是一条实现“人的自由与解放”之路，就是一条最佳政制的探讨之路，就是一条通达共产主义之路。

有一种观点认为，马克思现代性批判的分析样本是其生活的 19 世纪，或者说，他是基于机器大工业的社会历史图景做出的现代性诊断，他对资本权力的分析以及资本逻辑的批评带有时代性的局限。特别是今天，资本主义走向当代进入了数字资本主义阶段，马克思对资本现代性的诊断是否已经失真？马克思关于共产主义的探讨是否已经被数字资本主义的高度发展所稀释？答案是否定的。让我们从数字资本主义的发展逻辑批判入手对马克思的现代性批判做出一个时代性的回应。

近年来，随着数字技术的幂数式发展与应用，人们进入了一个被数字掌控的时代，即数字化时代。数字技术已然成了当今社会最强大的生产力，随之，人们从一般的物质劳动者转变为一般的数字劳动者，传统资本家也拥有了数字资本家的身份，并且人人都成为数字用户。数据成为当代资本争先恐后抢夺的资源，数字用户成为大数据跟踪和分析的基础样本。这就是现代数字技术的革新与发展形成的全新的社会图景。相比于马克思生活的 19 世纪，人们当然更愿意过一种高度数字化的现代生活，但鲜有人能够认识到数字资本主义同样在数字化时代狂飙而来。追问数字资本主义批判的逻辑生成机制就成为马克思的现代性批判的时代性课题。

数字资本主义的发展是以互联网的技术为支撑的，因此，考察互联网技术的历史演进就成为必需。通常，人们将技术看成是“基于自然材料而工作的各种机器、机械。从锤子到机器人，技术总是一种塑造与再塑造物质的工具”①。现代科学技术的大发展使机器从

① ［美］马克·波斯特：《互联网怎么了》，易容译，河南大学出版社 2010 年版，第 23 页。

作用于自然物质转向作用于符号，智能机器开始在现代社会中变得流行，基于计算机的互联网技术就是其典型代表。它使用简单的二进制代码来处理和分析复杂多变的社会信息。互联网在刚刚兴起时其实仅仅是因军事所需而研制，并主要交由美国国防部进行建设和控制，其使用的范围十分有限，只提供给少数的大学和军事部门。20 世纪 80 年代之后，一些高等教育机构和政府机构才渐渐地开始正式使用和推广互联网。由此，它开启了一个不可逆的现代进程，其最基本的社会表现是，互联网打破了传统物理意义上的时空限制，通过虚拟世界将人类与互联网智能地连接起来，不仅在理论上，更是在实践上为人们构建了一种全新的交流行为和交流结构。换句话说，按照互联网的演化逻辑，其建设力量和服务对象必然超越最初的限定范围而走向普遍性。就是说，任何一个人都能够作为“网民”经历并参与互联网制造的虚拟世界。随之而来的问题是，互联网的正常运行由于超出其设定的应用界限和使用主体，高额的成本费用逼迫其去寻找强大的资本支持。在这个过程中，银行成为在互联网建设中占比最大的股东并占据了重要地位。而商业经济的蓬勃发展为提升其运营效率在全球范围内获取更大的利益顺势引入了互联网技术，这就意味着商业互联网的服务对象转向了集团用户。互联网的这种发展让我们想起舍勒的警示，他指出，原初意义上的现代科学的技术化应用是与功利实用目的无关的，正是资本主义的原则将技术化导向了功利主义，结果就是科学降为征服自然的技术问题，技术成为与现代大工业有关的实践问题。马克思也敏锐地把握到了这一点，他指出，“只有资本主义生产方式才第一次使自然科学为直接的生产过程服务，同时，生产的发展反过来又为从理论上征服自然提供了手段。科学获得的使命是：成为生产财富的手段，成为致富的手段。只有在这种生产方式下……才第一次达到使科学的应用成为可能和必要的那样一种规模。现在，科学，人类理论的进步，得到了利用。资本不创造科学，但是它为了生产过程的需要，利用科学，占有科学”[1]。就是说，互联网技术被纳入资本逻辑之中，资本追求无限自我增殖的功利主义取向将很快成为互联网世界的通行法则。资本的特征也迅速被互联网技术所吸收，由此产生的后果是，互联网将成为资本统治的全新场域。尽管从互联网技术研发至今，它“一开始就是为政府、集团提供服务，而不是所谓的致力于社会建设和个体公民”[2]，但是，自从资本介入互联网世界后，计算机网络逐渐转向商业化道路。可以说，这既是被经济发展的时代所迫，又是互联网技术自身演进的逻辑使然。

不同于传统社会的等级结构，在互联网构建的“数字空间”中，参与者自身属于计算机生成的虚拟现实系统的一部分，只要它遵守系统协议，它就可以随时发布信息和传播内容，并不受现实世界的身份束缚。于是，在这个全新世界中，作为客体的技术与作为平等的主体能够相互结合并重塑对方。资本敏锐地察觉到数字商品的这种迅速流动性和扩张性，它隐含着巨大的商业价值。数字化进程就是这样与资本力量融合到一起，成为一种新的商业模式。资本竞相企图垄断这个具有高额利润的“场地”，随之它拥有了一个全新的身份，即“网络管家”，并不断地利用这个新身份去构筑和介入一个又一个的数字平台，于是，集群式的数字平台获得了新的使命，监督并诱惑着每一位数字用户，从而导致数字平台的种类和数量在增加的同时也在不断地更换着一张张新面孔。

事实上，在互联网刚刚普及之时，人们或许还有足够的空间可以逃脱数字化的控制。但是，数字技术的加速已将人们的生活紧紧地束缚在赛博空间中，这似乎成为现代人不可逃脱的未来。人们眼见着手机的更新换代越来越快，商家不断推出升级版的手机型号。在某种意义上，技术的加速改变的不仅仅是某个方面或是某个领域，而且是形成了一种对社会景观的彻底颠覆，数字平台重塑了人们的

---

① 《马克思恩格斯全集》第47卷，人民出版社1979年版，第570页。

② ［加］文森特·莫斯可：《云端：动荡世界中的大数据》，杨睿、陈如歌译，中国人民大学出版社2017年版，第6页。

生活方式和生存状态。“资本秩序披上了数字外衣，人们也被卷入数字秩序当中，数字平台不仅仅是为买家或卖家提供的交易平台，更是架构了一种新的市场秩序。”① 于是，越来越多的独立的生产厂商、实体商户不断以新的身份入驻到一个又一个的数字平台。不难分析出，对于买家来说，远离此平台秩序的结果便是很难进行日常生活的交往和交易，同样，对于卖家来说，离开此秩序的结果便是会快速地被市场所排挤甚至淘汰，因此，他们为了能够生存下去就必须在数字平台构建的市场秩序中进行竞争。不仅如此，数字平台搭载的支付应用的上线及其应用软件的层出不穷使得这个秩序被二次强化了。不管是大城市还是小乡镇，数字交易都成为人们进行交易的基本形式。数字消费已经成为当下最流行且最普遍的消费模式。在某种意义上可以说，数字平台已经从互联网构建的虚拟空间转变为人们的现实生活空间。

那么，数字平台是如何运作的呢？其秘密在于，数字媒介公司主要采用的是通过让出最小利益来获得最大的宣传，它们通过广告说辞、强化记忆等形式来包装和美化数字平台，从而渗透式地建立起数字平台的话语霸权策略。数字平台就是数字技术与资本联结的产物，是商业化与数字化联结的产物。数字平台的发展的实质是实现资本的自我无限增殖。它是一个从资本的原始投入新的资本接盘再到新的资本扩大投入的不断循环的过程。它的运转模式主要是借助第一轮的资本原始投入，通过吸引商家和用户使用并进行推广宣传，当资本将最小的利润让渡完成之后，便开始猛烈地发起对用户市场的圈定与范围扩张，为的是新一轮的资本增殖得以顺利实现。这就是资本宰制下数字平台的盈利模式。在某种意义上，数字平台就相当于工业资本主义时期的工厂，广大的数字用户只是变了形的产业工人，就是说，数字平台的搭建并没有让人们在数字技术的迅

① 蓝江：《一般数据、虚体、数字资本——数字资本主义的三重逻辑》，《哲学研究》2018 年第 3 期。

猛发展中去超越资本的循环模式，人们并没有告别资本主义，更为残酷的是，马克思所描绘的在机器工厂中资本对于劳动的压制和剥削并没有消失，反而以更为隐蔽的数字化的方式被数字平台所延续和演化。人们感受到，在数字资本主义的阶段，赛博空间成为数字资本进行投资与盘剥的一个新的场域，而传统的劳动形式也发生了前所未有的变化，数字劳动随之成为数字化时代主要的劳动方式。

何谓数字劳动？宽泛来说，人们在数字平台上发生的各种行为，如浏览视频、查询资料、进行人际交往等都属于数字劳动的一种。从技术发展的视角来看，数字劳动说的是以数字技术为媒介，以数字平台为劳动工具和生产领域，以人们的经验行为和思想情感为劳动对象而进行的一种劳动生产。在数字化社会中，数字劳动是一种普遍存在的新的劳动形态，而人们无时无刻不在进行着这种劳动。具体地考察数字劳动的内涵，我们发现，学界对此并没有统一的界定，但人们一致认为数字劳动关涉人们的现代化的社会体验。具体来说，有两种关于数字劳动的阐释路径。其一，后结构主义者的文化研究路径。这种观点认为，数字劳动是与传统物质劳动有着显著区别的一种“非物质化劳动”模式，它是免费劳动的一种表现形式，当劳动者在进行知识文化消费时，数字劳动将之转化为一种额外的生产性活动，从表面上来看，这些活动为劳动者所欣然接受，但实际上，劳动者却难逃被剥削的命运。基于此，数字劳动者又称为“网奴”，而这种数字劳动普遍存在于资本主义的现阶段中。其二，传播政治经济学批判路径。其代表人物是英国学者克里斯蒂安·福克斯（Christian Fuchs）。他认为，“数字劳动不仅包括无偿的互联网使用者的劳动，还包括信息通信技术（ICT）行业整个价值链涉及的各种劳动形式，如富士康工人、硅谷的装配工人、软件工程师等各种劳动者的劳动”[①]。福克斯进一步指出，数字劳动是异化的劳动，其主要表现为数字劳动与自身异化，数字劳动与工具异化，数字劳

---

① Christian Fuchs, *Digital Labour and Karl Marx*, New York: Routledge, 2014, p. 7.

动与劳动对象异化，数字劳动与劳动产品异化。可以看出，在传播政治经济学的批判路径中，数字劳动被理解为是一种新的生产劳动模式，它主要是通过攫取数字用户的无偿劳动来占有数字资源进而将之转换为数字资本。而对于数字用户来说，这产生的其实并不是为自己的工作或是创造的工作，而是以“数字佃农”的身份产生的一种免费劳动。因此其结论是，在数字资本主义阶段，数字劳动以一种实用的或是具有娱乐性质的劳动的名义，创造了一个能够增加利润且不断扩张的和免费的“数字基地”，目的是以此试图掏空人们创造价值的任何机会。一句话，“我们的身体和一切社会行为，都被数字所穿透，我们被还原为数字平台上的一个数据簇，我们借助数字化的虚体来参与社会交往、经济生产和政治参与。所以今天的异化已经成物化的异化，变成数字化的异化”①，并且，“在数字化的全球化时代当中，社会亲近性和物理邻近性之间越来越脱节了。那些与我们有着亲密社会关系的人，不必然在物理距离方面也离我们很近，反之亦然。同样地，社会相关性也与空间邻近性脱节开来”②。这就是说，在数字化时代中，面对海量数据和技术“风暴”的统治与支配，我们几乎无法逃脱异化的结局。数字异化必将修改人们的生存形态。

伴随着数字技术的加速革新，越来越多的学者清晰地意识到，对于数字劳动的研究需要超出传播政治经济学领域，仅仅将数字劳动定义为互联网平台上的非雇佣的无偿的劳动并不能准确揭示其特征。因此，学者们开始转向马克思的政治经济学批判的阐释路径，以此为基点去研究数字劳动对社会生产带来的不同反响。按照马克思的阐释逻辑，数字劳动指的就是劳动者在劳动过程中借助数字信息技术对数字化的信息和知识进行美化或加工，进而使自己劳动对

---

① 蓝江：《当代资本主义下的加速主义策略——一种新马克思主义的思考》，《山东社会科学》2019 年第 6 期。

② ［德］哈特穆特·罗萨：《新异化的诞生：社会加速批判理论大纲》，郑作彧译，译文出版社 2018 年版，第 118 页。

象化的一个过程。而且，随着数字信息技术的广泛应用，数字劳动已经突破了传统媒介传播行业扩展到了其他如农业、工业、信息等行业的劳动形式。实际上，人们在数字平台上的每一个行为，不管是购物娱乐，还是聊天浏览，都属于数字劳动的生产，它是一个数据生成的过程，最后都会被数字平台一一保存起来，当这些数据汇聚成海量数据时，便会与数字技术发生耦合，进而构成一个巨大的关联体系，这也就相当于形成了一个价值性、空间性和共享性极佳的社会资源网。有学者按照马克思“资本一般”的模式将这些形成的符码称为“一般数据”，并且强调在数字化时代，“基于因特网、电脑、智能手机形成的数字技术占据了主导地位，真正起到支配性作用的不再是非物质劳动中形成的一般智力，而是数字平台上由数字劳动者产生的一般数据”①。这个意义上来说，人们的数字劳动产生了一般数据，即使是在无意识的情况下，人们仍然能够作为数字平台的劳动力而存在，并为之制造大量数据作为原始资源。可以这样理解，正是一般数据的产生制造了一种束缚力，它制约着人们必须到数字平台上劳动才能进入数据的分析中，于是，数字平台被随之加固。人们当然可以选择放弃进入数字平台做免费劳役，但这也就意味着人们同时选择放弃了数字平台所提供的现代技术生活，不管是海德格尔对技术作为集置的批判，还是鲍德里亚对技术是致命策略的质疑，都告诉我们，返回到一个尚未技术化的社会并不是一个摆脱技术化社会统治的最优方案。想通过浪漫主义的技术反思让加速的数字社会冷却下来，显然只是一种主观的想象。人们还是需要回到数字平台上进行数字劳动，否则，人们会立刻感到与现实世界的疏离，有意思的是，人们是因为无法虚拟化、数字化才产生的这种感觉。在这个意义上，离开虚拟世界，就相当于离开现实世界，人们不进行数字劳动，人们就无法继续生存下去。这让人们想到了

---

① 蓝江：《数字异化与一般数据：数字资本主义批判序曲》，《山东社会科学》2017 年第 8 期。

马克思批判的资本运行公式，即资本要么进行积累，要么灭亡。但是，数字资本家并不会因此同情一般数字劳动者的数字化境遇，相反，为了占领网络主导权并获得更大的利益，他们毅然通过数字平台制定隐私条款及用户协议等契约性文件来维护自己的权益。而作为数字劳动者，就是在这种平台规则之下进行数字活动的，可怕的是，后者只拥有数字平台上的数据使用权，但却将自己的私人经历、网上足迹和一系列网上活动的控制权递交给了数字资本家，其产生的数据也被实时地监控和剥夺，直到形成海量数据网便会转入数字资本家的手中为其所用。而数字资本家只需隐匿在屏幕的背后，轻而易举地就可以获得劳动者的使用价值，也并不需要为这些免费的劳动力买单。可以说，资本真正控制和占有的是这些数字劳动者创造的数字价值，这没有时间限制，也不必划分劳动形式，只要他们登录并使用这个数字平台，那么劳动生产便开始了，数据生产也同时开始。显然，数字劳动已经成为数字资本主义的一种新的剥削形态，是数字资本得以形成与积累的最直接的方式。

当前，人们进入数字化社会，“个人信息开发成为‘大数据’经济的引擎，大型私人数据公司与政府机构以‘公私合营’的方式结盟合谋，创造出更有效率、更有利可图的监控社会”①。作为数字劳动者，人们的日常生活被数字化所中介，虚拟化成为人们最基本的生活形态。通过数字平台，人们发现资本获得了它的全新形式，即数字资本。数字作为一种全新的商品，一方面，它并没有如人们想象的那般拥有比传统商品更特殊的使用价值，它本身也仅仅是作为一串串的符码而已；另一方面，数字作为集成化的数据在网络空间的交换中拥有无可计算的价值。数字资本家们将数据与现代技术完美结合，建立了庞大的数据流通和积累体系，最终形成了数字寡头和数字工厂系统。在这个意义上，数字就不再仅仅具备传统的统计

① 邬晓燕：《数字化社会的乌托邦幻象与合理重建》，《自然辩证法通讯》2022 年第 4 期。

和计算功能，而是被快速商品化，转变为一种能够为资本家创造巨大利润的资本样态。可以看到，在历史唯物主义理解中，资本在扩张的过程中，“一方面要力求摧毁交往即交换的一切地方限制，征服整个地球作为它的市场，另一方面，它又力求用时间去消灭空间，就是说，把商品从一个地方转移到另一个地方所花费的时间缩减到最低限度”①。在数字资本主义时代，资本积累已经从传统的地理空间走向了赛博空间，在这双重空间中的资本扩张下，几乎使得资本能够彻底垄断和占有人们的公共空间，从而更加轻易地在私有的数据库中收集和更替海量数据，独享一般数据。而被提供给普通数字用户的数据因其被数字资本所浸透就必然是残缺不全的。它在某种程度上造成了这样的现实后果，即数字资本指向哪里，用户们就能够去到哪里，数字资本指向多远，用户们就能在虚拟世界中走多远。而由于数字用户们的每一次数字行为和数字劳动都会产生相应的数据，无限的数据的叠加和集合就成为数字资本自身复制和增殖的基本模式，以此实现数字资本积累的最大化。在这个意义上，数据就转化成了资本，数字资本成为一种不同于传统资本的新形态。在数字资本主义社会中，一般数据的出现从某种意义上改变了社会的现实运作方式。斯蒂格勒说：“自动化和网络化的记忆留存的数字形式产生了破坏性的后果，而它已经对社会进行了重新组织。”② 可以说，数字资本主义已经成为一个以数字平台和一般数据为基础的新型资本主义。而数字资本到底是通过什么方式实现获利的呢？

数字资本能够通过为产业资本和金融资本提供市场咨询服务实现获利，这主要是因为在数字资本未形成之前，产业资本家由于受困于资本的种种限制，为了保证其资本的正常流通，只能依靠金融资本来解决基本的周转问题，但金融资本并不具备指导产业资本进行有效投资的职能，所以盲目的生产和失败的投资引发了产业的经

---

① 《马克思恩格斯文集》第 8 卷，人民出版社 2009 年版，第 169 页。

② Bernard Stiegler, *Automatic Society*, *vol. 1 The Future of Work*, trans. Daniel Ross, Cambridg: Polity, 2016, p. 33.

济危机和金融危机。显然，金融危机更加可怕，它是一种灾难性的存在，更容易造成整个社会的巨大震荡。但是，在数字资本主义阶段，资本家们似乎找到了某种应对之策，他们通过分析和计算收集到的海量数据，能够十分精准地预测市场上销售最佳的产品和投资最佳的行业，从而也就能够更有目的性地指导产业资本流向这些领域。这在某种意义上就意味着生产的盲目性和投资失败的可能性被大大降低甚至是被消除了。所以产业资本和金融资本会不惜斥巨资与数字资本进行交易，因为只要能够购买得到海量数据并产生相应的具体的分析报告，就能够轻而易举地了解整个市场，获得市场发展趋向的一手信息，以此就能够实现资本的良性走向实现利益的最大化回报。对于产业资本和金融资本来说，这种行为其实是一种变相的“投资”。因为它们能够通过进一步的挖掘数据来最大化地实现数据产品的再生产，然后再将二次处理了的数据产品卖给第三方公司，这样就能够更加有效地指导企业生产，向商户推送更优选择、更加匹配的产品。在这个意义上，就形成了一条极具商业价值的完整的数字资本的产业链，且这条产业链具备极强的兼容性和可塑性。数字资本能够实现获利的另一种方式是为企业和商户提供定向广告推送服务，其主要是通过大数据分析和计算准确地推断出一般用户的兴趣爱好和消费倾向，以此来精准地为数字用户提供推送服务，引导其进行再次消费，从而实现利润的增加。人们能够轻易发现这样的情况，当人们进行网上购物且长时间浏览同一类商品时，重新刷新页面就会发现页面充斥着的都是同类商品。或是，当人们完成一件商品的购买时，相关的购物网站会立刻计算出你的消费趋向，为你推送你“喜欢”的同类商品。我们可以将之称为数字资本的“复制—粘贴”功能，因为它默认了计算出的人们的消费惯性，从而一再地推动人们去不断地对自身的消费习惯进行认同。结果就是，人们的消费行为被植入了两个基本命题，其一，“我消费故我在”；其二，“我继续消费故我在”。数字平台就是这样掌握用户的所有交易数据和个人信息，其中包括一系列行为，如浏览、点击和收藏等，并将这些用户信息进行重新编写。用户的数字化行为在某种意义上构成了数字平台能够对用户的数字行为进行精准预测的关键证据。这就是数字资本实现获利的运作“秘密”。人们就是这样被数字所裹挟，问题是，人们根本意识不到，自身需求的满足，实际上只是数字为人们构筑起的一座“虚假需求”的堡垒，人们以为的在数字消费中个性和主体性得到的释放和张扬，只是数字化的基本策划。由于人们已经被预先设定好推向数字技术决定的对象，所谓的个性化无非就是一种数字的同化而已，人们越是进行数字化消费，人们就越是被数字所分析，结果就是，人们的生活喜好和偏向都趋向同一，最终也抽象成为一系列符号，而人们也在数字逻辑的加速中成为“过时之人”。马克思的断言在数字资本主义的今天依然有效，资本化的数字技术对人们已经“表现为异己的、敌对的和统治的权力”[①]。更为严重的是，人们在意识层面上越来越屈服于这种数字异化形式，人们在消费中所体验到的交换价值并不是一种真实的自我，人们陷入“数字拜物教”的典型特征之一就是人们将满足自身浅层次的自我需求当作终极的生活目标。数字异化将人们的生活目标修改为占有更多的数字财富，人的真实需求被无限追求扩大财富的生存意志所掩盖，人们的创造性和批判性被数字异化所消解，最终沦落到海德格尔描绘的那种“沉沦于世、无家可归”的生存境况之中。这是数字拜物教在更隐蔽的意义上制定的数字意识形态。可以说，人们在无意识的网上行为中其实就将自身作为样本提供给了数字资本的分析进程。随着数字用户的爆发式增强，数字资本开始不满足于这种简单的盈利模式，付费服务的上线，数字平台的升级，都是数字资本为实现盈利和数字资本增殖的“新策划”。按照数字资本的扩展速度和扩张模式，我们可以大胆断言，数字资本将会不断涉足更多的领域，以实现对产业资本和金融资本的全面掌控。

数字资本主义制造数字异化还将现代人的生存状况进行了修改，

---

① 《马克思恩格斯文集》第 8 卷，人民出版社 2009 年版，第 358 页。

将人塑造为“视觉化的”人。借助于数字化技术的推广和传播，现代社会刮起一阵“视觉化”文化旋风。各种美颜类APP的开发和应用成为最为时兴的视觉文化现象，人们可以轻易地在软件中“改头换面”，可以随着自己的意愿，推出一套一套复制化的“写真”。不断进行数字化升级的手机从单纯的通信设备进入了“拍照时代”，像素的高低，摄像头的多少成为衡量手机品质优秀的基本标准，抖音等短视频软件成为大众展示个体化生活的基本媒介，数字化技术将视觉化世界修改为“现在进行时”，人们只要在软件中简单操作就能够看到世界正在发生的各种事情。这标志着数字化技术时代人们的视觉化生活发生了范式的变革。人们在视觉消费的过程中通过技术化的精修“变美”，而后每一个软件用户都能够将这种“美”进行无限的复制，这是高阶版本的本雅明式的“机械复制时代”。结果就是，现代技术的视觉化景观呈现为一个前所未有的美颜社会。这既是“数字之美”的胜利，又是一种数字异化之美。

数字化社会开启了“一键美颜”的功能，它进入了一种全新意义上的“视觉中心主义”。随之，人成为“视觉化之人”，而人们的审美也随之发生了根本性的转变，它并不是马克思所阐明的那种自由自觉的活动，而成为一种“自欺”，且成为“视觉化之人”的基本面貌。可以这样理解，在现代社会所营造的数字化洞穴之中，人们只需简单注册，提供包括自己身份信息在内的一些基本信息就能够获得一个属于自己的软件领地。美颜软件能够提供一种技术去弥补人们存在的“缺陷”，从而制造一幅比“真实”还真的人类面孔。同时，它还能够制造这样的审美信仰，即它使得人们相信自己的完美形象存在于各种美颜软件中，从而造成了一种可怕的生活信念，即“没有美颜的生活是不值得去过的”。究其根本，源于“自欺”拥有一种先验的技术结构。马克思有言，“观念的东西不外是移入人的头脑并在人的头脑中改造过的物质的东西而已”①。数字异化的现

① 《马克思恩格斯全集》第44卷，人民出版社2001年版，第22页。

实情况是，观念的存在被数字技术所塑造，人们只有是“自欺”的面貌才能是被技术化的存在，人们只有是技术化的存在才能呈现为“自欺”的面貌。这容易让人们联想到“笛卡尔的魔鬼”，当人们追求完美视觉、完美面孔时，哪怕人们意识到自己在欺骗自己时，欺骗活动也并不会“失效”，反而会加强。因为这不是自欺的观念活动，数字异化才是骗局的组织者，人们妄图克服人性的现实缺陷在视觉化活动中追求完美实则是数字异化的巨大阴谋。它用“虚假之人”来取代“真实之人”，用“视觉化之人”来取代“现实感之人”，结果是，人们的视觉审美必须经由数字异化的改造才能达成，视觉化的人将自身的生活归属感、身心愉悦的满足感与热情统统投入对数字技术的发展的期待中，因为，它渴望复制美，获得美，占有美。反过来说，视觉化之人相信美就在现实中，就在数字技术的升级换代之中，数字异化了的美学反倒成为“人类整个技术活动过程中自觉追求的目标”[①]。讽刺的是，马克思所谓的“人按照美的规律构造”竟然在美颜软件中得到了实现。

在数字资本主义社会，我们可以洞察到，数字技术的发展在提高了人们的物质文化生活的同时，也满足了人们的普遍需求，数字技术更是为数字平台提供了足够的技术保障和技术支撑，人们也极度依赖数字平台的构建和不断发展。这自然就给了数字资本极大的生长空间。数字资本主义的基本策划是通过制造一个“超感的”意识形态，利用它完成新的霸权统治形式，以实现秩序的普遍统一与掌控。但是当数字与资本完成“联姻”，人们却沉浸在纷繁复杂的数字社会之中，思想和能力的逐渐丧失使人们陷入集体无意识当中，最终形成了数字化的生存依赖。可以说，在数字化社会中，数字技术的存在并没有给人们的生产和生活带来实质性的改变，数字资本主义的意义仍然在于以何种形式榨取剩余价值，形成数字寡头及其

---

① 范玉刚：《技术美学的哲学阐释》，《陕西师范大学学报》（哲学社会科学版）2002 年第 4 期。

数字工厂系统。尽管数字资本通过其制造的现代加速的社会图景和生存模式来进行自我合理化，但是从根本上，它并不能真正掩盖其资本剥削的本质，它不过是以数字技术的名义来掩盖其追求的剩余价值的真正来源——资本“对数据的剥夺性积累”[①]。换言之，数字社会的到来并没有将人们从资本逻辑的钳制中解放出来，人们试图通过数字技术获得解放的想法并没有真正实现。相反，它制造了一种更为隐蔽的压迫方式，不仅模糊了人们工作与生活的界限，将人们的非劳动时间转化为劳动时间，而且还扩大了劳动对象的范围，将矛头指向了每一个现实存在的人。可以说，这是一种更为隐秘更为残酷的剥削。需要说明的是，面对数字资本主义，选择与数字技术彻底决裂以求摆脱其控制的想法并不明智，人们应该重建合理的技术观念，以审慎的目光看待数字技术的未来发展。马克思的“诊断”凸显了对数字资本主义的解释力，他说：“只有在共同体中，个人才能获得全面发展其才能的手段，也就是说，只有在共同体中才可能有个人自由。”[②] 按照这种理解，推动数字技术的加速前进，让公共权力介入和建立普遍的数据共享模式或许能够成为人们正确理解数字技术，打破消费至上、资本至上的数字资本的运作方式，实现人的自由而全面发展的重要步骤。

从马克思现代性批判的视域看，数字异化就是马克思所批判的资产阶级社会生产关系上的异化的当代延伸。数字异化在现实中的代表就是数据资本家，正是后者在这种“物役性”中通过占有数据来间接地控制和奴役人的。马克思历史唯物主义在承认数字异化的客观历史必然性的同时为其打上暂时性和定在性的标签，而后在社会实践中，在社会历史运动的内在矛盾中确证消除数字异化的客观历史条件。数字资本主义是资本主义在当代发展的最新形态，它并不是一种全新的社会形态，它仍然分有资本主义的政治经济结构，

① 姜宇：《数字资本的原始积累及其批判》，《国外理论动态》2019 年第 3 期。

② 《马克思恩格斯文集》第 1 卷，人民出版社 2009 年版，第 571 页。

这就决定我们仍然需要开启马克思的现代性批判。按照马克思的分析，数字资本主义社会的当代发展服从于历史唯物主义对人类世界历史全面解放的现实趋向。即“过去的 S_1 发展为今天的 S_2，并正在走向 $S_3 \cdots S_n$”[①]。换句话说，数字资本主义本身就属于“$S_1 \rightarrow S_n$”客观的历史阶段，而这种社会形态也终将在生产关系的变革中被克服和超越。而且，“数字”分有资本的“物—关系—权力”的“同一性”内涵。瓦解数字异化的关键在于理解数字技术的现代加速、理解现代技术的模式和形态、发觉其“客观自反性”特性。这些内容在本书中均有详细论述。具体来说，数字资本的唯一特性是使自身无限增殖，它通过形成数字的集合效应，制造数据不平衡来实现盈利。这就要求它在数据的采集、数据的分析和数据的应用的整个过程中为数字劳动和价值的创造确立明晰的界限，在这个过程中，它就与数字资本无限扩大的趋势形成了矛盾，就是说，数字资本在其自身那里遇到了界限，结果就是，数字资本要么进行积累，要么就灭亡。事实是，不管数字技术如何发展，如何走向虚拟化，其基本的运行机制并未发生根本性的变化。也就是说，它并未克服脑力劳动与体力劳动之间的博弈，数字资本要成为意识形态，而生产逻辑又是它的限度，这就是我们看到的现实情况，即数字资本确实释放了一种原动力，极大地促进了社会生产力的进步，但它也同样可能会由于数字资本的集中引发数字危机，从而产生大量的贫困的数字用户。况且，数字资本并不能穿透现实社会的所有领域，它仍然会碰到意识形态和技术自身发展的限制，换言之，数字资本家虽然追求对数据的绝对垄断，但现实总是有溢出数据之外的幽暗之地。按照马克思的论证，当人们利用数字技术发展出克服资本主义的现实可能性时，共产主义才真正会到来。这我们需要重新定义数字异化之人，将之重新理解为“技术人”，并赋予其这样的特征，即他们是

---

① 张一兵：《回到马克思：经济学语境中的哲学话语》，江苏人民出版社 2014 年版，第 23 页。

在共同占有和共同控制生产资料的基础上联合起来的个人。由此，解决数字异化这个问题，就需要马克思所说的“联合起来的生产者”[①]，也就是说，除了“数据共享”之外，我们还需要将“数据共有”设定为构筑人类未来的根基。这样，作为“数字异化之人”，人们就能够在社会的进步中完成自我意识的更新从而提升为“数字共同体”。按照马克思的批判逻辑，数字技术作为一种驯服社会的力量或许无法在当前的社会中得到彻底理解，人们只有在实践运动中从根本上识别和取消数字的资本主义应用，并将数字技术改造为克制资本的力量，人们才有可能走出数字异化的困境。

① 《马克思恩格斯全集》第46卷，人民出版社2003年版，第928页。

结　语

当马克思与海德格尔体验着“同一个”现代性时，当时的世界并非完全就是真正现代的，仍有现代性之光照耀不到的黑暗之地。但是，在21世纪的今天，现代性已经完全覆盖我们的生活世界。过去它现身在马克思经验到的机器大工厂中，现身在海德格尔直观到的莱茵河上的发电厂中，而今天人们则是更多地在网络世界体验和遭遇它。它是一座迷宫，人们手里却没有阿里阿德涅之线，它是“埃舍尔的世界”，人们却找不到海德格尔的路标。即便如此，我们仍然能够从最早的现代性批评家那里看到“现代性的启示”，马克思与海德格尔无疑是最好的参照源以及坐标系。因为当生活在现代世界中的人们丧失了目标，陷入迷茫之时，马克思与海德格尔恰恰能够以自己的方式击中现代性的要害。结果就是，在普遍失去想象力的今天，马克思与海德格尔反而比我们更加了解我们当下的这个时代。当我们讨论马克思与海德格尔的现代性批判的“争执”的时候，与其说是站在他们的世界之中，不如说是更好地进入了我们的时代。这样看来，尽管现代社会的图景已经完全超出了马克思与海德格尔的“感性直观”，但是我们仍然处在马克思与海德格尔的“现代性体验”之中。马克思与海德格尔分别为资本主义现代性写下了带有自己印记和手法的“批判诗”，一个带着晦涩的笔调，一个表现得“冷酷无情”。马克思的现代性批判并不是纯粹反思的游戏，因为他并没有加入任何一个学院的“派别”中去以逃避现代生活世界对我们的制约和束缚。对他来说，现代性批判就必须始终是对资本主义现实的批判。由于资本主义现实呈现出一种“资本”与“形而上学”的隐秘勾连的特质，所以现代性批判就需要同时在这两个战场上作战，通过透视资本逻辑运行的内部矛盾，揭示资本主义社会的危机，从而打开共产主义的出场空间，论证一种全新的可能生活。海德格尔则试图对此进行一种生存论的解构，既克服传统形而上学的宰制，又弃绝“隐秘而被遗忘的存在”，把“技术—集置”的世界推入更广阔的背景域之中，告诫人们为一个非形而上学的世界的到来做好充足准备。这样来看，马克思与海德格尔的现代性批判的“争执”，并非首先意味着“不和”，而是提前进入了一种“窘迫”：马克思与海德格尔都并不认为对现代性进行的“表象”描述就是对人们的生活处境所下的定论，都认为有更为深沉的东西在起着巨大作用。而这主要的困难就在于我们的现实生活就是被现代世界的“意见”所占据，它不仅使用那些“自明”的概念为自身提供辩护，而且还同时在人间有一批“忠实”的“代理人”。在马克思看来，现代性就是“物的关系”的合法化，“人的真理”被遮蔽。对海德格尔来说，现代性就是只有“在者在”，“存有反倒不在”，结果就是，现代性是合理的，批判反而显得不正常。事情的根本就是通过批判撕下现代性的虚伪的面具，这不仅需要经历漫长的思想劳作，还需要经历复杂的现实斗争。当然，我们可以说，马克思与海德格尔都有着同样的批判现代性的显性逻辑，二者都是同理性形而上学的出色作战而“起家”的，一个建构了自己的基础存在论而后又转向抓住了更为深沉的“本有”，一个通过与黑格尔的复杂对话建构了独特的存在论走进了现代性的现实领地。他们都按照自己的逻辑对现代性的困境做出了指认和解读，一个把现代性困境看作形而上学与资本逻辑的现实运作“共谋”而导致的人的异化的现实，另一个把现代性的状况指责为世界成为图像、技术的集置。最后二者又都提出了相应的超越现代性、适当安置现代性的方案。马克思提出了一种共产主义路径，即把自由而全面发展的个人当作未来社会的人，而自由人联合的共同体则是“后现代性”之后的最佳政制。海德格尔则认为超越现代性必须开启“思”的任务，并且认为未来世界只能是从“本有”而来，而在艺术中已经蕴含着“现代性之后”的典范生活。可以说，在他们看来，批判现代性的前提就是必须与之保持一定的间距，如此才能拥有一种更为客观的身份、立场和态度。二者相比较，马克思关于现代性图景的描述更加能够得到现代人的认同，人们能够在他的“语言”中，找到现代生活的基本特征面貌，如市场经济、商品、货币、工厂等；而海德格尔的描述因其学院式的解读框架，加之哲学家本身特有的“语言方式”，人们其实更多的是感到一种陌生感和疏离感。

马克思与海德格尔的现代性批判的原初争执本没有孰优孰劣之分。一方面，我们并不会完全赞同马克思的现代性设想，毕竟马克思最核心的两个论断都遭遇了现实的打击：现代资产阶级并没有灭亡，它不仅通过自身的调整度过了众多危机，还将自身的影响拓展至全世界；工人阶级也并没有成为资本主义的掘墓人，反而快速地被现代世界击碎，不能组织起任何斗争。但是另一方面，没有人会怀疑马克思的现代性批判的“叙事”，对人类未来生活来说，它仍是命运攸关的东西。在这个意义上来说，我们似乎很难想象在现代性还未死的情况下，就提前宣布“马克思的死亡”。当然，我们也会保持着对海德格尔的警惕，就算是不考虑他的纳粹身份和政治倾向，海德格尔的现代性批判中也仍有很多我们并不会赞同的东西：他的“本有”以及“存在论的解构”导致了一种对历史的“重写”，但是他又因为不想被认为是形而上学的，从而对各个时代和历史时期的具体内容都不做任何说明。他用“存在”而后是“本有”统治了古希腊之后的所有时代，同时又把时代本身内部的矛盾和张力“悬搁”起来，结果就是他没有留下马克思那样的“逻辑学”（《资本论》）。

另外，马克思与海德格尔的现代性批判的重要性又是不言而喻的，他们共同构成了“后现代”思想家们的理论背景和争论的场地。利奥塔（Jean-Francois Lyotard）赋予了“后现代”一个精确的含义，他声称后现代的时代已经到来。在他看来，现代性意味着将世界系统化，并通过对这个可控制的系统中的生存条件的认知和征服使得人的解放变得可能。在这个意义上来说，马克思的思想作为一种关于解放的“宏大叙事”而被拒斥，海德格尔的后形而上学思想同样成为后现代性的一个理论源头。但问题并没有看上去那么简单，就马克思的思想来说，一方面，他坚持着启蒙主义的现代性信念，相信人类最终将会在共产主义社会中获得自由和解放；另一方面，他又从社会批判的角度尝试颠覆思想启蒙的那种单线进步的观念。在这个意义上来说，马克思的现代性批判兼具“后现代气质”。就海德格尔的思想来说，他的后形而上学的思想呈现为一种相对弱化了的整体论思维，在这个意义上，他与利奥塔的后现代性构想是相互对立的，二者并不是“兄弟姐妹”，更非“孪生子女”。或许我们可以得出这样一个看法：不管是马克思还是海德格尔，他们与后现代思想都有着十分复杂的关联，因此，想要弄清楚事情的本质，比较稳妥的做法就是保持着一种“视见之差”，即不以简单的现代与后现代的对立的框架去考量他们。此外，除了后现代的“批判”，马克思与海德格尔的现代性批判还面对着“怀疑论”的质疑。在后者看来，马克思与海德格尔都是在神学的“等待—来临”的框架内进行现代性叙事的，既然这种现代性的存在不能显示出其存在的意义，那么，我们同样也不能理解超越了现代性的未来世界的意义，即便马克思的共产主义真的实现了，海德格尔的非形而上学的世界最终开启了，我们仍然无从认识它。现实是无法完全透视的，未来同样无法透视，更因为与我们的现实世界并无相似之处，未来世界显得更加可疑。可以说，这是一个“现代版”的“美诺悖论”。事实上，怀疑论总是忽略以下这样一个事实：思想不仅要对思想负责，更重要的是，它必须同时对生活负责。生活问题才是真实的问题，因为它包含着被怀疑论所质疑的不真实的信念和知识。可以这样说，或许没有了怀疑论，思想会逊色不少，但是对于马克思和海德格尔来说，怀疑论并未触动到他们所要真正怀疑的现代性问题。

我们选择聆听马克思与海德格尔这两位思想巨人关于现代性批判的教诲的真正用意在于，假如我们能够真诚地走近马克思与海德格尔，运用他们的现代性批判来看待我们当今的生活世界，我们就能真正地走进马克思与海德格尔在思索现代世界时所进入的“两难处境”。我们就能在一种“遮蔽—澄明”中，在二者的“内在争执”中，在双方的“思辨的张力”中，更好地体验我们当下的这个时代。同时，我们或许就能够真正体会到马克思与海德格尔的现代性批判中那种自然生长起来的东西，由此发动今天的现代性批判，同时也能够预见现代性的各种未来形态。在这个意义上来说，开启“返回步伐”，回到马克思与海德格尔的现代性批判其实是为了真正敲打我们所在的现实世界，我们是以“倒退”的方式实现“前进”的，我们是在“历史”中寻找“现实”的，据说这种进路贯穿着从古希腊到现代的整个哲学史，每一次哲学的转向都是以这种“倒退”的方式实现的。无论如何，现代性批判都并未结束而是刚刚开始，马克思与海德格尔作为“领路人”带给了我们必需的见解和勇气，从而也有助于我们开启属于自己的现代性批判的全新历险。

参考文献

一　著作

《马克思恩格斯选集》（第1—4卷），人民出版社2012年版。

马克思：《1844年经济学哲学手稿》，人民出版社2000年版。

马克思：《资本论》（第1—3卷），人民出版社2004年版。

《马克思恩格斯全集》（第30卷），人民出版社1995年版。

《马克思恩格斯全集》（第31卷），人民出版社1998年版。

《马克思恩格斯全集》（第3卷），人民出版社2002年版。

《马克思恩格斯文集》（第1卷），人民出版社2009年版。

《马克思恩格斯文集》（第2卷），人民出版社2009年版。

《马克思恩格斯文集》（第5卷），人民出版社2009年版。

《马克思恩格斯文集》（第8卷），人民出版社2009年版。

白刚：《瓦解资本的逻辑：马克思辩证法的批判本质》，中国社会科学出版社2009年版。

白刚、张荣艳：《"超越政治"还是"回归政治"——马克思与阿伦特政治哲学比较》，江苏人民出版社2015年版。

包亚明：《现代性与空间的生产》，上海教育出版社2003年版。

程彪：《从"解释世界"到"改变世界"——马克思哲学实现的哲学主题转换》，吉林人民出版社2006年版。

陈嘉明：《现代性与后现代性十五讲》，北京大学出版社2006年版。

陈嘉映:《海德格尔哲学概论》，商务印书馆 2014 年版。

贺来:《辩证法的生存论基础——马克思辩证法的当代阐释》，中国人民大学出版社 2004 年版。

贺来:《辩证法与实践理性——辩证法的“后形而上学”视野》，中国社会科学出版社 2011 年版。

柯小刚:《海德格尔与黑格尔时间思想比较研究》，同济大学出版社 2004 年版。

刘创馥:《黑格尔新释》，台湾大学出版中心 2014 年版。

鲁品越:《〈资本论〉与当代世界》，学习出版社 2022 年版。

罗骞:《论马克思的现代性批判及其当代意义》，上海人民出版社 2007 年版。

彭富春:《论海德格尔》，人民出版社 2012 年版。

孙利天:《让马克思主义哲学说中国话》，武汉大学出版社 2010 年版。

孙正聿:《思想中的时代——当代哲学的理论自觉》，北京师范大学出版社 2004 年版。

孙正聿:《理论思维的前提批判——论辩证法的批判本性》，中国人民大学出版社 2010 年版。

孙正聿:《马克思主义辩证法研究》，北京师范大学出版社 2012 年版。

孙正聿:《哲学：思想的前提批判》，中国社会科学出版社 2016 年版。

王福生:《求解“颠倒”之谜——马克思与黑格尔理论传承关系研究》，中国社会科学出版社 2010 年版。

王庆丰:《〈资本论〉的再现》，中央编译出版社 2015 年版。

吴晓明、王德峰:《马克思的哲学革命及其当代意义》，人民出版社 2005 年版。

郗戈:《现代性的矛盾与超越——马克思现代性思想与当代社会发展》，中国人民大学出版社 2014 年版。

邢荣:《马克思的现代性与中国社会转型》，中央编译出版社 2015 年版。

杨大春:《现代性与主体的命运》，中国人民大学出版社 2019 年版。

袁芳：《马克思的宗教批判与现代性批判》，上海大学出版社 2016 年版。

仰海峰：《形而上学批判——马克思哲学的理论前提及当代效应》，江苏人民出版社 2006 年版。

杨耕：《为马克思辩护：对马克思哲学的一种新解读》，江苏人民出版社 2017 年版。

晏辉：《现代性语境下的价值与价值观》，北京师范大学出版社 2009 年版。

俞吾金：《重新理解马克思》，北京师范大学出版社 2005 年版。

叶秀山：《思·史·诗——现象学和存在哲学研究》，人民出版社 1988 年版。

叶秀山：《哲学要义》，北京联合出版公司 2015 年版。

张春玲：《现代性语境下的资本逻辑问题：基于马克思主义的视角》，中国言实出版社 2020 年版。

张盾：《道法"自一然"——存在论的构成原理》，中国政法大学出版社 2000 年版。

张盾：《马克思的六个经典问题》，中国社会科学出版社 2009 年版。

张盾、田冠浩：《黑格尔与马克思政治哲学六论》，学习出版社 2014 年版。

张凤阳：《现代性的谱系》，江苏人民出版社 2022 年版。

张曙光：《现代性论域及其中国话语》，武汉大学出版社 2010 年版。

张文喜：《颠覆形而上学——马克思和海德格尔之论》，中国社会科学出版社 2004 年版。

张祥龙：《从现象学到孔夫子》，商务印书馆 2011 年版。

张祥龙：《海德格尔传》，商务印书馆 2017 年版。

张一兵、蒙木桂：《神会马克思》，中国人民大学出版社 2004 年版。

张一兵：《马克思历史辩证法的主体向度》，武汉大学出版社 2010 年版。

张一兵：《回到海德格尔——本有与构境》，商务印书馆 2014 年版。

张一兵：《回到马克思：经济学语境中的哲学话语》，江苏人民出版社 2014 年版。

赵汀阳：《坏世界研究——作为第一哲学的政治哲学》，中国人民大学出版社 2009 年版。

赵汀阳：《天下体系——世界制度哲学导论》，中国人民大学出版社 2011 年版。

赵汀阳：《第一哲学的支点》，生活·读书·新知三联书店 2017 年版。

赵汀阳：《论可能生活》，中国人民大学出版社 2014 年版。

赵汀阳：《每个人的政治》，社会科学文献出版社 2014 年版。

赵汀阳：《天下的当代性——世界秩序的实践与想象》，中信出版社 2016 年版。

周丹：《马克思主义现代性思想研究》，中国社会科学出版社 2015 年版。

[法] 路易·阿尔都塞：《保卫马克思》，顾良译，商务印书馆 2006 年版。

[法] 路易·阿尔都塞、[法] 艾蒂安·巴里巴尔：《读〈资本论〉》，李其庆、冯文光译，中央编译出版社 2017 年版。

[英] 伯尔基：《马克思主义的起源》，伍庆、王文扬译，华东师范大学出版社 2007 年版。

[日] 柄谷行人：《跨越性批判——康德与马克思》，赵京华译，中央编译出版社 2011 年版。

[德] 乌尔里希·贝克、[英] 安东尼·吉登斯、[英] 斯科特·拉什：《自反性现代化：现代社会秩序中的政治、传统与美学》，赵文书译，商务印书馆 2014 年版。

[古希腊] 柏拉图：《巴曼尼德斯篇》，陈康译注，商务印书馆 1982 年版。

[古希腊] 柏拉图：《理想国》，郭斌和、张竹明译，商务印书馆 1986 年版。

[古希腊] 柏拉图：《柏拉图全集》（第 1—4 卷），王晓朝译，人民出版社 2003 年版。

[英] 以赛亚·伯林：《自由论》，胡传胜译，译林出版社 2003 年版。

[英] 以赛亚·伯林：《自由及其背叛》，赵国新译，译林出版社 2005 年版。

[法] 费尔南·布罗代尔：《资本主义的动力》，杨起译，生活·读书·新知三联书店 1997 年版。

[英] 齐格蒙特·鲍曼：《现代性与矛盾性》，邵迎生译，商务印书馆 2013 年版。

[美] 马歇尔·伯曼：《一切坚固的东西都烟消云散了：现代性体验》，徐大健、张辑译，商务印书馆 2003 年版。

[英] 杰拉德·德兰蒂：《现代性与后现代性——知识、权力与自我》，李瑞华译，商务印书馆 2012 年版。

[英] 戴维·弗里斯比：《现代性的碎片：齐美尔、克拉考尔和本雅明作品中的现代性理论》，卢晖临等译，商务印书馆 2013 年版。

[法] 安托瓦纳·贡巴尼翁：《现代性的五个悖论》，许钧译，商务印书馆 2013 年版。

[日] 广松涉：《马克思主义的哲学》，邓习议译，南京大学出版社 2019 年版。

[德] 于尔根·哈贝马斯：《后形而上学思想》，曹卫东、付德根译，译林出版社 2012 年版。

[德] 于尔根·哈贝马斯：《现代性的哲学话语》，曹卫东译，译林出版社 2011 年版。

[英] 斯蒂芬·霍尔盖特：《黑格尔导论：自由、真理与历史》，丁三东译，商务印书馆 2013 年版。

[德] 马克斯·霍克海默、[德] 西奥多·阿多诺：《启蒙辩证法：哲学断片》，渠敬东、曹卫东译，上海人民出版社 2020 年版。

[匈] 阿格尼丝·赫勒：《现代性理论》，李瑞华译，商务印书馆 2005 年版。

[德] 马丁·海德格尔：《海德格尔选集》（上、下），孙周兴选编，生活·读书·新知三联书店 1996 年版。

[德] 马丁·海德格尔：《面向思的事情》，陈小文、孙周兴译，商务印书馆 1996 年版。

[德] 马丁·海德格尔：《形而上学导论》，王庆节译，商务印书馆 1996 年版。

[德] 马丁·海德格尔：《路标》，孙周兴译，商务印书馆 2000 年版。

[德] 马丁·海德格尔：《林中路》，孙周兴译，译文出版社 2004 年版。

[德] 马丁·海德格尔：《在通向语言的途中》，孙周兴译，商务印书馆 2004 年版。

[德] 马丁·海德格尔：《演讲与论文集》，孙周兴译，生活·读书·新知三联书店 2005 年版。

[德] 马丁·海德格尔：《论真理的本质——柏拉图的洞喻和〈泰阿泰德〉讲疏》，赵卫国译，华夏出版社 2008 年版。

[德] 马丁·海德格尔：《现象学之基本问题》，丁耘译，译文出版社 2008 年版。

[德] 马丁·海德格尔：《存在论——实际性的解释学》，何卫平译，人民出版社 2009 年版。

[德] 马丁·海德格尔：《物的追问：康德关于先验原理的学说》，赵卫国译，译文出版社，2010 年版。

[德] 马丁·海德格尔：《同一与差异》，孙周兴、陈小文、余明锋译，商务印书馆 2011 年版。

[德] 马丁·海德格尔：《存在与时间》，陈嘉映、王庆节译，生活·读书·新知三联书店 2012 年版。

[德] 马丁·海德格尔：《哲学论稿：从本有而来》，孙周兴译，商务印书馆 2012 年版。

[英] 安东尼·吉登斯：《历史唯物主义的当代批判：权力、财产与国家》，郭忠华译，译文出版社 2010 年版。

[英] 安东尼·吉登斯：《现代性与自我认同：晚期现代中的自我与社

会》，夏璐译，生活·读书·新知三联书店 2016 年版。

［英］安东尼·吉登斯：《现代性的后果》，田禾译，译林出版社 2022 年版。

［德］康德：《纯粹理性批判》，邓晓芒译，人民出版社 2004 年版。

［德］康德：《实践理性批判》，邓晓芒译，人民出版社 2004 年版。

［美］大卫·库尔珀：《纯粹现代性批判——黑格尔、海德格尔及其以后》，臧佩洪译，商务印书馆 2004 年版。

［英］开尔德、［美］鲁一士：《黑格尔、黑格尔学述》，贺麟编译，上海人民出版社 2012 年版。

［法］奥古斯特·科尔纽：《马克思恩格斯传》，刘丕坤等译，生活·读书·新知三联书店 1963 年版。

［德］黑格尔：《法哲学原理》，范扬、张企泰译，商务印书馆 1961 年版。

［德］黑格尔：《精神现象学》（上、下卷），贺麟、王玖兴译，商务印书馆 1979 年版。

［德］黑格尔：《小逻辑》，贺麟译，商务印书馆 1980 年版。

［德］黑格尔：《黑格尔早期著作集》（上卷），贺麟等译，商务印书馆 1997 年版。

［德］卡尔·柯尔施：《马克思主义和哲学》，王南湜、荣新海译，重庆出版社 1989 年版。

［德］卡尔·柯尔施：《卡尔·马克思——马克思主义的理论和阶级运动》，熊子云、翁廷真译，重庆出版社 1993 年版。

［德］沃尔特·考夫曼：《黑格尔：一种新解说》，张翼星译，北京大学出版社 1989 年版。

［美］劳伦斯·E. 卡洪：《现代性的困境》，王志宏译，商务印书馆 2008 年版。

［德］里夏德·克朗纳：《论康德和黑格尔》，关子尹译，同济大学出版社 2004 年版。

［美］马泰·卡林内斯库：《现代性的五副面孔：现代主义、先锋派、

颓废、媚俗艺术、后现代主义》，顾爱彬、李瑞华译，商务印书馆2002年版。

［捷］卡莱尔·科西克：《具体的辩证法——关于人与世界问题的研究》，刘玉贤译，黑龙江大学出版社2015年版。

［法］亚历山大·科耶夫：《黑格尔导读》，姜志辉译，译林出版社2005年版。

［法］让-弗朗索瓦·利奥塔：《后现代状况：关于知识的报告》，车槿山译，南京大学出版社2011年版。

［匈］卢卡奇：《历史与阶级意识——关于马克思主义辩证法的研究》，杜章智、任立、燕宏远译，商务印书馆1999年版。

［意］洛苏尔多：《黑格尔与现代人的自由》，丁三东等译，吉林出版集团有限责任公司2008年版。

［德］赫伯特·马尔库塞：《理性和革命》，程志民译，上海人民出版社2007年版。

［英］戴维·麦克莱伦：《马克思传》，王珍译，中国人民大学出版社2010年版。

［法］埃米尔·涂尔干：《社会分工论》，渠敬东译，生活·读书·新知三联书店2000年版。

［加］查尔斯·泰勒：《黑格尔》，张国清、朱进东译，译林出版社2009年版。

［加］查尔斯·泰勒：《黑格尔与现代社会》，徐文瑞译，吉林出版集团有限责任公司2009年版。

［德］马克斯·韦伯：《新教伦理与资本主义精神》，康乐、简惠美译，广西师范大学出版社2010年版。

［德］阿尔布莱希特·维尔默：《论现代和后现代的辩证法：遵循阿多诺的理性批判》，钦文译，商务印书馆2013年版。

［古希腊］亚里士多德：《形而上学》，吴寿彭译，商务印书馆1959年版。

二 论文

程彪：《历史唯物主义的核心范畴："物质生活的生产方式"》，《吉林大学社会科学学报》2011 年第 5 期。

丰子义：《马克思现代性思想的当代解读》，《中国社会科学》2005 年第 4 期。

高清海、孙利天：《马克思的哲学观变革及其当代意义》，《天津社会科学》2001 年第 5 期。

高清海：《马克思对"本体思维方式"的历史性变革》，《现代哲学》2002 年第 2 期。

韩志伟：《现代性的自我批判与马克思哲学视野的变革》，《求是学刊》2005 年第 1 期。

何萍：《马克思主义哲学与现代性问题》，《江汉论坛》2002 年第 2 期。

贺来：《后现代主义哲学与中国现代性的建构》，《吉林大学社会科学学报》1998 年第 2 期。

贺来：《马克思哲学与"现代性"的课题》，《吉林大学社会科学学报》2000 年第 3 期。

贺来：《现代性哲学与后现代哲学：一对欢喜冤家》，《学术月刊》2002 年第 2 期。

贺来：《"现代性"的反省与马克思哲学研究纵深推进的生长点》，《求是学刊》2005 年第 1 期。

贺来：《从"形而上学现代性"到"后形而上学现代性"》，《厦门大学学报》（哲学社会科学版）2009 年第 3 期。

贺来：《"形而上学终结"之后的哲学主题》，《天津社会科学》2011 年第 1 期。

贾英健：《马克思现代性批判的理论旨趣及其变革实质》，《哲学研究》2005 年第 9 期。

李淑梅：《马克思现代性批判的视野》，《天津社会科学》2005 年第 4 期。

欧阳康:《哲学视野中的现代性问题》,《社会科学战线》2005 年第 3 期。

欧阳康:《马克思现代理论的价值取向及其当代意义》,《江海学刊》2006 年第 1 期。

漆思:《论马克思的现代性批判的三个基本维度》,《求是学刊》2005 年第 1 期。

漆思:《现代性问题的批判维度及其辩证扬弃》,《社会科学战线》2007 年第 5 期。

漆思、于翔:《理性与资本:马克思现代性批判本质之辨》,《社会科学战线》2016 年第 7 期。

孙利天:《现代哲学革命与当代辩证法理论》,《哲学研究》1994 年第 7 期。

孙利天:《辩证法与后现代主义哲学》,《天津社会科学》1995 年第 2 期。

孙利天:《信仰的对话:辩证法的当代任务和形态》,《社会科学战线》2003 年第 6 期。

孙利天:《马克思的唯物史观对黑格尔辩证法的颠倒》,《马克思主义与现实》2008 年第 2 期。

孙正聿:《从两极到中介——现代哲学的革命》,《哲学研究》1988 年第 8 期。

孙正聿:《怎样理解马克思的哲学革命》,《吉林大学社会科学学报》2005 年第 5 期。

孙正聿:《历史的唯物主义与马克思主义的新世界观》,《哲学研究》2007 年第 3 期。

孙正聿:《“现实的历史”:〈资本论〉的存在论》,《中国社会科学》2010 年第 2 期。

孙正聿:《〈资本论〉与马克思主义哲学》,《学习与探索》2014 年第 1 期。

汪行福:《马克思与现代性问题》,《现代哲学》2004 年第 4 期。

王福生：《马克思哲学与现代性的辩证法——以〈共产党宣言〉为例》，《求是学刊》2005 年第 1 期。
王福生：《马克思对黑格尔的四重批判——以“颠倒”问题为核心》，《吉林大学社会科学学报》2010 年第 3 期。
王福生：《马克思主义的整体性及其内在结构》，《天津社会科学》2013 年第 6 期。
王庆丰：《人类自由解放的学说——马克思的哲学观及其所开辟的哲学道路》，《中州学刊》2005 年第 3 期。
王庆丰：《辩证法理论的思想移居》，《天津社会科学》2012 年第 4 期。
王天成：《黑格尔形而上学维度的革新》，《吉林大学社会科学学报》2007 年第 4 期。
吴晓明：《马克思的哲学革命与全部形而上学的终结》，《江苏社会科学》2000 年第 6 期。
吴晓明：《论马克思对现代性的双重批判》，《学术月刊》2006 年第 2 期。
吴晓明：《社会现实与马克思主义哲学的当代课题》，《社会科学辑刊》2013 年第 1 期。
杨桂青：《资本·现代性·人——“全国资本哲学高级研讨会”综述》，《哲学研究》2006 年第 8 期。
仰海峰：《政治经济学批判中的历史唯物主义》，《中国社会科学》2010 年第 1 期。
俞吾金：《马克思对现代性的诊断及其启示》，《中国社会科学》2005 年第 1 期。
俞吾金：《海德格尔的现代性批判及其启示》，《江海学刊》2008 年第 5 期。
俞吾金：《海德格尔的“存在论差异”理论及其启示》，《社会科学战线》2009 年第 12 期。
张盾：《反现代性：马克思哲学革命的真实意义》，《长白学刊》2004 年第 1 期。

张盾：《论马克思主义哲学研究应以现代性作为其问题背景》《求是学刊》2005 年第 1 期。
张盾：《重新阐释马克思与黑格尔的理论传承关系——从黑格尔的视角看》，《江海学刊》2006 年第 5 期。
张凇纶、张盾：《从个人原则到社会原则："道德政治"谱系中的黑格尔》，《哲学研究》2013 年第 4 期。
邹广文：《马克思的现代性视野及其当代启示》，《中国人民大学学报》2004 年第 5 期。
邹诗鹏：《马克思主义中国化与中国现代性的建构》，《中国社会科学》2005 年第 1 期。
邹诗鹏：《马克思对现代性社会的发现、批判与重构》，《中国社会科学》2009 年第 4 期。

后　记

这本稚嫩的小书是在我同名博士学位论文的基础上修改而成的。

可以肯定地说，在吉林大学哲学系求学的时光真实而深刻地改变了我的人生轨迹。回想起初识哲学的好奇，啃读哲学经典的战栗，似懂非懂的思想情状，晦暗不明的生活方向，这些都构成了我走向"吉大哲学"的"前提"。一路走来，披荆斩棘，真实而残酷的生活让我很难保持思想上的清醒和平静。直至得遇明师，忝列师门，我才首次有了家园之感。博士学位论文的选题和撰写都得益于导师孙正聿教授的指导和教诲。正聿师为人大气而从容，思想优雅而厚重。他将对哲学的追问和求解视为生活的本真内容，导师那些经典的论文和著作，淡雅清新的哲学诗，甚至是随意脱口而出的句子都以一种说不清道不明的方式吸引着我。在导师身边学习的时光虽然短暂，但是我亲眼看到了导师工作中的专注、严谨，导师亲自向我们示范了何为哲学的创造性，何为"面向事情本身"。如为什么将哲学理解为是理论思维的"前提"批判，又如何将这种解释原则展开在对思想的基本信念、基本逻辑、基本方式、基本观念和哲学理念的批判中，从什么意义上阐明哲学"通"论，马克思与我们的真实关系是什么。可以说，正是导师的哲人之思点亮了我幽暗的求学生涯，开启了我独特的生命体验和理论想象。直到我走上工作岗位，导师为人为学的气派和风度都始终激励我保持初心，走自己的路。

在我攻读硕士学位的时候，是张盾教授亲手将我领进了哲学之门。张盾老师第一次让我意识到生活的另一种可能性。我深深地受惠于张老师对自身事业的执着态度和奉献精神。他对“生命作品”的追求，对纯粹哲学的热爱，甚至是他独有的反思批判意识与“道法自然”的生活方式都持久地震撼我。每当我有疑惑的时候，都会回到张老师的文字中，从他的思想中汲取解决问题的方案和智慧。更为重要的是，正是张盾老师对哲学极好的学术品位，才将我带到海德格尔的思想大厦中。尽管直到今天我仍然不是个优秀的海德格尔思想研究者。从我独立撰稿开始，张老师就一直关心我的学习和成长，至今我都记得那趟开往张老师家的轻轨列车，它总是载着我们同门三人的紧张和担忧从长春的深秋午后呼啸而过。

吉林大学哲学系的孙利天教授、姚大志教授、王天成教授、白刚教授、王庆丰教授、王福生教授、曲红梅教授、程彪教授等都对我进行过指导和帮助，孙利天教授为我们演示了哲学思维的训练，这已经成为“吉大哲学”的经典课程，姚大志教授是国内政治哲学研究领域的代表学者，王天成教授则在德国古典哲学领域有极高建树。他们从“马克思之前”和“马克思之后”为我们铺垫了进入马克思主义的稳妥可靠的道路。王福生教授从现象学的视角切入马克思主义哲学，他的课程也让我注意到了马克思与海德格尔现代性批判对话的可能。曲红梅教授给了我们较为宽阔的伦理学背景，程彪教授则从马克思的经典文本出发解读现代世界的诸多现象。可以说，老师们极具魅力的个人课堂和治学品格都构成了我终身的精神财富。特别是白刚教授和王庆丰教授，在我毕业临近离校时给我的殷殷教诲和美好祝愿，成为6月的春城留在我心里的最好礼物。

除了遇到了好老师，我还遇到了好同学、好朋友。与胡朝都、刘小卫、王璐航、杨荣、姚云等的持续不断的交流和讨论，让我获益匪浅。我与胡朝都、曾俊组成了周五读书小组，并从胡塞尔的“小观念”开始我们的探路之旅，而王璐航与我则在另一条战线（绿茵场）上为学院荣誉并肩作战。除了课业，那是我毫不保留、竭尽全力的时刻。工作后，我与姚云建立了深厚的友谊，我们经常探讨学术问题，彼此鼓励，在平淡的生活中努力保持务实的生活态度和充实的精神世界。正是在姚云老师的鼓励下我顺利完成了从学生到教师的身份转变，并在力所能及的范围内进行独立的课题研究。这些朋友拥有不同的学科背景和学术志趣，他们从不同的角度提示了我对于自我、对于生活和对于世界的思考，丰富了我的生命感受，使我的平凡生活有了别样的质感和光泽。在此一并深表感谢！另外，需要着重感谢的是王南湜教授、胡海波教授、张盾教授、王庆丰教授、韩志伟教授在我论文答辩中给予的建议、指导和鼓励。

感谢我的父母。求学之路，道阻且长，父母亲虽不善言辞，却给了我最无私而又深沉的爱。他们拥有对生活最朴素和健全的感知，他们用勤俭、谦和、孝顺、仁义等传统美德塑造了我对生活的善意和对世界的乐观。再回首，不知不觉间，轻舟已过万重山。感谢我的爱人薛天天和女儿代欣语，正是她们的出现让我的生命变得完整。女儿的出生正值病毒肆虐的寒冬，生命降生的喜悦祛除了所有的阴郁，让我坚信未来的生活是幸福而温暖的。妻子则为我们的小家付出了所有。我将永远心怀感恩为你们而写作。

这本书的出版是我职业生涯和学术之路的一个简短注脚。现在看来，它绝不是一部完美的作品，尽管我曾以最大的热情和最饱满的心力去完成这个主题。它提醒我要时刻检视自己的学术能力和学术姿态。“悟已往之不谏，知来者之可追”，希望本书的缺点和不足同样可以生长出有趣的哲学意味。